# 青少年篮球实战训练

## 提升攻防能力的针对性练习与方案

### 第 2 版

[英]　伯劳尔·佩耶（Burrall Paye）　　著
帕特里克·佩耶（Patrick Paye）

吴楠 译

人民邮电出版社
北京

## 图书在版编目（CIP）数据

青少年篮球实战训练：提升攻防能力的针对性练习与方案 / （英）伯劳尔·佩耶 (Burrall Paye)，（英）帕特里克·佩耶 (Patrick Paye) 著；吴楠译. -- 北京：人民邮电出版社，2021.5
ISBN 978-7-115-56131-2

Ⅰ. ①青… Ⅱ. ①伯… ②帕… ③吴… Ⅲ. ①青少年－篮球运动－运动训练 Ⅳ. ①G841.2

中国版本图书馆CIP数据核字(2021)第046450号

## 内 容 提 要

本书是针对青少年篮球训练而编写的专业指导书。全书分为两部分，共19章。第1部分重点介绍进攻技巧与训练，包括篮球运动中与进攻相关的身体素质锻炼以及进攻技巧的讲解；第2部分重点介绍防守技巧与训练，包括个人防守与团队防守技巧的讲解。书中提供了160项将游戏与技术训练相结合的练习方法，可以帮助教练拓展教学思路、丰富教学方法，从而帮助青少年球员培养运动兴趣、夯实篮球基本功。本书适合青少年篮球教练、球员以及篮球爱好者参考与使用。

◆ 著　　　 ［英］伯劳尔·佩耶（Burrall Paye）
　　　　　　［英］帕特里克·佩耶 （Patrick Paye）
　 译　　　 吴 楠
　 责任编辑　 林振英
　 责任印制　 马振武

◆ 人民邮电出版社出版发行　　北京市丰台区成寿寺路 11 号
　 邮编　100164　　电子邮件　315@ptpress.com.cn
　 网址　https://www.ptpress.com.cn
　 北京市艺辉印刷有限公司印刷

◆ 开本：700×1000　1/16
　 印张：23　　　　　　　　　　　　 2021 年 5 月第 1 版
　 字数：451 千字　　　　　　　　　 2021 年 5 月北京第 1 次印刷
　 著作权合同登记号　图字：01-2020-0560 号

定价：128.00 元
读者服务热线：**(010) 81055296**　印装质量热线：**(010) 81055316**
反盗版热线：**(010) 81055315**
广告经营许可证：京东市监广登字 20170147 号

# 目录

## 第 1 部分
## 进攻
## 技巧与训练

# 第 2 部分
## 防守
## 技巧与训练

# 训练计划查询表

| 训练编号 | 训练名称 | 训练时间（分钟） | 球队 | 个人 | 新球员 | 有一定基础的球员 | 老球员 | 页码 |
|---|---|---|---|---|---|---|---|---|
| 1 | 沿球场边线进行跑步训练 | 3 | X | X | X | X | X | 4 |
| 2 | 双人模仿运球训练 | 2 | X | | X | X | X | 6 |
| 3 | 对墙运球 | 1 | | X | X | X | X | 8 |
| 4 | 罚球线滑步 | 1 | X | X | X | X | X | 10 |
| 5 | 手速 | 2 | X | X | X | X | X | 12 |
| 6 | 快速跑动训练 | 2 | X | X | X | X | X | 14 |
| 7 | 敏捷性技巧训练 | 1 | X | X | | X | X | 16 |
| 8 | 基本上篮训练 | 3 | X | | X | X | X | 18 |
| 9 | 三威胁姿势 | 2 | X | X | X | X | X | 20 |
| 10 | 内线站姿训练 | 5 | X | X | X | X | X | 22 |
| 11 | 前后移步假动作 | 5 | | X | X | | | 24 |
| 12 | 单手体前变向运球 | 5 | | X | X | | | 26 |
| 13 | 双手交叉变向运球 | 5 | | X | X | | | 28 |
| 14 | 转身（反向）运球 | 5 | | X | X | | | 30 |
| 15 | 半转身运球 | 5 | | X | X | | | 32 |
| 16 | 组合运球 | 3 | | X | | | X | 34 |
| 17 | 佩耶训练法 | 10 | X | X | X | X | X | 35 |
| 18 | 手指训练 | 0.5 | | X | X | X | | 45 |
| 19 | "8"字形绕球训练 | 2 | X | X | X | X | | 46 |
| 20 | "8"字形运球训练 | 2 | X | X | X | X | X | 48 |

| 训练编号 | 训练名称 | 训练时间（分钟） | 球队 | 个人 | 新球员 | 有一定基础的球员 | 老球员 | 页码 |
|---|---|---|---|---|---|---|---|---|
| 21 | 边线运球 | 2 | X | X | X | X | X | 50 |
| 22 | 蜘蛛运球 | 0.5 | X | X | X | | | 51 |
| 23 | 快速运球 | 1 | X | X | X | | X | 52 |
| 24 | 控球 | 1 | X | X | X | | X | 54 |
| 25 | 变换节奏 | 1 | X | X | X | | X | 56 |
| 26 | 时差运球 | 1 | X | X | | X | X | 58 |
| 27 | 后撤步运球 | 1 | X | X | | X | X | 60 |
| 28 | 单手体前变向运球技巧 | 1 | X | X | | X | X | 62 |
| 29 | 双手交叉变向运球技巧 | 1 | X | X | | X | X | 64 |
| 30 | 转身（反向）运球技巧 | 1 | X | X | | X | X | 66 |
| 31 | 半转身运球技巧 | 1 | X | X | | X | X | 68 |
| 32 | 趣味圆锥物运球训练 | 2 | X | X | X | X | | 70 |
| 33 | 运球游戏 | 1 | X | X | X | X | | 71 |
| 34 | 团队运球游戏 | 1 | X | X | X | | | 72 |
| 35 | 前转身 | 2 | X | X | X | X | | 76 |
| 36 | 后转身 | 2 | X | X | X | X | | 78 |
| 37 | 跳步急停 | 1 | X | X | X | X | X | 80 |
| 38 | 跨步急停（1-2） | 1 | X | X | X | X | X | 82 |
| 39 | 包夹转身 | 1.5 | X | X | X | X | | 84 |
| 40 | 运球、急停、转身 | 1 | X | X | X | X | | 86 |
| 41 | 运球、急停、转身、传球、切球 | 3 | X | | | X | X | 87 |
| 42 | 运球、急停、跳投 | 5 | X | X | X | | X | 88 |
| 43 | 四角急停、转身 | 3 | X | | | X | X | 90 |

| 训练编号 | 训练名称 | 训练时间（分钟） | 球队 | 个人 | 新球员 | 有一定基础的球员 | 老球员 | 页码 |
|---|---|---|---|---|---|---|---|---|
| 44 | 两组定点站立传球训练 | 3 | X | | X | X | X | 94 |
| 45 | 两组行进间传球训练 | 3 | X | | X | X | X | 96 |
| 46 | 两组全场传球训练 | 2 | X | | | X | | 97 |
| 47 | 二对一传球训练 | 1.5 | X | | | X | | 98 |
| 48 | 佩珀（Pepper）传球 | 2 | X | | X | | X | 99 |
| 49 | 三对三包夹和传球 | 3 | X | | | X | X | 100 |
| 50 | 传球、运球、包夹 | 10 | X | | | | X | 102 |
| 51 | 四角传球 | 3 | X | | X | X | X | 104 |
| 52 | 传球与上篮 | 3 | X | | | X | | 105 |
| 53 | V形空切 | 3 | X | X | X | X | X | 108 |
| 54 | 中切 | 3 | X | X | X | X | X | 110 |
| 55 | 背切 | 3 | X | X | X | X | X | 112 |
| 56 | 闪切 | 3 | X | X | X | X | | 114 |
| 57 | 快速转身、三威胁姿势和进攻步法 | 10 | X | X | X | | X | 116 |
| 58 | 二人组空切 | 3 | X | | X | | | 118 |
| 59 | 三人组空切 | 9 | X | | X | | | 120 |
| 60 | 破解补防和回防 | 7 | X | | X | X | X | 122 |
| 61 | 全场空切 | 2 | X | | X | X | | 124 |
| 62 | 二对二传球、运球和空切 | 3 | X | | X | | | 129 |
| 63 | 识别二对二的防守动作 | 6 | X | | | X | X | 132 |
| 64 | 三对三传球、空切以及拉开距离 | 4 | X | | | X | | 134 |
| 65 | 三对三传球、切球、运球、拉开距离 | 6 | X | | | X | | 136 |

| 训练编号 | 训练名称 | 训练时间（分钟） | 球队 | 个人 | 新球员 | 有一定基础的球员 | 老球员 | 页码 |
|---|---|---|---|---|---|---|---|---|
| 66 | 三对三传球、切球以及识别防守动作 | 6 | X | | | X | X | 138 |
| 67 | 传球、空切、抢篮板 | 4 | X | | | X | X | 140 |
| 68 | 长传、空切、投篮 | 6 | X | | X | X | X | 142 |
| 69 | 全场传球、空切 | 6 | X | | X | X | | 144 |
| 70 | 个人技巧组合训练 | 4 | X | X | X | X | X | 146 |
| 71 | 传球和挡拆 | 10 | X | X | X | X | X | 151 |
| 72 | 传球和掩护持球球员 | 6 | X | X | | X | | 154 |
| 73 | 三人掩护训练 | 4 | X | | X | | | 155 |
| 74 | 三对三传球、掩护以及识别防守动作 | 4 | X | | | X | X | 156 |
| 75 | 三人连续掩护训练 | 8 | X | | | | X | 158 |
| 76 | 对墙挑球以及转身 | 1 | | X | X | | X | 164 |
| 77 | 斗牛 | 4 | X | X | X | X | X | 165 |
| 78 | 试探步之后转身上篮 | 2 | X | X | | X | X | 168 |
| 79 | 一对一卡位训练 | 1 | X | X | X | | | 170 |
| 80 | 超人模式（不休息）抢篮板训练 | 1 | | X | X | X | | 172 |
| 81 | 记数、滑步、转身、总结技巧规律 | 4 | X | X | X | X | X | 173 |
| 82 | 二对二抢篮板训练 | 4 | X | | | X | X | 176 |
| 83 | 内线步法：传球－投篮－抢篮板 | 4 | X | | | X | X | 178 |
| 84 | "挥手告别"训练 | 1 | X | X | X | | | 182 |
| 85 | 抛球训练 | 1 | X | X | X | | | 183 |
| 86 | 举球－展臂－抛球 | 1 | X | X | X | X | | 184 |

| 训练编号 | 训练名称 | 训练时间（分钟） | 球队 | 个人 | 新球员 | 有一定基础的球员 | 老球员 | 页码 |
|---|---|---|---|---|---|---|---|---|
| 87 | 躺下抛球训练 | 1 | X | X | X | X | | 186 |
| 88 | 对墙抛球训练 | 1 | | X | X | X | | 187 |
| 89 | 全场投篮训练 | 10 | X | X | X | X | X | 190 |
| 90 | 投空心球 | 10 | X | X | X | X | X | 192 |
| 91 | 投进 21 球 | 6 | X | | X | | | 194 |
| 92 | 美国职业篮球联赛投篮训练 | 2 | | X | X | | | 195 |
| 93 | 麦肯（Mikan）式小勾手训练 | 1 | | X | X | X | | 196 |
| 94 | 抢篮板－传球－投篮 | 4 | X | | X | X | | 198 |
| 95 | 两个球员的快速投篮训练 | 2 | X | | X | | | 200 |
| 96 | 低位背打 | 5 | X | X | | | X | 202 |
| 97 | 滑步运球 | 1 | X | X | X | | X | 204 |
| 98 | 应对绕前防守的进攻技巧 | 2 | X | X | | X | | 205 |
| 99 | 绕前两步卡位训练 | 5 | X | X | | X | | 206 |
| 100 | 转身步法 | 5 | X | X | | | X | 208 |
| 101 | 3/4 绕前防守训练 | 5 | X | X | | X | | 210 |
| 102 | 高低位传球 | 6 | X | | | X | X | 211 |
| 103 | 低位掩护 | 10 | X | | | X | X | 212 |
| 104 | 一对一训练 | 4 | | X | X | | | 216 |
| 105 | 一对一摆脱防守训练 | 4 | | X | X | | | 217 |
| 106 | 一对一小组演练 | 2 | | X | X | | | 218 |
| 107 | "一对一"对"一对一"训练 | 4 | X | | X | | | 219 |
| 108 | 全场一对一训练 | 5 | X | X | X | | | 220 |
| 109 | 抢球训练 | 6 | X | X | X | | | 221 |

| 训练编号 | 训练名称 | 训练时间（分钟） | 球队 | 个人 | 新球员 | 有一定基础的球员 | 老球员 | 页码 |
|---|---|---|---|---|---|---|---|---|
| 110 | 三人轮流对抗训练 | 3 | X | | | X | | 222 |
| 111 | 上前协防 | 6 | X | X | X | | | 224 |
| 112 | 防守球员的3种基础步法 | 2 | X | X | X | X | X | 225 |
| 113 | 直切篮下训练 | 6 | X | | | X | | 228 |
| 114 | 朝底线或中间进行低位转身 | 5 | | X | X | X | | 232 |
| 115 | 低位转身和半转身 | 6 | | X | | X | | 236 |
| 116 | 假投晃起防守球员后从其侧边上篮 | 5 | | X | | X | X | 239 |
| 117 | 投篮假动作 | 2 | X | X | | X | | 242 |
| 118 | 内线"斗牛"训练 | 8 | X | X | X | X | X | 244 |
| 119 | 三人连续内线训练 | 4 | X | X | | X | | 246 |
| 120 | 内线球员与内线球员训练 | 4 | X | | | X | | 248 |
| 121 | 德沃（Devoe）训练法 | — | | X | X | X | X | 250 |
| 122 | 强侧（有球一侧）：掩护转身上篮、掩护后撤、传球突破 | 10 | X | | | X | X | 252 |
| 123 | 弱侧（无球一侧）：掩护替换队友或换掉自己、摆脱防守压力 | 10 | X | | | X | | 254 |
| 124 | 三对三不运球训练 | 5 | X | | X | | | 255 |
| 125 | 三对三喊出进攻动作之后进行跑位训练 | 6 | X | | X | | | 256 |
| 126 | 遵守进攻规则 | 9 | X | | | X | X | 257 |
| 127 | 五对五无人防守训练 | 6 | X | | X | | X | 258 |
| 128 | 侧滑步 | 1 | X | X | X | X | X | 264 |
| 129 | 防守球员的前脚对应进攻球员的轴心脚 | 3 | X | X | | X | | 266 |

# 技巧训练查询表

篮球运动技巧分为进攻技巧和防守技巧两类。

各种技巧分别从属于进攻技巧和防守技巧两个类目。例如，运球时的外线移动步法属于进攻技巧这一类，双手交叉变向运球也属于这一类。下表为"技巧训练查询表"，表中括号中的数字是训练内容的编号，可在"训练计划查询表"中查询，例如标记着"（13、29）"，那么可以通过训练编号为 13 和 29 的内容去学习关于双手交叉变向运球更加详细的技巧。

技巧训练查询表使用起来非常方便。如果教练已经意识到需要将内线绕前防守的技巧教授给球员，那么作为教练，在明确绕前防守是一种防守技巧后，可以在技巧训练查询表中找到防守技巧类目，再找到内线防守的分类。由下表可知，进入训练 98，便可以找到内线绕前防守的教学内容，接下来就可以教授球员相关技巧了。

| 进攻技巧 | |
|---|---|
| **运球前的外线移动步法**<br>·三威胁姿势（9）<br>·前后移步假动作（11）<br>　·试探步（11）<br>　·试探步回拉（11）<br>　·试探步变向运球（11）<br>　·试探步之后直接运球突破（11） | **运球时的外线移动步法**<br>·单手体前变向运球（12、28）<br>·双手交叉变向运球（13、29）<br>·转身（反向）运球（14、30）<br>·半转身运球（15、31） |
| **转身**<br>·前转身（35）<br>·后转身（36） | **急停**<br>·跳步急停（37）<br>·跨步急停（38） |
| **运球**<br>·快速运球（23）<br>·控球（24）<br>·变换节奏（25）<br>·时差运球（26）<br>·后撤运球（27）<br>·运球突破包夹（157、158） | **传球**<br>·接球（44）<br>·击地传球（44）<br>·胸前传球（44）<br>·过顶传球（44）<br>·大力传球（44）<br>·单手胸前传球（44）<br>·单手击地传球（44）<br>·大角长传（44）<br>·传球假动作（47）<br>·运球结束后传球（113）<br>·运球突破包夹（157、158） |

# 引言

　　篮球教练如果想培养出优秀的球员，让球队在赛场上所向披靡，可以阅读本书并从中找到制胜方法。如果球员的个人能力得到提升，那么球队的战斗力就会提高，赢得比赛便成为顺理成章的事情。教练最愿意看到的是，球员的运球能力在训练和比赛中得到提升，这表现在球员的运球动作舒展且姿势正确，滑步、传球技巧和投篮技巧纯熟等方面。这些对于一名篮球教练来说，是最好的褒奖。对于新晋的教练来说，在本书的附录中，还有关于如何进行训练、如何创建训练时间表的内容。因此，即使是执教经验不丰富的新晋教练，也适合阅读本书。

　　对于年龄为6~14岁的小球员，无论男女，如果想成为优秀的球员，都可以在本书里找到自己需要的内容。很多训练都是可以单独进行的，要想进步，一个年轻球员只需要一个篮球、一个篮筐和这本书。

　　父母都希望自己的孩子能够正确地学习篮球基础知识。如果父母能够与孩子共同训练，不仅会对孩子提高基本功有巨大的帮助，还能让亲子关系更进一步，与孩子建立起亦师亦友的良好关系。

　　在每一次训练中，只要按照正确的方式勤加练习，就可以使篮球的基本技巧得到有效提升。当身体将练习内容内化后，运用这项技巧对年轻球员来说就像骑自行车一样轻松。关键是从一开始，就要正确对待每一个基本动作的练习，这样才能有效避免以后反复纠正。

## 本书是如何帮助球员进行训练的

　　为了全面提升球员的篮球技巧，本书提供了大量的方法。针对每项训练，书中有固定的模块，目的是让球员领悟每项训练在每个细节上的处理方式，直到其完全掌握该项训练的内容。大多数训练项目都是从个人的基本功开始的。随后，许多训练内容会延伸出中级和高级技巧的拓展训练。这些训练是循序渐进的，目的是将球员的篮球技巧从青少年球员水平逐渐提高到大学生球员水平。

　　球员严格按照训练中的指示，练就一身扎实的基本功，是非常重要的。球员如果通过正确的方式掌握了基本功，便可以加快训练的速度。在篮球运动中，快速移动、从一开始就激活的爆发力都是非常重要的素质。球员不需要有多快的绝对速度，但要身手敏捷且具有十足的爆发力。有的球员一味地想要缩短学习的时间，有的球员想要尽快将所学到的技巧应用到比赛中去，但"欲速则不达"，这样做反而会阻碍篮球基本功的学习。在篮球比赛中，脚步移动是需要越来越快的，直到达到爆发式的速度，但这不是一朝一夕就能练成的。

例如，在投篮部分，读者会发现，开始的训练只是简单地展示了如何把球正确地放在手中；接下来是学习如何把球扔出去；然后是通过正确的方式抬高和伸展手臂；再接下来是保持肘部不动的训练（肘部弯曲是所有错误中最严重的一个，一旦肌肉学习了错误的技巧，那么后面就很难纠正）；最后才是通过一个简单的"挥手告别"式的训练动作来进行后面的训练。把所有这些训练内容放在一起，就形成了完美的投篮技巧。剩下的就是训练如何快速出手投篮，以及如何从容、沉着地出手。

教练会发现书中的每项训练内容都属于篮球中不同的阶段。把动作分解之后，教授每种技巧的基本动作，就算是球队里最年轻、最没有经验的球员，也能通过正确的方式掌握动作的基本要领。正确地向小球员教授基本功，对他们职业生涯的发展来说绝对是至关重要的。本书是根据许多高中篮球教练提供的素材编写而成的。我们看到过成百上千个球员，由于在训练中习得的错误技巧，比如投篮时肘部弯曲，尽管天赋异禀，却无法在顶级比赛中展示自己。他们无法在一个竞争激烈的球队中获得一席之地，这完全是因为他们在一开始的训练中就学习了错误的动作，没有打好基础。这个问题很常见，值得反复强调：必须从一开始就正确地学习和训练基本动作，否则将在未来付出惨重的代价。

教练在教授这些基本动作时也会发现，球员不仅是在学习篮球基础知识，也是在理解一套比赛体系。球队整体也将精通持球移动、无球空切，以及理解比赛的战术策略。在完成所有的训练后，教练会发现自己的球队可以打出动态进攻，这是在高中和大学球队中经常使用的进攻体系。球队中所有的球员也都会知道如何进行人盯人防守。

教练并不一定非得是顶级球员才能把所有的篮球技巧教授给球员。所有的细节（教学要点）都应在每次训练中体现出来。各项训练也要分为新手球员、有一定基础的球员和经验丰富的球员阶段，让球员循序渐进地学习。

书中每项训练的内容都可以引导读者开始相关的训练。这能使教练在教授技巧的同时进一步拓展训练内容，保持训练的新鲜感。年轻球员虽然想学习，但他们是活泼好动的。教练可以通过各种不同的训练方式来教授同一个技巧，这样可以让年轻球员保持对训练的新鲜感和兴趣。

## 关于训练

本书由 160 项训练组成。每项训练都从最简单的动作开始，然后逐渐增加难度。每项训练都清楚地标有编号和名称，也标明了它是球队训练、个人训练还是两者兼有。

每项训练都从技巧训练要点开始。因为只有将每个要训练的基础动作列出来，教练看后才会知道在什么时间安排这项训练。括号中的数字表示基础动作在哪项训练中有更加详细的说明。

每项训练是按照 10 名球员和 2 名教练的配置，估算出完成该项训练大概需要的时间。如果球队中的球员比较多，或者教练比较少，也可以根据具体情况做出相应的调整。完成训练内容所需的时间列在"训练计划查询表"中，在创建训练时间表时，它可以作为参考工具。

书中详细介绍了如何完成训练。教练只需一步一步地遵循训练的指导就可以完成训练，几乎所有的训练都是循序渐进的。在"训练计划查询表"中，还标明了初级、中级和高级技巧的训练顺序。教练如果教授的是年龄偏小的球员，那么刚开始要选择最简单的技巧进行训练；随着球员在训练中取得进步，教练可以逐渐增加难度，挑战中级技巧的训练。教练如果教授的是年龄更大且更有经验的球员，则可以进行所有的训练。每位教练都可以根据球队的实际情况，选择最合适的训练方法。

对于每个技巧的训练而言，训练内容是多样化且有充足的选择空间的。教练可以选择不同的训练方式，最终达到相同的目标，即让球员拥有扎实的基本功。

每项训练内容包含的教学要点可以让教练知道一些训练中的细节，以便他们用最恰当的方式把完成训练时需要注意的事项教授给球员。这些教学要点会以一种不需要篮球技术知识的形式呈现。

对于每项训练内容，书中会列出所有相关的训练，以便教练能够设计一个完整的训练计划。例如，要学习的第 2 项技巧来自第 1 项技巧，以此类推。教练可以通过一项训练内容，教授动作的基本要领，然后用与之相关的训练保持训练的趣味性。教练在教授相同的基础知识时可以改变球员的训练方式。

另外，几乎每项训练都配有插图，使教练能够直观地了解训练方法。我们希望这些训练都简单易行。通过大量的实践，我们意识到想让球员学习到正确的技巧，最关键的是要使用最简单的教学方式。

通过完成本书中的训练，辅以正确的教授方式，教练的训练课程一定会变得更加紧张激烈而不乏味。球员们也会尽其所能地保持注意力集中，他们会像进行真正的比赛一样去享受训练。教练的训练内容甚至应该比大多数比赛更艰难、更激烈。完成了所有的训练后，球员们都能够打出动态进攻，并且可以运用人盯人防守技巧。球员将学会运用准确的技巧和扎实的基本功，以及战术策略和方法，来执行团队的战术计划。

# 第 2 版增加的内容

相较于第 1 版，第 2 版增加了 50 项新的训练内容。所有增加的训练内容，都遵循了本书的 3 个中心主题：球员个人能力的提升、动态进攻能力的提升以及人盯人防守技巧的提升。所有的训练都是循序渐进的，所有的基础动作要进行严格训练。

其中一项新增的训练是佩耶训练（训练 17），其涵盖了从传球到投篮的一对一对抗训练，包括进攻和防守。通过此项训练，球员将很容易看到并理解一对一进攻和防守对抗的细节。这项训练还提出了具体的进攻规则，比如面对防守球员时，要朝他向前的那条腿的方向突破等，这是为了充分利用防守球员的姿势、步法或动作而做出的进攻选择。

当球员能读懂对方防守球员的防守动作，并知道如何采取正确的进攻方式时，他就会领悟到进攻的规律，这是难能可贵的个人素质。而且只有做到这一点，球员才能成为真正优秀的篮球运动员。

第 2 版提供了两个新的起始姿势：防守球员的前脚对应进攻球员的活动脚和平行站立姿势（训练 130）。所有这些姿势的优缺点，书中都会进行详细的解释说明。

第 2 版还提供了大量的弱侧防守训练内容，新增的训练包括缩小身位（训练 132）、跳向有球一侧（训练 146）、球－你－盯防球员（训练 133）、平面三角形（训练 133）、换防（训练 143）、帮助补防球员（训练 135）和协防（训练 149 和训练 150）。为了破解人盯人防守，进攻球员必须利用距离自己最近的队友，接着面对换防过掉防守球员，进行这项复杂的训练是为了获得更好的出手投篮的机会。

在其他新增的训练中，补防球员将学会补防和回防（训练 142）、延误回防（训练 142），以及在没有受伤风险的情况下制造犯规（训练 141）。第 2 版涵盖了弱侧训练（训练 131~135、训练 143、训练 146 和训练 148）的所有内容。

除此之外，第 2 版还新增了 4 种个人内线步法（训练 114~116）。球员将学会解读对方的防守球员，并利用他们的站位和失误创造得分机会；球员还会学到在低位如何保持合理的动作来应对各种可能发生的情况。其他新增的训练还包括运球结束时的步法、外线球员和内线球员如何更有效地接近篮筐（训练 96、训练 116 和训练 117）等内容。

第 2 版用了较大篇幅讨论抢篮板技巧的基本功训练，包括寻找主要和次要的篮板球区域。球员必须学会抢占抢篮板时的有利位置，否则无法抢到篮板球。而如果球员想要站在最佳位置抢篮板，那么就需要使用扎实的抢篮板技巧，从而将篮板球揽入怀中。这种技巧在训练 78~82 有详细介绍。有经验的教练都知道，强有力的篮板与准确的投篮能力一样重要。在比赛中有更多的 2 次、3 次甚至 4 次得分的球队，几乎总是能够获得最后的胜利。

第 2 版还增加了一条新的进攻规则，即在球场上，两名球员和篮球不能同时处于同一个点。比如在比赛即将结束时，本方球队大比分领先，比赛进入"垃圾时间"时，球员可以控制一下节奏，压时间。而如果两名球员站在一起，则很容易导致防守方在运球停止的瞬间，上前对持球球员进行双人包夹。反过来，这也教会了球员如何在需要拖延比赛时间时不脱离教练制定的动态进攻技巧（训练 75）。

另一项新增的训练内容，是一种有层次感的二三持续动态进攻战术，其强调的是内线进攻。如果球队中有一个大个子，而且教练想让大个子尽量靠近篮筐发起攻击，这种训练方法尤其有效（训练 75）。

当比分落后时，球队需要迫使对方出现失误。如果对方的进攻非常犀利，那么本方球队就要想方设法破不对方的进攻战术，打乱对方的进攻节奏。针对这些情况，第 2 版增加了新的跃进防守和跃进包夹技巧，以及包夹第 1 次传球和包夹带球过中场的技巧（训练 155~158）。第 2 版还增加了一些新的训练内容，以便防守队员学会引导进攻球员走出自己擅长防守的进攻路线（训练 159 和训练 160）。这样，防守球员就可以更有效地遏制对手的进攻。

使用过本书第 1 版的教练，帮助我们补充和扩展了第 1 版的许多教学细节与基本功知识。第 2 版将使训练变得更加容易，也更利于开展。

第 2 版还包含了一个新指南，我们认为教练会很乐意看到这个指南。技巧训练查询表包含了训练中涉及的所有篮球技巧。篮球运动中的每一个主要技巧类别都列在技巧训练查询表中。教练可以通过查找训练编号和翻动书页，轻松地找到所需要的训练内容。我们在第 xii 页提供了关于使用技巧训练查询表的完整、清晰的说明。

现在我们就开始训练吧。

# 关键图示说明

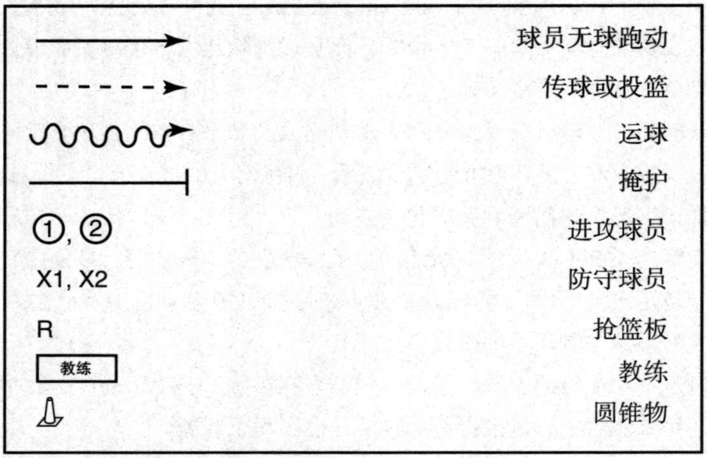

| | |
|---|---|
| →（实线箭头） | 球员无球跑动 |
| ⇢（虚线箭头） | 传球或投篮 |
| ～→（波浪箭头） | 运球 |
| ⊢（带横线） | 掩护 |
| ①, ② | 进攻球员 |
| X1, X2 | 防守球员 |
| R | 抢篮板 |
| 教练 | 教练 |
| △ | 圆锥物 |

第 1 部分

进攻

技巧与训练

# 第 1 章

# 平衡性、速度和敏捷性

擅长一对一对抗的球员往往具备爆发力强、跑动速度快、身体平衡性好的特点。

良好的平衡性可以分为两种情况。第 1 种情况是，当球员持球进行长距离的跑动时，跑动速度比控制身体平衡更为重要。球员此时应该挺直身体，让躯干与头部呈一条直线，身体稍微前倾，膝关节微屈，大步向前跑动。球员在跑动的时候要踮起脚。

第 2 种情况是，控制身体平衡。控制身体平衡要求球员在跑动时，步伐要小，膝关节的弯曲程度要高（大腿和小腿所成角度不大于 135 度）。头部同样与躯干呈一条直线，身体略微向前，背部挺直，不要弓背；脚趾应该死死"抓住"地板，并且脚跟先着地，脚趾后着地。

良好的平衡性可以提高球员的跑动速度，球员在停止跑动之前需要一直用脚趾"抓"地。接着脚跟先着地，脚趾后着地。集中注意力且提高训练强度有助于提高球员的跑动速度。

敏捷性是指球员对身体的控制能力。当球员参加正式比赛时，他们的身体会进行不同程度的拉伸，而且球员必须能够控制这种拉伸。

本章要进行 7 项训练，这 7 项训练旨在提高球员的平衡性、速度和敏捷性。训练 1 不仅需要球员进行快速跑动，还需要他们了解相关的篮球知识。随着球员篮球技巧和知识的逐渐增加，在此项训练中也会加入其他训练内容。训练 2 要求球员提高反应速度和爆发力，这在一对一对抗中是不可或缺的。训练 3 可以最大限度地提高球员的敏捷性。训练 4 需要球员训练脚趾"抓"地的能力。训练 5 旨在训练球员眼疾手快的能力。训练 6 用于提高球员的跑动速度。训练 7 将对平衡性、速度和敏捷性的要求综合起来对球员进行训练，同时要求球员的注意力高度集中。

# 沿球场边线进行跑步训练

## 球队训练或个人训练 /3 分钟

→ **技巧训练要点** 平衡性、速度、敏捷性、体能调节、快速跑动（6）、三威胁姿势（9）、单手体前变向运球（12、28）、双手交叉变向运球（13、29）、转身（反向）运球（14、30）、半转身运球（15、31）、前转身（35）、后转身（36）、跳步急停（37）、跨步急停（38）、滑步（46、137）、V 形空切（53）、侧滑步（128）、前滑步（137）、后撤步（137）、摇摆步（137）

1. 球员在底线排成一条直线。
2. 所有球员面朝右侧。
3. 教练下达"慢跑"的口令之后，所有球员开始沿球场边线慢跑。
4. 根据球员的技巧水平，让他们对以下几个口令做出反应。

### 新手球员

1. "跳步急停"——球员停止慢跑，开始跳步急停。"继续"——球员再次开始慢跑，绕着球场一直持续进行这项训练。
2. "跨步急停"——球员停止慢跑，开始跨步急停。"继续"——球员再次开始慢跑。
3. "向场内跨步"——球员继续慢跑，听到口令后立即向场内跨步，然后再回到球场边线上。"向场外跨步"——球员继续慢跑，听到口令后立即向场外跨步，接着再回到球场边线上。
4. "里外跨步"——球员执行进攻步法，即里外跨步，接着恢复慢跑。

### 有一定基础的球员

1. "前转身"——球员进行跳步急停（或跨步急停）和前转身，然后继续慢跑，方向相反。
2. "后转身"——球员进行跳步急停（或跨步急停）和后转身，然后继续慢跑，方向相反。
3. "试探步"——球员用任意一只脚做试探步，幅度要大，然后继续慢跑。
4. "交叉步"——球员用任意一只脚做交叉步，然后继续慢跑。
5. "转身"——球员以任意一只脚为轴心脚转身，然后继续慢跑。
6. "半转身"——球员以任意一只脚为轴心脚半转身，然后继续慢跑。

1. "冲刺"——球员冲刺 5 步，然后继续慢跑。
2. "V 形空切"——球员做 V 形空切，然后继续慢跑。
3. "碎步"——球员用碎步形成并保持合适的防守姿势，听到口令"慢跑"之后再次开始慢跑。
4. "脚趾拍地"——球员用碎步形成防守姿势，并用脚趾快速拍击地板，然后继续慢跑。
5. "三威胁"——球员跳步急停或跨步急停，并形成三威胁的进攻姿势，然后恢复慢跑。
6. "侧滑步"——球员使用防守侧滑行进 5 步，然后继续慢跑。
7. "前滑步"——球员跳步急停之后，接着做一个防守前滑步，然后继续慢跑。
8. "后撤步"——球员跳步急停之后，接着做一个防守后撤步，然后继续慢跑。
9. "摇摆步"——球员跳步急停之后，接着做一个防守摇摆步，然后继续慢跑。

➡ **备选训练（适合不同水平的球员）**

1. 除了慢跑，球员还可以把球从一只手传到另一只手上。
2. 除了慢跑，球员还可以控球。

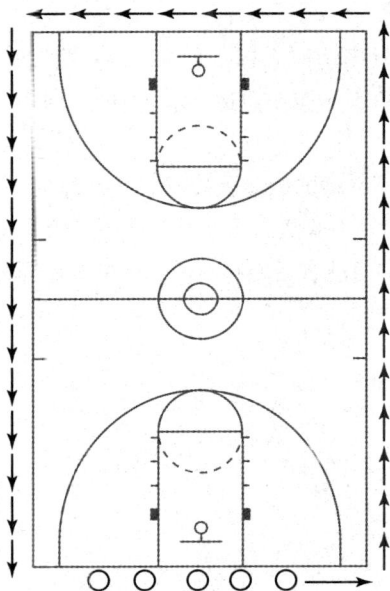

**相关训练：** *2、9、12~15、25~31、35、36、53、56、57、62、78、104~126、128、137*

# 2 双人模仿运球训练

**球队训练 / 2 分钟**

➡️ **技巧训练要点**  速度、站姿（4~9）、步法（12~15、28~31、129~132、137）、防守假动作（33）、转身（35~36）、穿插跑动（39）

## 新手球员

1. 两个球员面对面站成一行，一个是球员 A，另一个是球员 B。球队的全部球员两人为一组。
2. 球员 A 做一个动作，球员 B 尝试模仿这个动作。
3. 让球员按顺序分别用右手、左手、双手碰触自己的头；接着，让他们按顺序分别用右手、左手触摸膝盖；然后，球员原地做跑步动作，最后用双脚快速拍击地板。
4. 球员 A 先做动作，球员 B 模仿球员 A 的动作 30 秒或 1 分钟；然后球员 B 做动作，球员 A 模仿。
5. 球员 A 观察球员 B 的动作是否准确，以及球员 B 的反应速度。

## 有一定基础的球员

1. 新球员训练快速触摸动作，有一定基础的球员则训练假动作：试探步、前后移步假动作、单手体前变向运球、转身（反向）运球、半转身运球、前转身和后转身。
2. 在球员们学习了第 9 章的抢篮板技巧之后，球员 A 可以做试探步、试探步之后转身上篮以及试探步之后运球突破动作。球员 B 做同样的动作。
3. 球员 A 可以做前转身或者后转身动作。球员 B 做同样的动作。

## 经验丰富的球员

1. 老球员应该增加防守姿势、假动作和步法的相关训练，包括拦截姿势、防守球员的前脚对应进攻球员的轴心脚、防守球员的前脚对应进攻球员的活动脚、前滑步、后撤步、摇摆步、滑步和侧滑步，以及三威胁姿势和 V 形空切。

2. 老球员也可增加里外防守假动作的相关训练。球员在训练时，踏前脚，同时前手迅速向前截球（与蛇的攻击动作相似），然后快速将手收回。这一动作会使进攻球员改变进攻方向或在运球时犹豫。

3. 两个球员共用一个篮球训练。

**相关训练：** *1、9、12~15、25~31、35、36、53、56、57、62、78、104~131、137~153*

# 对墙运球

**个人训练 /1 分钟**

➡️ **技巧训练要点**　持球、敏捷性、手速、控球、平衡性、体能调节

## 新手球员

1. 每个球员拿一个篮球。
2. 球员面对墙站立，右手对墙运球。
3. 球员开始运球时，运球高度与头部持平，肘部弯曲成 90 度，接着肘部逐渐弯曲至 135 度，最后肘部完全伸展。
4. 球员用左手运球时重复步骤 2 和步骤 3。

## 有一定基础的球员

1. 与新球员练习运球的方法一样，但是有一定基础的球员只使用右手食指进行运球训练。
2. 接着分别只使用中指、无名指、小指进行运球训练。
3. 球员用左手进行运球训练时重复步骤 1 和步骤 2。

## 经验丰富的球员

1. 球员重复新球员训练阶段的步骤 2、步骤 3 和步骤 4，但是需要沿着墙壁进行行进间运球训练。
2. 球员重复有一定基础的球员训练阶段的步骤 1、步骤 2 和步骤 3，但是需要沿着墙壁进行行进间运球训练。

## ➲ 教学要点

1. 球员只能用手指运球（见下图），而且手指还可以用来投篮或传球。球员不应该用手掌运球、投篮或传球。

2. 运球时，球员的手腕应该上下运动，就像挥手告别一样。观察运球时手腕后面是否有褶皱，以及每次将球运出去的时候，褶皱是否会消失。

3. 一旦球员开始进行对墙运球训练，那么球员在整个训练阶段都要保持相同的运球强度。

4. 提醒球员不要看球，而应该直视前方。

手掌

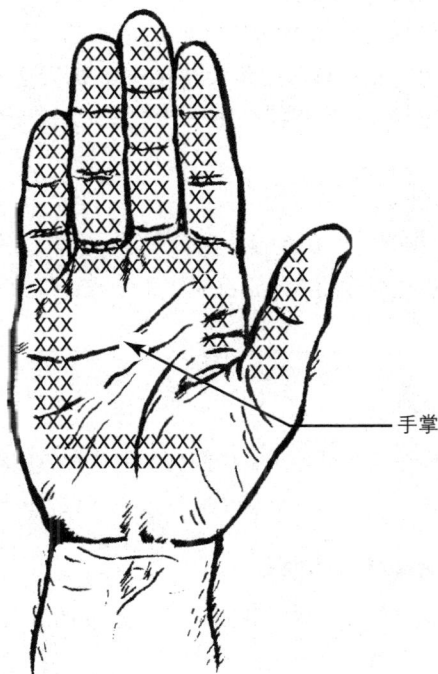

球只能在手掌中标
"X"的区域

**相关训练：** 18~31、34、35、40、41、76、84、97、104~127

**4**

# 罚球线滑步

➡️ **技巧训练要点** 敏捷性、速度、体能调节、平衡性、防守姿势（129~131、137）、滑步（46、137）、变向、变速、防守步法（129~131、137~144）

## 新手球员

1. 如下页图所示，3 个球员一字排开沿罚球线向底线的方向站位，前后间距约为 1 米，面向界外。球员们从罚球线的中间位置或者一侧开始。

2. 球员使用防守侧滑步从一侧滑到另一侧；在滑回原处之前，他们需要用外侧脚接触罚球线到底线的连线。

3. 每 30 秒计算球员的触线次数。每组球员刚开始的训练时长为 30 秒。在训练的后半程，可以把训练时间延长到 60 秒。每天这项训练结束之后，所有球员都应该有进步。训练目标是使球员的侧滑速度变得更快，并且触线的次数也相应增加。

## 有一定基础的球员

当以小组形式进行罚球线滑步训练时，每个球员每做一次滑步动作要加上里外防守假动作。

## 经验丰富的球员

1. 改变滑动距离——允许球员从中间位置向任意方向滑动两步。

2. 改变滑动距离——允许球员从中间位置向任意方向滑动一步。

➡️ **备选训练（适合不同水平的球员）**

两个球员面对面。第 1 个球员滑到一侧（滑动的方向可以由球员选择），同时第 2 个球员模仿第 1 个球员的动作。

## ➲ 教学要点

1. 球员必须完美地做出滑步动作，双腿不能交叉。

2. 球员在开始训练时，一只脚要朝着一个方向做滑步动作，且滑出的步子要大；接着球员要将另一只脚带到第 1 只脚所在的位置，与滑出的第 1 只脚几乎挨着，但不要越过。

3. 为了更好地平衡身本，球员需要降低身体重心。小腿应该垂直于地面，大腿与小腿成 135 度角。身体挺立，与地面垂直。双手伸出，手掌朝上，手臂不能下垂。

4. 脚趾应该"抓住"地板，双脚贴地抬起，这样能提高球员的移动速度。

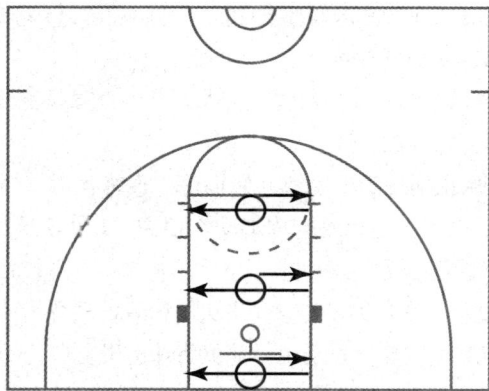

**相关训练：** *107~109、137~153*

**5**

# 手速

## 球队训练或个人训练 /2 分钟

➲ **技巧训练要点** 速度、姿势（4~9）、前后移步假动作（11）、单手体前变向运球（12、28）、双手交叉变向运球（13、29）、转身（反向）运球（14、30）、半转身运球（15、31）、前转身（35）、后转身（36）、步法（12~15、28~31、129~132、137）、防守假动作（129）、前滑步（137）、后撤步（137）、摇摆步（137）

### 新手球员

1. 球员站位如下页图所示。
2. 每个球员都有一个篮球。
3. 开始训练之前，1 号球员走到教练面前。开始训练，1 号球员将球传给教练。
4. 教练要求 1 号球员做防守姿势。
5. 教练下达口令后，1 号球员双脚快速移动。1 号球员在做这个动作的时候，脚趾尽量与地板发生接触。
6. 1 号球员要先从正确的防守手势开始训练。教练告诉 1 号球员要不断地向前抢球然后将手收回，这和蛇的攻击动作很像。1 号球员可以双手轮流击球，先用右手，然后用左手。
7. 在 1 号球员做出正确的防守姿势和步法 5 秒后，教练运一次球，然后改变运球速度，接着继续运球，直到 1 号球员将球击飞。
8. 将球击飞后，1 号球员去取回篮球，然后跑到对面队列的末尾（如果是球队训练的话）。接着，2 号球员走到教练面前。

### 有一定基础的球员

1. 1 号球员要尽力接到教练手里的球，而不是将球截住击飞。
2. 1 号球员干净利落地接到球后，转身面向篮筐，做出一个前后移步假动作或者用另一种外线进攻步法，然后运球突破到篮下。

### 经验丰富的球员

1. 1 号球员和 2 号球员都走到教练前面。两个球员都处于防守位置，面对对方，双脚快速跑动，并互相进行防守，做尝试抢球的动作，训练持续 5 秒。接着教练运球，大力高速运球和缓慢低运球交替进行。
2. 1 号球员和 2 号球员努力将球击飞。在将球击飞之后，两个球员争抢着将球拿回。然后进行一对一对抗，先拿到球的球员为进攻方，另一个球员则为防守方。

3. 球员从他们训练的起点走到对面队列的末尾。然后，3 号球员和 4 号球员走到教练面前，继续进行训练。

**➡ 备选训练（适合不同水平的球员）**

1. 把球队分成外线球员和内线球员两组，篮下防守和两分线位置防守两组，或者其他类似的小组。让他们打一场比赛，先得 10 分的一方获胜，每进一球记 2 分，每抢到一个前场篮板球记 1 分。这项训练极具竞争性和趣味性，并且以这种比赛的形式结束一天的训练也是极好的。

2. 不运球或者把球放在地板上，让球员们争抢。

3. 不运球或者把球放在地板上，教练直接将球扔出，让球员们将球取回。

**➡ 教学要点**

1. 球员要做出正确的防守姿势、滑步动作并且要眼疾手快。

2. 球员要做出基本合理的进攻动作。

3. 球员要学会找出防守漏洞并且做出正确的进攻动作。

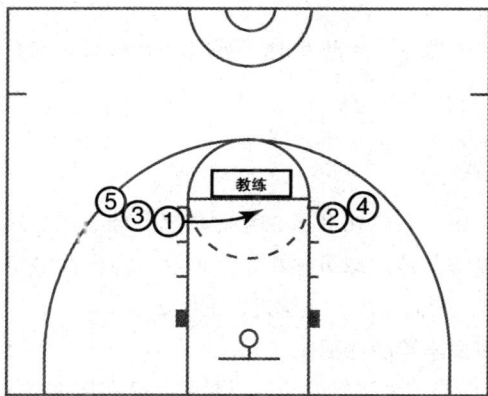

相关训练：8、9、11~17、26~31、35、36、84~95、104~113、122~127、128~135、137~144、152~154

# 快速跑动训练

**球队训练或个人训练 /2 分钟**

➔ **技巧训练要点** 速度、平衡性、敏捷性、体能调节、转身（35、36）

### 新手球员

1. 3 个球员面向教练，将右脚放在 A 区，左脚放在 B 区（如下页图所示）。另外，也可以一次只训练一个球员。

2. 球员右脚起跳去触碰 C 区，落下来之后右脚在 D 区，左脚在 E 区。球员做 180 度转身，左脚在 D 区，右脚在 E 区。球员将右脚放到 C 区，接着左脚起跳，落下来之后左脚在 A 区，右脚在 B 区。然后球员再做一个 180 度转身。训练持续 25 秒。

3. 新球员不要贪多，只学习一种步法即可。以上描述的是最简单的步法。

### 有一定基础的球员

1. 有一定基础的球员在开始起跳时，可以将左脚放到 C 区，后续训练与新球员一致。

2. 有一定基础的球员在开始起跳时，可以将双脚都放到 C 区，后续训练与新球员一致。

### 经验丰富的球员

老球员左脚在 A 区，右脚在 B 区，背对教练。球员向后跳到 C 区，可以双脚落地、右脚落地或左脚落地。球员起跳、落地后，左脚在 D 区，右脚在 E 区。球员做 180 度转身之后，面向教练。继续进行训练。

➔ **备选训练（适合不同水平的球员）**

球员进行的是前转身或者后转身，而不是跳起来在空中旋转 180 度。

1. 速度对防守而言十分重要。不要让球员把脚抬高到离开地面的程度；不要让他们的双脚在地面上拖动——球鞋和地板之间的摩擦会使他们的速度变慢；也不能让他们跳到空中。球员应将脚略微抬起，降低身体重心，快速滑行。在进行滑步训练的时候，球员的脚趾应有"抓"地的感觉。

2. 从心理层面提高球员的能力——告诉球员，他们要时刻想着"快、快、快"。

3. 训练持续 25 秒，记录每个球员做 180 度转身的次数。随着球员跑动速度的加快，他们转身的次数也会相应增加。

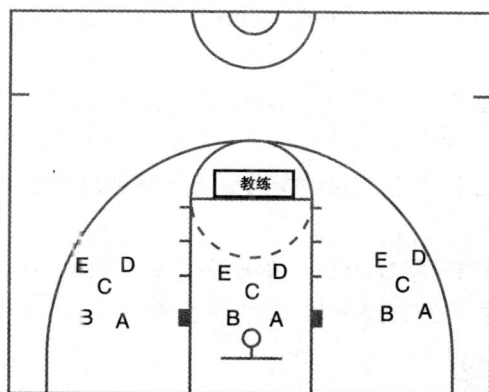

**相关训练：** *2、4、35、36*

**7** **敏捷性技巧训练**

球队训练或个人训练 / 1 分钟

➡ **技巧训练要点** 速度、平衡性、敏捷性、体能调节、滑步（46、137）、侧滑步（128）、前滑步（137）、后撤步（137）、摇摆步（137）

### 有一定基础的球员

1. 球员面对墙站成一排，离墙大约 30 厘米。
2. 球员尽全力起跳，用双手触摸墙壁。
3. 在下落的过程中，球员向左转 90 度，右肩面向墙壁。
4. 球员立即跳起来，用右手触摸墙壁。在下落的过程中，球员向右转 90 度，面向墙壁。
5. 球员立即跳起来，用双手触摸墙壁。在下落的过程中，球员再次向右转 90 度，左肩面向墙壁。
6. 球员立即跳起来，用左手触摸墙壁。在下落的过程中，球员向左转 90 度，面向墙壁。
7. 在训练初期持续时间为 30 秒。到训练中期，球员的训练时间应该达到 45 秒。到训练结束时，他们应该可以训练到 1 分钟。

### 经验丰富的球员

老球员按上述方法进行训练，但每次在下落之后、重新起跳之前，他们都要做前滑步、后撤步、摇摆步、滑步或者侧滑步动作。

➡ **备选训练**

1. 给每个球员一个网球，球员需要在网球从墙上弹开后碰到网球。
2. 用垒球代替网球可以更好地增强球员的握力。

➡ **教学要点**

确保球员连续跳跃 30 秒。球员要在地板上不断地进行训练，提高自己双腿的调节能力。

*相关训练：3、6、46、137*

# 第 2 章

# 站姿和步法

知识对任何运动的帮助都是很大的。练习错误动作会阻碍球员进步、限制球员的发挥，而正确的动作训练则会促进球员成长，提高球员能力的上限。

正确的站姿和步法是培养高水平球员的基础。如果无法掌握正确的站姿和步法，那么球员在学习更高级的技巧时就会十分低效且困难，而且永远无法达到最佳水平。

在训练 8 中，我们教给球员的第 1 种站姿和步法就是从球场的左侧和右侧正确地将球投入篮筐。

如果球员想成为下一个迈克尔·乔丹，在一对一对抗中创造出令人惊讶的步法，那么首先他们必须学习在训练 9 中提到的三威胁姿势。如果球员想像蒂姆·邓肯那样打球，那么他们必须知道如何在背身单打中找到合适的位置，在训练 10 中会介绍这种技巧。

找到合适的位置虽然至关重要，但这仅仅是开始。为了击败对方的防守球员，球员必须跑动起来，可以让进攻球员诱导对方的防守球员出错。当对方的防守球员的防守动作出错时，步法正确的进攻球员就可以利用这个错误，暴扣得分。

练习正确的步法最好分为两个阶段：投球落地之后和开始运球之前。训练 11 为在运球之前做前后移步假动作。训练 12 是本书介绍的第 1 个运球技巧——单手体前变向运球。训练 13 将介绍双手交叉变向运球的相关训练内容，与单手体前变向运球相对应。球员在运用这两种运球技巧时都要面对对手。

训练 14 在球员的训练项目中加入了转身（反向）运球。训练 15 是与转身（反向）运球相对应的技巧，即半转身运球。这两种技巧在完成时都背对对方的防守球员。训练 16 综合了上述所有训练项目，让球员根据情况创造出最佳的进攻组合。

训练 17 增加了一名防守球员。这项训练需要球员理解技巧的相关知识，在使用已经学会的步法的同时要知道哪种步法应在什么时候使用以及为什么要使用。

# 基本上篮训练

**8**

➡ **技巧训练要点** 基本上篮、平衡性、体能调节、接球（44）、击地传球（44）、胸前传球（44）

### 新手球员

1. 如下页图 1 所示，球员排成两列，从篮筐右侧开始投篮。90 秒后，切换到左侧投篮。
2. 开始训练：教练传球给接球球员。
3. 2 号球员传球给 1 号球员，1 号球员上篮。然后 2 号球员走到 1 号球员所在队列的末尾，1 号球员走到 2 号球员所在队列的末尾。4 号球员拿到篮板球（投失或者投进）之后，3 号球员朝篮筐跑去。然后 4 号球员传球给 3 号球员，3 号球员投篮。3 号球员和 4 号球员都走到对面队列的末尾。重复训练，直到每个球员都掌握上篮技巧。

### 有一定基础的球员

与新球员的训练方式基本相同，不同之处在于有一名教练站在投球球员旁边，在球员投篮时轻轻地推一下球员。

### 经验丰富的球员

与有一定基础的球员的训练方式基本相同，不同之处在于传球球员在传球的时候要使用胸前传球，而不能使用击地传球。

➡ **备选训练（适合不同水平的球员）**

1. 3 组球员进行上篮训练（见下页图 2）：1 号球员将球传给 2 号球员，2 号球员将球传给跑到罚球线位置的 3 号球员；1 号球员从 2 号球员身后切到篮下，3 号球员将球传给 1 号球员，1 号球员带球上篮；然后 2 号球员从 3 号球员身后切到篮下，去抢篮板球；接下来，1 号球员回到 3 号球员的组列，2 号球员回到 1 号球员的组列，3 号球员回到 2 号球员的组列。
2. 进行上篮训练时，球不能落地，球员需要尽全力跑到指定的位置。
3. 接球球员在接到传球之后换手上篮。
4. 接球球员在远离篮筐的位置接球，然后运球到篮下。

1. 球员在上篮时，要高跳，不要远跳。投球球员挺直身体，稍微向前倾，一只脚起跳，等落地旳时候另一只脚先着地（即如果投球球员右脚起跳，那么落地的时候，左脚应先着地）。上篮时，用接近界外一侧的手投篮，手应该在球后面，手掌朝上。将球投出的那一刻，手腕轻翻，将球拨到篮筐上方的瞄准框上。球碰到篮板的瞄准框后，这时球已经达到最高高度，不再上升。

2. 为了训练击地传球，球员双手抱球，肘部弯曲（双手各自位于篮球两侧）。球员在训练时，一边运球，一边向前移动。传球时，球员翻转手腕，拇指朝下。开始传球时，掌心朝内；将球传出之后，掌心朝外，并且肘部应该完全伸展。球员尝试将球推向地面，球弹起之后会到达接球球员腰部或者略高于腰部的位置。接球球员接到球之后，立刻起跳投篮。传球球员将球传出之后，身体处于一个坐着的姿势；然后降低身体重心，准备快速切入。

3. 胸前传球与击地传球相似。球员双手将球抱住（双手各自位于篮球两侧），拇指朝上，掌心向内。传球球员一边运球，一边向前移动，当传球时，轻翻手腕。将球传出之后，拇指朝下，掌心朝外。球要传到靠近接球球员胸部的位置，接球球员要一直盯着球，直到将球接住。

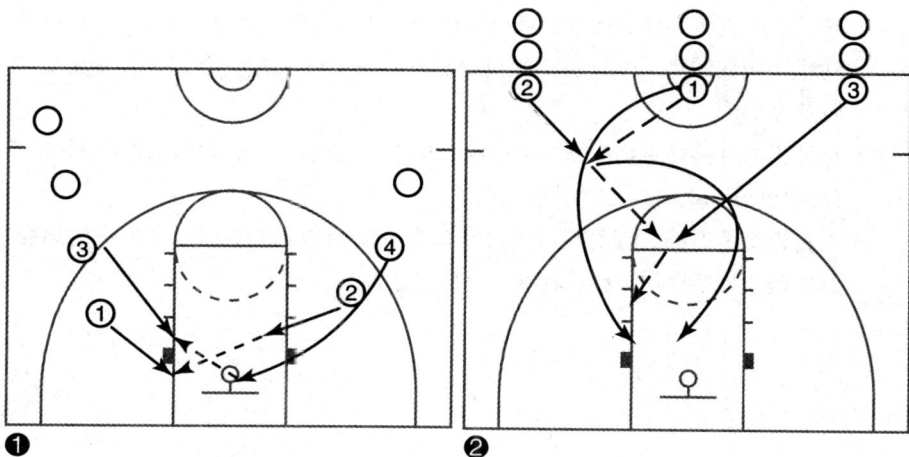

❶　　　　　　　　　❷

相关训练：41~74

# 三威胁姿势

**9**

**球队训练或个人训练 /2 分钟**

➡ **技巧训练要点** 持球位置、转身（35、36）、外线视野、进攻步法（11~15）、平衡性、敏捷性、速度、走位（11）、V 形空切（53）

## 新手球员

1. 如下页图所示，球员站成一排。
2. 一名球员做 V 形空切，教练将球传给这名球员。
3. 球员后转身，握球做三威胁姿势。
4. 球员将球回传给教练，然后走到队列末尾。

## 有一定基础的球员

球员后转身之后做三威胁姿势时，可以要求球员做试探假动作、变向假动作或者前后移步假动作（由教练决定）。

## 经验丰富的球员

1. 在完成一个假动作（有一定基础的球员训练的假动作）后，老球员可以开始运球突破到篮下并带球上篮，或者跳步急停，然后跳投得分。
2. 球员不要直接突破到篮下，可以在运球时跳步急停，运球结束之后做一个假动作（例如转身、半转身或假投晃起防守球员后从其侧边上篮），然后跳起将球投出。
3. 球员不要直接突破到篮下，可以在带球上篮之前做一些运球动作（例如单手体前变向运球、转身或半转身）。
4. 独自训练的时候，球员可以自己将球向下旋转传到离自己 1~2 米远的地面；然后跑去将球接住，再后转身，完成上述训练。

　　要做三威胁姿势，球员需要压低身体，膝盖和身体略微弯曲，将球放到腰部一侧的位置，双手抱球（双手各自位于球的两侧），拿球位置可以稍微向与轴心脚相反的身体一侧倾斜。这个姿势能让球员传球、运球或者投篮（三威胁因此而得名）。

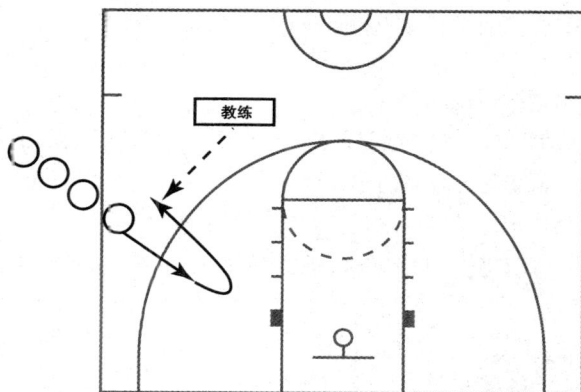

# 10 内线站姿训练

**球队训练或个人训练 /5 分钟**

→ **技巧训练要点** 基本上篮（8）、后转身（36）、背身单打（96~103）、内线卡位、低位转身（96~103）、转身（115）、半转身（115）、假投晃起防守球员后从其侧边上篮（116）、投篮假动作（117）

## 新手球员

1. 球员如下页图所示排队。
2. 当进攻球员带球过了两分线时，教练会告诉他假想防守球员的位置。
3. 进攻球员与假想防守球员对位。
4. 教练把球传给进攻球员，球员低位转身后上篮得分。
5. 进攻球员自投自抢，抢到篮板球之后将球回传给教练，接着回到队列的末尾。

## 有一定基础的球员

1. 教练要告诉球员不要一直低位转身后带球上篮，而要学习如何背打防守球员（转身、半转身或者上仰）。
2. 球员并不是一直训练带球上篮，还要训练强势上篮或使用小勾手（根据球员的进攻位置和所用动作决定）。

## 经验丰富的球员

1. 增加一个被动防守球员。现在球员必须观察防守球员的动向，并抢占合适的进攻位置。如果球员想要利用卡位所占的优势，那么他就必须决定使用什么步法。
2. 当球员处于内线时，教练可以在边线处上下跑动，制造一个新的防守位置，要求内线球员重新抢占一个不同的进攻位置。

1. 进攻球员在内线。如果防守球员在进攻球员上方，那么进攻球员可以将防守球员挤开一步的距离，大致挤到禁区边线的位置（使用身体力量，而不是用胳膊或手推）。如果防守球员在下方，那么进攻球员可以将防守球员朝底线推一步。如果防守球员在前面，进攻球员应向教练走一步，为高吊长传创造更大的传球空间。

2. 进攻球员"打开"手臂，弯曲肘关节成90度角，然后用前臂抵住防守球员的下半身或者腰部位置，以此来保持自己的姿势不变。

3. 进攻球员"收拢"手臂，给传球球员一个信号。当然，肘部同样弯曲成90度角，不同之处是前臂与地板垂直。进攻球员"收拢"手臂的目的是接传球球员传过来的球。

4. 如果防守球员处在3/4绕前防守位置（与完全绕前防守相对应），那么进攻球员需要在确保其一侧的脚越过防守球员的前脚的情况下转身。这样可以使进攻球员在低位转身上篮。

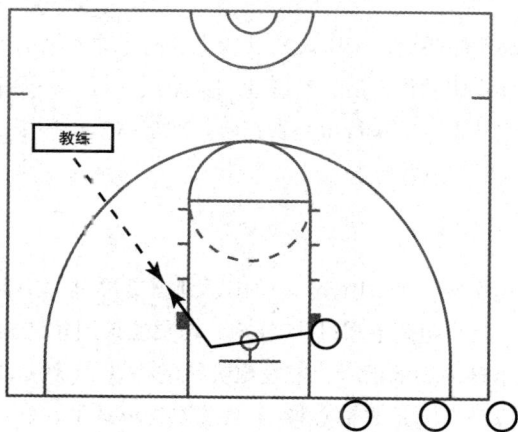

**相关训练:** *96~103*

# 前后移步假动作

个人训练／5分钟教学；1分钟检查

➡ **技巧训练要点**　三威胁姿势（9）、试探步、试探步回拉、试探步之后直接运球突破、试探步变向运球、前后移步假动作

## 新手球员

1. 第1次训练，即教学部分。一名球员与教练站在罚球线上，教练充当防守球员。球员进攻成功之后，教练要向球员解释为什么做这个动作以及何时做这个动作，并判断球员的速度。在开始另一阶段的训练之前，当球员进攻时，必须给防守球员留时间做出反应。
2. 前后移步假动作的4个阶段中的第1个阶段是试探步（见下页图1）。
3. 在学习了如何以及何时使用试探步之后，球员需要学习如何以及何时做试探步回拉动作（见下页图2）。
4. 接下来，球员需要学习如何以及何时做试探步之后直接运球突破动作（见下页图3）。
5. 前后移步假动作的最后一个阶段是试探步变向运球（见下页图4）。
6. 在教完前后移步假动作之后，教练让球员站成一行，并要求球员做前后移步假动作，然后检查球员执行得是否正确。球员每执行一个阶段，教练都会对其使用步法的时机进行检查。

## ➡ 教学要点

1. 试探步是关键，要一直训练这个动作直到球员可以运用自如。试探步应该短、急、猛，跨步距离不超过45厘米。球员应该用非轴心脚的脚趾去探地，当球员的脚趾触碰到地板时，应发出尖锐的声音。（就这项训练而言，假设左脚是轴心脚，右脚是非轴心脚。）教练要告诉球员在做试探步的同时，必须观察防守球员的反应。球员做三威胁姿势，将球稍稍向下放，身体略微前倾，造成一种其打算带球突破的假象。
2. 第2阶段的训练是试探步回拉。因为球员是用右脚脚趾进行的试探，所以球员准备用右脚快速过人。当进攻球员在做试探步时，如果防守球员并没有向前紧逼防守，而是留出些许空间，进攻球员就可以迅速回拉，跳起来将球投出。回拉距离不应超过45厘米。非轴心脚，也就是右脚，必须在左脚这一轴心脚的前面，这样才能使球员在投篮时很好地保持身体平衡。然而，即使进攻球员在使用试探步之后回拉，防守球员可能仍然会很肯定地认为进攻球

员会运球突破，特别是如果进攻球员已经多次使用了回拉跳投。进攻球员如果能够利用好试探步回拉的机制，那么很可能会晃倒防守球员。

3. 第 3 阶段为试探步之后直接运球突破。球员在做试探步回拉或试探步的时候，需要观察防守球员的前脚，看它离自己有多远。如果防守球员的前脚靠近进攻球员最初试探的位置，或者如果防守球员的前脚向前逼近以阻止进攻球员进行回拉，那么进攻球员可以抬起右脚带球过人，过人时右脚至少要在防守球员的前脚旁边（如果可以，右脚应拉开更远的距离）。进攻球员在训练试探步之后直接运球突破时，要先将球带到身体的右侧，然后左脚突然发力向前，左右脚拉开超过 1 米的间距，然后直接运球突破到篮下。

4. 第 4 阶段为试探步变向运球。如果防守球员的右脚向前紧逼，直面进攻球员的试探步回拉或者从一开始就阻断进攻球员的试探步，那么进攻球员就可以使用变向运球。为了成功过掉防守球员，进攻球员可以将右脚放到防守球员右脚的旁边（如果可以，右脚应拉开更远的距离）。在这个位置，进攻球员在左脚发力之前要将球从右侧换到身体的左侧，然后强突防守球员直接到篮下。

5. 为了习得最佳和最简投篮方式，球员必须知道投篮的最佳时机以及如何投篮。

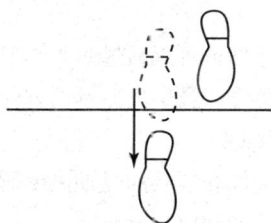

❶ 试探步（45 厘米或更少）

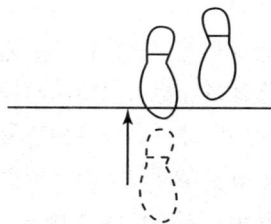

❷ 试探步回拉（45 厘米或更少）

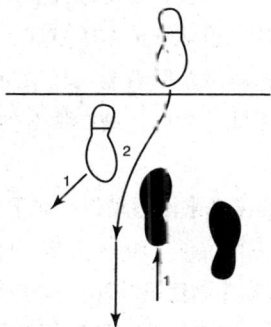

❸ 试探步之后直接运球突破。防守球员向前逼近（1），进攻球员用右脚向前迈步（1），然后带动左脚快速向前突破（2）

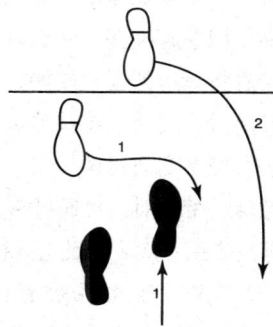

❹ 试探步变向运球。当防守球员用右脚向前紧逼时，进攻球员用右脚变向越过防守球员（1），然后带动左脚快速向前（2）

**相关训练:** 9、16、53、54、71

**12** **单手体前变向运球**

个人训练 /5 分钟教学；1 分钟训练

➲ **技巧训练要点** 单手体前变向运球技巧（28）

**新手球员**

1. 教学时，只需要一名教练和一名球员。训练时，球员站位如下页图 1 所示。

2. 在球场的任意一条直线（例如罚球线）上使用胶带标记一个边长为 60 厘米的正方形。

3. 持球球员在离教练 3 米远的位置开始朝着教练所在的位置运球。开始阶段主要训练控球，后续阶段可以允许球员加快运球速度。

4. 球员可以在标记的正方形中训练单手体前变向运球。教练一边教持球球员如何运球，一边做假动作，目的是让持球球员明确做假动作的时机。

5. 这项训练是对变向运球训练的补充。

➲ **教学要点**

1. 当防守球员直接向持球球员逼近时，持球球员可以通过单手体前变向运球过掉防守球员，也可以使用同样的方法使防守球员偏离原本的方向，或者做假动作使防守球员的一只脚朝着运球方向移动。

2. 当持球球员带球过人时，他们可以通过头部和肩膀的晃动来做假动作，并将球带到他们要突破的位置。为了在不丢球的情况下完成这个动作，持球球员需要将一只手放在球的一侧，同时将另一只手放在球击地弹起来的位置。例如，如果用左脚试探，那么就用右手运球。持球球员右手带球，将球带到右侧，接着将球压低运到左侧，然后再迅速将球拉回右侧。如果防守球员与持球球员离得比较远，持球球员不能做单手体前变向运球，那么他实际上可以换手进行交叉变向运球。

3. 当持球球员带球时，可通过头部和肩膀的晃动来做假动作。如下页图 2 所示，持球球员先用左脚（脚趾）试探，然后右脚突然向前迈一大步。持球球员的右脚至少要在防守球员左脚的前面。如果假动作做得足够好，防守球员将会向右侧移动，这时防守球员的左侧就会出现空位，而持球球员就可以直接过掉防守球员，突破到篮下。

4. 当防守球员直面进攻球员（不紧逼）时，持球球员就可以使用上述动作。

5. 球员在学会使用他们的优势手运球之后，就要训练他们使用弱势手运球。

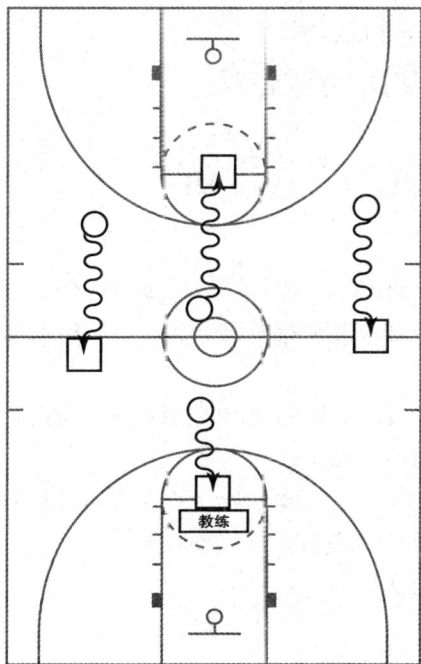

❶

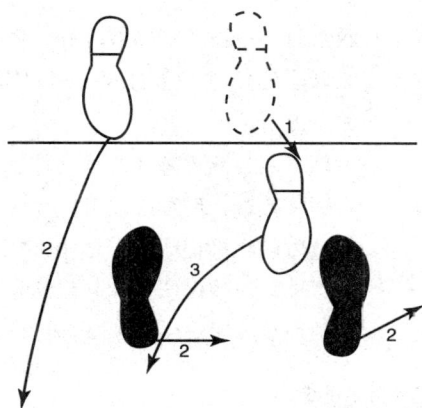

❷ 单手体前变向运球。持球球员先向左移动
（1）。当防守球员向右迈步时（2），持球球员
右脚向前迈出一步（2），然后左脚迅速从防
守球员左脚的旁边移过

相关训练: *28*

# 双手交叉变向运球

**13**

个人训练 / 5 分钟教学；1 分钟检查

➡️ **技巧训练要点**　双手交叉变向运球技巧（29）

**新手球员**

1. 教学时，只需要一名教练和一名球员。训练时，球员站位如下页图 1 所示。

2. 在球场的任意一条直线（例如罚球线）上使用胶带标记一个边长为 60 厘米的正方形。

3. 持球球员在离教练 3 米远的位置开始朝着教练所在的位置运球。开始阶段主要训练控球，后续阶段可以允许球员加快运球速度。

4. 球员可以在标记的正方形中训练双手交叉变向运球。教练一边教持球球员如何运球，一边做假动作，目的是让持球球员明确做假动作的时机。

5. 这项训练是对单手体前变向运球训练的补充。

➡️ **教学要点**

1. 当防守球员正面防守或者紧逼持球球员时，持球球员可以变向运球将防守球员过掉。如果持球球员能够诱使防守球员一只脚向前迈一步（与运球方向相反的一侧），那么他们也可以使用这个动作。

2. 假设防守球员逼防持球球员的右侧（见下页图 2）。持球球员可以晃动头部和肩膀，做出假动作，从防守球员右脚的右侧突破。如果足够熟练，持球球员甚至可以将球稍微向外运。运球球员在变向运球时，右手几乎一直在球的顶部，并向左上方略微倾斜。持球球员可以将球稍微向右推，然后向左回球。

3. 持球运回左侧，持球球员应将球压低到不高于小腿中间的位置，并以极快的速度推球过人。此时球会暴露出来，防守球员可以将其拦截。

4. 当持球球员向右迈步并略微向右运球时，他的右脚应该在防守球员左脚的前方。接着将球运到左侧，右脚也跟着移动，并且应该放在防守球员右脚的旁边。

5. 现在持球球员的左脚应猛地启动，尽可能地向前移动，同时保持良好的平衡，直接加速冲向篮筐。

6. 球员在学会使用他们的优势手运球之后，就要训练他们使用弱势手运球。

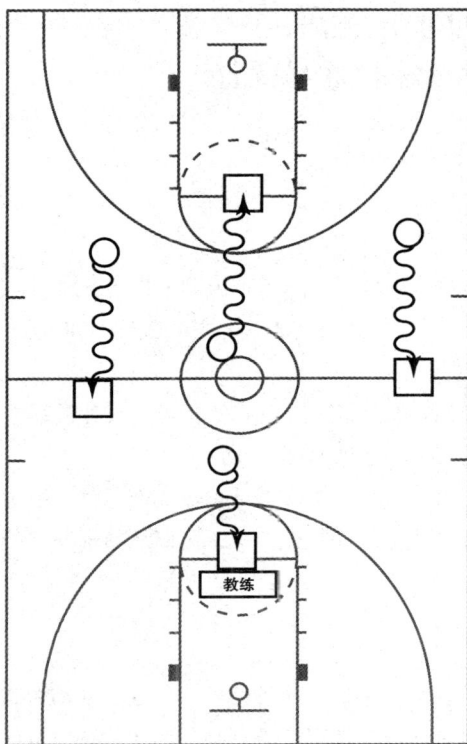

❶

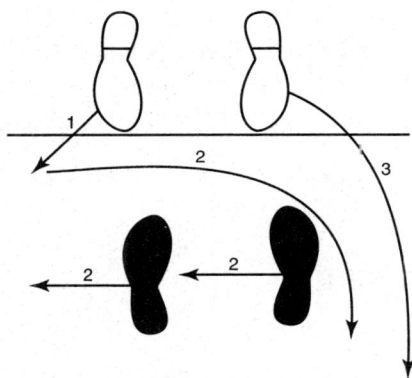

❷ 双手交叉变向运球。持球球员停下来向右移动（1）。当防守球员做出反应向左迈步时（2），持球球员抬起右脚从防守球员右脚的右侧穿过（2）。然后持球球员左脚跟上快速向前，过掉防守球员（3）

**相关训练:** *29*

## 14 转身（反向）运球

个人训练 / 5 分钟教学；1 分钟检查

**⊃ 技巧训练要点** 转身（反向）运球技巧（30）

### 新手球员

1. 教学时，只需要一名教练和一名球员。训练时，球员站位如下页图 1 所示。
2. 在球场的任意一条直线（例如罚球线）上使用胶带标记一个边长为 60 厘米的正方形。
3. 持球球员在离教练 3 米远的位置开始朝着教练所在的位置运球。开始阶段主要训练控球，后续阶段可以允许球员加快运球速度。
4. 球员可以在标记的正方形中训练转身。教练一边教持球球员如何运球，一边做假动作，目的是让持球球员明确做假动作的时机。教练可以从紧逼防守开始训练球员。

**⊃ 教学要点**

1. 如果球员右手运球，那么其可以假装向右突破。球员也可以通过头部和肩膀的晃动，做出假动作。如果防守球员逼防持球球员的右侧，那么持球球员就不需要做假动作来诱使防守球员向右侧移动（见下页图 2）。
2. 持球球员将其右脚与防守球员双脚的中间位置对齐。可以用左脚做试探步。
3. 持球球员以左脚为轴心脚转动 180 度，这时防守球员只能面对其后背。
4. 持球球员在转身的过程中，右手持球也跟着转动，且在转身完成之前不要将球换手。持球球员的右脚至少要与防守球员的右脚平齐，或比防守球员的右脚更靠前一些更好。
5. 持球球员在以左脚为轴心脚转身时，右脚也跟着转身，这样就可以转到防守球员身后，然后直接强突篮下。
6. 球员在学会使用他们的优势手运球之后，就要训练他们使用弱势手运球。

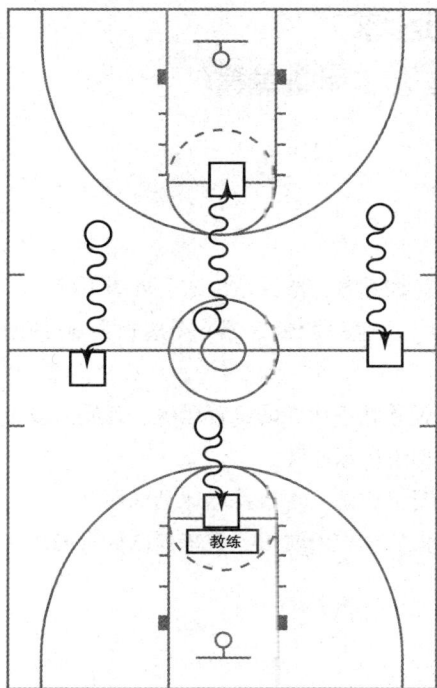

❶

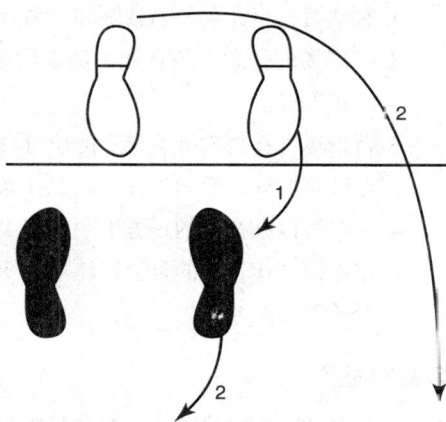

❷ 转身（反向）运球。持球球员用左脚做试探步（1）。当防守球员后撤步时，持球球员以左脚为轴心脚转动 360 度

**相关训练:** *30*

# 15 半转身运球

➡ **技巧训练要点** 半转身运球技巧（31）

## 新手球员

1. 教学时，只需要一名教练和一名球员。训练时，球员站位如下页图 1 所示。
2. 在球场的任意一条直线（例如罚球线）上使用胶带标记一个边长为 60 厘米的正方形。
3. 持球球员在离教练 3 米远的位置开始朝着教练所在的位置运球。开始阶段主要训练控球，后续阶段可以允许球员加快运球速度。
4. 球员可以在标记的正方形中训练半转身。教练一边教持球球员如何运球，一边做假动作，目的是让持球球员明确做假动作的时机。教练可以从紧逼防守开始训练。

## ➡ 教学要点

1. 持球球员可以通过头部和肩膀的晃动，做出假动作，诱使防守球员伸出右脚对持球球员进行紧逼防守。一旦防守球员向前紧逼，持球球员就将左脚移动到防守球员双脚中间（见下页图 2）。
2. 此时，防守球员认为持球球员会转身，而这正是持球球员所希望的。接着持球球员右脚随着身体转动，此时其处在防守球员的右前方。
3. 持球球员开始转身时只转动 90 度。当持球球员向右半转身时，防守球员也会跟着向右移动。这时持球球员的右脚立刻往开始转身的位置猛地回拉。当持球球员的右脚转回右侧时，右脚要转到防守球员左脚的外侧。
4. 然后持球球员的左脚会移动到防守球员左脚的左侧，接着直接强突篮下。
5. 球员在学会使用他们的优势手运球之后，就要训练他们使用弱势手运球。

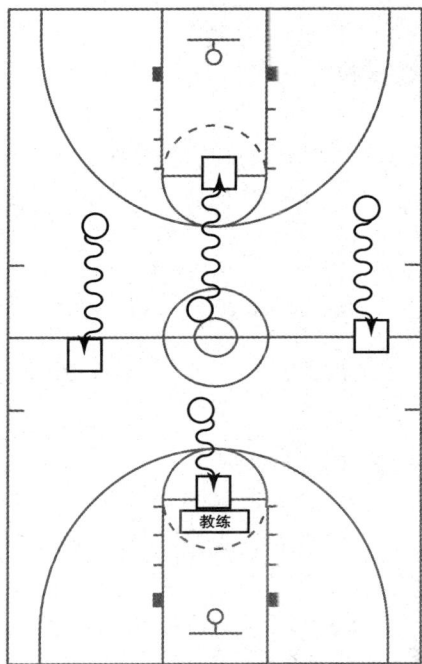

❶

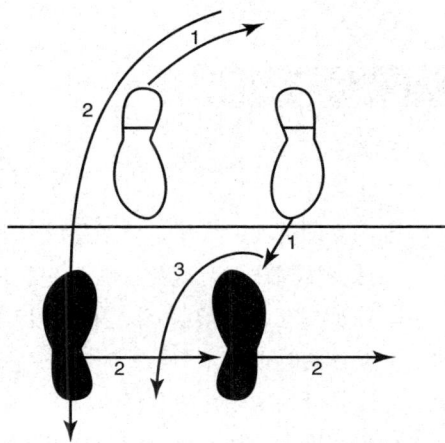

❷ 半转身运球。持球球员开始看起来像是在转身（1）。当防守球员跟着向右移动时（2），持球球员迅速将右脚拉回，此时右脚的位置至少与防守球员左脚平行。然后持球球员的左脚移动到防守球员左脚的附近（3）

相关训练: 31

# 16 组合运球

**个人训练 / 3 分钟**

➡ **技巧训练要点**　三威胁姿势（9）、前后移步假动作（11）、单手体前变向运球（12、28）、双手交叉变向运球（13、29）、转身（反向）运球（14、30）、半转身运球（15、31）、V 形空切（53）

### 经验丰富的球员

1. 如下图所示，球员站成一排。使用胶带在地板上标记一个边长为 60 厘米的正方形。

2. 一名球员在进行 V 形空切之后，去接教练传来的球。

3. 球员接到球之后，做三威胁姿势。

4. 球员按照教练指示完成前后移步假动作。（教练向球员说明使用前后移步假动作的时机。）

5. 球员开始运球并向右移动到正方形处，然后执行教练指定的运球动作。

6. 如图展示的是球员从球场左侧向右运球到底线的训练。第 2 天，将正方形移动到球场中央，球员向左侧运球，进行组合动作的训练。接下来两天在球场右侧进行训练。

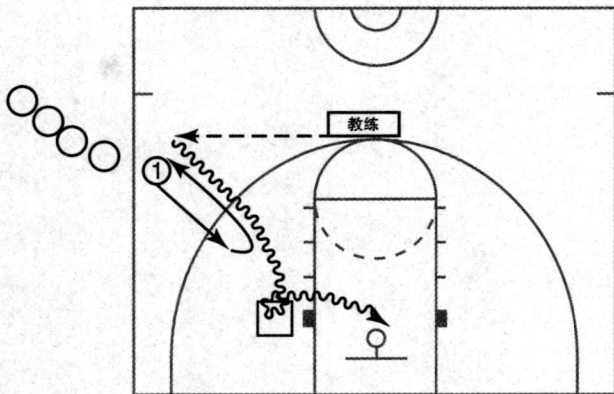

**相关训练：** 9、11~15、22~25、28~31、49、53

**17** 佩耶训练法

**➡ 技巧训练要点** 试探步（11）、试探步回拉（11）、试探步变向运球（11）、试探步之后直接运球突破（11）、单手体前变向运球（12、28）、双手变叉变向运球（13、29）、转身（反向）运球（14、30）、半转身运球（15、31）、防守假动作（33）、投篮假动作（96、116~117）、防守球员的前脚对应进攻球员的轴心脚（129）、防守球员的前脚对应进攻球员的活动脚（130）、前滑步（137）、后撤步（137）、摇摆步（137）、滑步（137）、紧逼防守（138）

在佩耶训练法中，进攻球员要学会观察防守球员并做出合适的动作去击溃防守球员；防守球员使用防守技巧来控制和压制进攻球员。

1. 佩耶训练法分为 3 部分。第 1 部分：在学习运球之前，对新球员进行训练以及对有一定基础的球员进行提升训练。这一部分包括三威胁姿势（在做任何动作之前）和前后移步假动作（步法）。进攻技巧在训练 9 和训练 11 中已介绍。防守技巧将在训练 129、训练 130 和训练 137 中介绍。

2. 第 2 部分是对老球员在学习运球期间的提升训练。进攻动作有单手体前变向运球和它的补充动作，即双手交叉变向运球；转身和与它相对的动作，即半转身运球。进攻技巧在训练 12~15 和训练 28~31 中介绍。防守技巧在训练 137 和训练 138 中介绍。

3. 第 3 部分是对老球员在学习运球后的提升训练。进攻技巧有投篮假动作、假投之后变向运球和假投晃起防守球员后从其侧边上篮。进攻技巧和防守技巧将在训练 96、训练 116 和训练 117 中介绍，后撤步跳投也将在训练 116 中介绍。

## 第 1 部分：运球前训练
### 新手球员和有一定基础的球员

**新手球员**

1. 如下页图 1 所示，一名球员站在教练前面。球员应站在可以投篮的距离之内。如果教练想进行球队训练，那么需要将球员分组，每组有一名防守球员和一名进攻球员。

2. 进攻球员必须了解以下 3 个防守技巧。

    a. 站姿：防守球员的前脚对应进攻球员的轴心脚，防守球员的前脚对应进攻球员的活动脚，或者两者双脚平行（对齐）。

b. 防守程度：进攻球员还要了解的是，防守球员的防守是紧的还是松的；严防意味着防守球员与进攻球员之间的距离在半步之内，防守较松意味着防守球员与进攻球员之间的距离超过半步。

c. 紧逼防守也是一种需要进攻球员理解的防守技巧。防守球员可以逼防进攻球员右侧（称为逼防右侧）或左侧（称为逼防左侧），也可以正面防守（即不采用紧逼防守）。

3. 进攻球员开始做三威胁姿势，可以使用前后移步假动作中的任意一种。

4. 在开始下一阶段的训练之前，可针对每个阶段进行一系列时间为 10 秒的训练。在前 3 组 10 秒训练中，强调球员的防守姿势（下方的 a、b 和 c）。在接下来的一组 10 秒训练中，强调防守程度（下方的 d）。在最后一组 10 秒训练中，强调紧逼防守（下方的 e）。

a. 开始训练：防守球员的前脚对应进攻球员的轴心脚，持续 10 秒。

b. 接着防守球员的前脚对应进攻球员的活动脚，持续 10 秒。

c. 然后防守球员和进攻球员双脚平行站立 10 秒。

d. 强调 10 秒训练的防守程度：先紧后松。

e. 10 秒紧逼防守训练：先逼防左侧，然后逼防右侧。

f. 进攻球员应该使用的进攻技巧将在接下来有一定基础的球员部分的第 3、4 点进行介绍。新球员应该只适合使用前后移步假动作，有一定基础的球员可以训练除运球后技术之外的所有技巧，老球员可以使用所有技巧。

5. 教练接下来对站姿、防守程度以及紧逼防守进行任意组合。例如，一开始教练就要求进攻球员的前脚对应防守球员的活动脚，防守程度紧，但不逼防左右两侧。

6. 进攻球员观察教练的防守姿势，然后准确说出教练的防守类型并向教练陈述什么动作最适合用来对抗这种防守姿势。

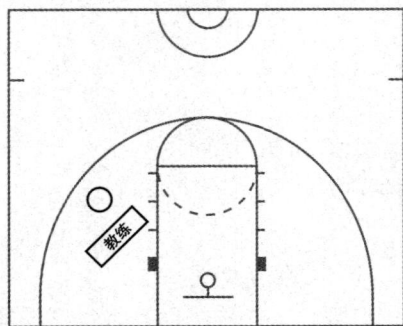

❶

**有一定基础的球员**

1. 有一定基础的进攻球员并不需要告诉教练什么动作最适合用来对抗教练的防守姿势，而是要直接做出进攻动作来对抗这种防守姿势。

2. 现在进入训练的第2阶段：前后移步假动作（进攻）和前滑步、后撤步以及摇摆步（防守）。这一阶段训练的是接下来的一对一对抗的第1步（即假动作）。

   a. 例如，如果教练开始的防守姿势是其前脚对应进攻球员的轴心脚，防守程度紧，但不紧逼防守，那么进攻球员应该使用交叉步。而教练会使用摇摆步应对进攻球员的进攻步法。此时，进攻球员就可以突破或者回拉。

   b. 如果教练开始的防守姿势是其前脚对应进攻球员的活动脚，防守程度紧，但不紧逼防守，那么进攻球员应该用活动脚直接突破。然后教练会再次使用摇摆步应对这种进攻步法。

   c. 这场进攻球员与教练的脑力博弈持续10秒，然后开始进行另一组训练。

3. 进攻球员为了在这场博弈中获得优势就必须一直对防守球员的动作做出回应。以下这些进攻技巧能够让进攻球员获得进攻优势。

   a. 防守程度松就投篮，防守程度紧就直接突破上篮或者做交叉步。

   b. 对紧逼防守的防守球员进行持续性进攻。例如，如果防守球员逼防进攻球员的左侧，且距离控制在半步之内（即逼防左侧），防守球员此时正尝试逼迫进攻球员开始往右侧移动。这时，进攻球员就不能带球往右侧移动，而应该用交叉步往左侧移动（如果左脚是轴心脚）。

   c. 如果防守球员正面防守，且防守程度紧，那么进攻球员不管是直接使用试探步还是试探步变向运球，都要让防守球员始终处于运动状态。

   d. 不管防守球员的前脚对应进攻球员的轴心脚相对还是活动脚，进攻球员都可以通过追踪防守球员的前脚来进行进攻。

   e. 试探步之后直接运球突破和试探步变向运球是两种相对的篮球技巧，前者是向右突破，后者是向左突破。

4. 当遇到使用前滑步、后撤步或者摇摆步的防守球员时，进攻球员应该使用以下进攻技巧。

   a. 如果防守球员使用前滑步，进攻球员可以直接突破或者变向运球过掉防守球员。把前滑步当作防守球员的前脚对应自己的轴心脚或者活动脚的防守姿势来应对。

   b. 如果防守球员使用后撤步，进攻球员可以将球拉回投篮或者开始运球，运球的目的在于寻找机会，在第一次机会出现的时候使用交叉步或者转身运球过掉防守球员。这种进攻方式可以真正地与防守球员拉开身位。

c. 如果防守球员使用摇摆步，进攻球员可以将球拉回投篮或者开始运球，运球的目的在于寻找机会，在第一次机会出现的时候使用交叉步或者转身运球过掉防守球员。这种进攻方式可以再次与防守球员拉开身位。

## 第 2 部分：运球训练

### 经验丰富的球员

1. 球员不再仅仅使用前后移步假动作和最基础的防守姿势，而应进一步学习运球的一系列技巧。

2. 为了应对运球攻势，防守球员要么使用滑步，并与进攻球员运球的方向保持平行；要么出其不意地紧逼防守进攻球员，阻碍进攻球员继续运球。

   a. 如果防守球员使用滑步，并且和进攻球员的运球方向保持平行，那么进攻球员可以后撤步跳投。这样进攻球员会与防守球员拉开身位。

   b. 如果防守球员强行紧逼防守，那么进攻球员可以使用变向运球或者转身运球突破。教练需提醒球员不要混淆运球之前进行的基础训练与运球系列训练。在运球之前，进攻球员要试图突破紧逼防守。在运球期间，进攻球员要试图远离防守球员的紧逼防守。在紧逼防守的情况下，继续运球一般来说会造成犯规。

   c. 为了训练进攻球员在停止运球时进行进攻决策的能力，可以安排一名进攻球员在球场的右下角，再安排一名防守球员进行防守——防守球员的前脚对应进攻球员的活动脚，紧逼进攻球员的右侧（见下页图 2）。进攻球员应该攻击防守球员的前脚并且从防守球员的前脚外侧突破（也就是进攻球员的右侧）。防守球员使用摇摆步尝试跟上进攻球员或者跳上前去进行紧逼防守。教练可以指定一个区域用来进行进攻决策训练（比如罚球圈内侧的标线）。一旦到达指定区域，进攻球员必须分析防守球员的动向，做出进攻决策。如果防守球员采取正面防守，那么进攻球员可以跳步急停、后撤步跳投（训练 116；见下页图 3）。如果防守球员调过来紧逼防守，那么进攻球员可以转身带球上篮（训练 14 和训练 30；见下页图 4）或者变向运球过掉防守球员然后带球上篮。

### ➔ 备选训练（经验丰富的球员）

1. 训练时要保证有一名防守球员对一名进攻球员进行防守，两者共同进行佩耶训练。

2. 如果球场上有 6 个篮筐，将球员分成 5 组，两两一组，两名球员共用一个篮筐进行训练。教练站在球场中央进行监督。球员互相告诉对方他们要使用的动作以及应对技巧。

3. 随着训练水平的提升，球员不再互相告诉对方他们要使用的动作和应对技巧，只要他们能够使用这些技巧并解释清楚为什么这些技巧会奏效，那么他们就可以自己给这些技巧命名。

4. 不要想着一口气就可以将这项训练的所有项目全部完成。这项训练至少要分成 3 个阶段来进行：运球之前的训练、运球期间的训练、运球之后的训练。全部完成这项训练需要花费一些时间。

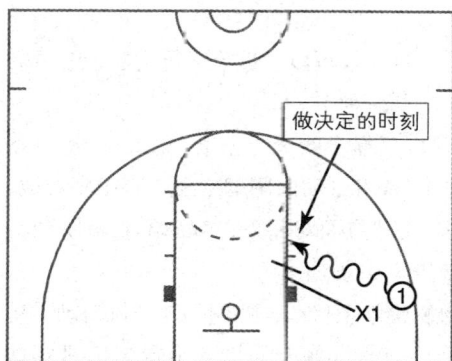

❷

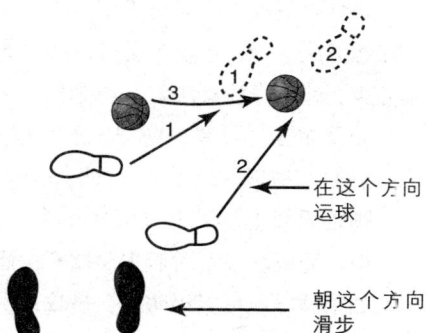

❸ 步骤 1：进攻球员右脚后撤。步骤 2：带动左脚也向后撤，脚跟先着地，脚趾后着地（基本的投篮姿势）。步骤 3：进攻球员双手持球进行投篮

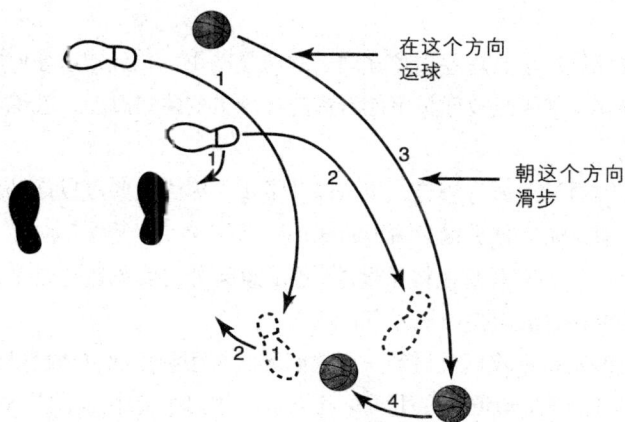

❹ 步骤 1：进攻球员左脚位置不动，右脚随身体转动 180 度左右，左脚略微转动；进攻球员右手持球，将球护住。步骤 2：进攻球员左脚再随身体转动 180 度左右，进攻球员现在面向篮筐，转动过程中右脚跟先着地，左脚趾最后着地。步骤 3：进攻球员右手勾住球的一侧将球旋转 360 度，用身体护球。步骤 4：进攻球员双手持球进行投篮

## 第 3 部分：运球后训练

这部分训练涉及一系列投篮假动作。如果教练已经将内线进攻技巧教给球员了，那么佩耶训练法的这部分训练就不用再教学了。进攻和防守技巧将在训练 96、训练 116 和训练 117 中介绍。佩耶训练法的教学目标为只有进攻球员在创造了空位的前提下才能投篮，其他情况一律不允许投篮。如果进攻球员在运球结束时没有创造出空位，那么他必须将球传出。如果进攻球员学习了一系列投篮假动作，那么他在完成运球之后就可以尝试投篮。

在运球结束时，进攻球员可以跳步急停。这不仅可以让进攻球员决定以哪只脚为轴心脚，还可以让其决定选择哪种步法（一共两种）。

1. 如果防守球员紧逼防守，进攻球员可以后撤步跳投（见上页图 3）。进攻球员的外侧脚后撤（见上页图 3 步骤 1），接着带动内侧脚后撤，脚跟先着地，脚趾后着地（见上页图 3 步骤 2）。进攻球员面对篮筐，双肩挺直，跳到空中，完成跳投。后撤步要拉开投篮所需的空位。

2. 如果防守球员紧逼防守，进攻球员内侧脚停止移动，外侧脚随身体转动（见上页图 4 步骤 1）；然后立刻转身，面向篮筐（见上页图 4 步骤 2）。进攻球员转身后脚跟先着地，脚趾后着地，接着跳到空中，完成跳投。

3. 进攻球员不使用上述动作，而是双脚着地，假投，并且根据防守球员的动作来做相应的破解防守的动作，这些将在训练 96、训练 116 和训练 117 中介绍。

### ➡ 教学要点

1. 教练要确保进攻球员观察出防守球员的防守动作，并且知道如何应对观察到的防守动作。如果进攻球员不能看透防守球员的防守意图，教练就要不断地训练他们。

2. 确保防守球员知道所有姿势、步法以及滑步，因为这些可以帮助他们掌控训练任务。对于防守球员也必须不断地加以训练。

3. 进攻的目的是干净利落地将球投进，这就意味着需要创造空位，只有这样进攻球员才能在毫无阻拦的情况下将球投进。

4. 防守的目的是将进攻球员逼到一个他们无法干净利落地将球投进的位置（不要拉开空位）。要知道，几乎每场比赛获胜的球队的投篮质量都是最高的。一个精准投篮，需要平衡两个方面：一是在投球球员的投篮射程之内，二是拉开空位后进行投篮。

5. 在运球训练之前防守球员开始的姿势可以是前脚对应进攻球员的轴心脚或

活动脚，或者双脚与进攻球员的双脚平行（见训练 129 和训练 130）。进攻球员开始做三威胁姿势，这个姿势可以让进攻球员进而使用前后移步假动作（见训练 9 和训练 11）。

6. 在运球训练之前进攻球员可以用活动脚做试探步、试探步回拉、试探步之后直接突破或者试探步变向运球动作（见训练 11）。防守球员可以用后撤步或者摇摆步应对上述动作。如果进攻球员使用试探步回拉，那么防守球员就可以使用前滑步应对（见训练 137）。这时进攻球员就可以尝试逼迫防守球员犯规或者紧逼防守。

7. 在运球训练之前和运球训练期间防守球员可以一开始就紧逼防守进攻球员，逼防左侧或右侧都可以。防守球员开始的姿势仍然可以是前脚对应进攻球员的轴心脚或活动脚，或者双脚与进攻球员的双脚平行（见训练 138）。进攻球员的应对动作可以是直突篮下、做交叉步到篮下、单手体前变向运球、转身（反向）或者半转身（见训练 12~15、训练 28~31）。

8. 防守球员开始的防守程度可以或紧或松。如果防守程度松，进攻球员就跳投，且必须完成这个动作。如果防守程度紧，就会迫使进攻球员用活动脚虚晃防守球员。

9. 当进攻球员已经与防守球员拉开身位时，进攻球员就可以投篮了。为了创造空位，进攻球员可以做假动作和跑位，迫使防守球员与其拉开一步身位。

**相关训练：** 9、11~15、28~31、33、37、38、84~88、116~118、129、130、137、138

# 第 3 章

# 运球

要想球员成为"进攻利器"，教练就必须让他们学会控球。教练要不停地训练球员，直到"人球合一"。只有到那时，他们才能在一对一的进攻对抗中以爆炸般的速度将技巧表现出来。

本章有 17 项训练，用于提高球员所需要的速度，教练也可以在一对一的进攻对抗训练中进行指导，这对球员的成功是至关重要的。一旦"人球合一"，进攻球员就会充满自信。他们会觉得自己可以完成任何传球，过掉任何防守球员，并且可以做到运球自如。这种自信也会影响比赛的其他因素，他们需要这种自信让他们的运球假动作具有爆发性。贾森·基德就有这种态度和天赋，他能在根本不可能的情况下运球并将球传给队友，这就是比赛的一大看点，而且培养这种能力需要花费很多时间。

训练 18 介绍如何使用手指控球。年轻球员必须知道，不能用手掌控球。事实上，在篮球运动中，手掌绝对不能用来做任何基本动作。

训练 19 和训练 20 能够帮助球员开始想象篮球是手的延伸部分。这些训练中还增加了跑步、有角度跑位和训练爆发力的项目。训练 21 有助于提高球员单手体前变向过人的运球技巧。

训练 22 能够教球员在不看篮球的情况下运球和跑动，要想在一对一对抗中流畅地做出篮球动作，就必须掌握这个技巧。训练 23 能够帮助球员的身体习惯全场跑动，使用快节奏的动作。训练 24 是与半场篮球训练对比的反例。

训练 25~27 增加了运球动作，这是为了帮助球员掌握 4 种基本的控球技巧：单手体前变向运球、变向战术、转身策略以及半转身。球员还需要学会变换节奏（见训练 25）、时差运球（见训练 26）和运球后撤（见训练 27）。球员在使用 4 种基本的控球技巧时也可以使用这些新招式。

训练 28、训练 29、训练 30 和训练 31 是运球训练，可以提高球员在外线使用 4 个基本运球动作的能力。其中一项训练会用到两个球，这有助于提高球员外线跑动的基本能力和控球能力。

训练 23~31 都将涉及用两个球进行变化运球训练的内容。如果想要球员变得更加优秀，那么就必须让他们更加刻苦努力地用两个球进行运球训练。

训练 32~34 十分有趣，且竞争性强。球员需要使用一个或者两个球去训练他们需要提高的技巧。

**18**

# 手指训练

➡ **技巧训练要点**　增强球感训练

### 新手球员

　　1. 球员将篮球在体前从一只手传递到另一只手。

　　2. 当球员将篮球换手时，球员从低位将球运到超过头的位置。

### 有一定基础的球员

　　球员只用手指在体前运球。首先用食指，然后用中指，接着用无名指，最后用小指。球员还应训练左右手同时运球。

➡ **教学要点**

　　1. 确保球员在进行这项训练时手腕抖动。检查球员的手腕背部，观察在每次抖动时皮肤是否出现褶皱。

　　2. 球员只能用手指运球。

**相关训练:** *3、19~34、40、41、76、84、97、104~126*

**19**

# "8"字形绕球训练
## 球队训练或个人训练 /2 分钟

➡ **技巧训练要点** 增强球感训练

### 新手球员

1. 球员将球从右手换到左手，并且用球绕着右腿画圆。
2. 球员将球从左手换到右手，用球绕着左腿画圆。
3. 如果是球队训练，那么球员之间应该相距 4.5 米。

➡ **备选训练**

1. 如下页图所示，球员站成若干排。给第 1 排的每个球员一个球。
2. 第 1 排球员用球绕腿画 "8" 字形走下球场然后再返回。
3. 第 1 排球员传球给第 2 排球员，接着走到队列的后面。
4. 第 2 排球员重复步骤 2 和步骤 3 的训练。

### 有一定基础的球员

1. 球员开始训练时，右手运球到右腿前方。
2. 球员胯下运球，将球穿过双腿之间，然后用左手从左腿后面将球接住。
3. 球员用左手将球带回到左腿前方，然后将球穿过双腿之间带到右腿后面，接着用右手将球接住。
4. 球员用右手将球从右腿后面带回到右腿前方。继续进行 "8" 字形绕球训练 5~15 秒。反转球的运动方向再次进行训练。

➡ **备选训练**

1. 第 1 排球员一边进行 "8" 字形绕球训练，一边走到场外，然后再走回来。
2. 第 1 排球员在距离第 2 排球员 3 米远的位置跳步急停并且将球传给第 2 排球员（听教练指示传球）。
3. 第 2 排球员重复步骤 1 和步骤 2 的训练。
4. 将球员分成几个小组，把训练当作一场运球比赛来进行。内线球员之间互相比赛，或者第 1 排球员与第 2 排球员进行比赛。

## ⭕ 教学要点

1. 球员可以通过弯曲膝盖和身体进行低运球训练。

2. 球员应该用手指运球，而不是手掌（见训练 3 中的图片）。他们可以换手运球，直到快支撑不住的时候才放松休息，这样可以让球员学会正确的运球技巧。这种训练可以让球员的运球技巧日臻完美。

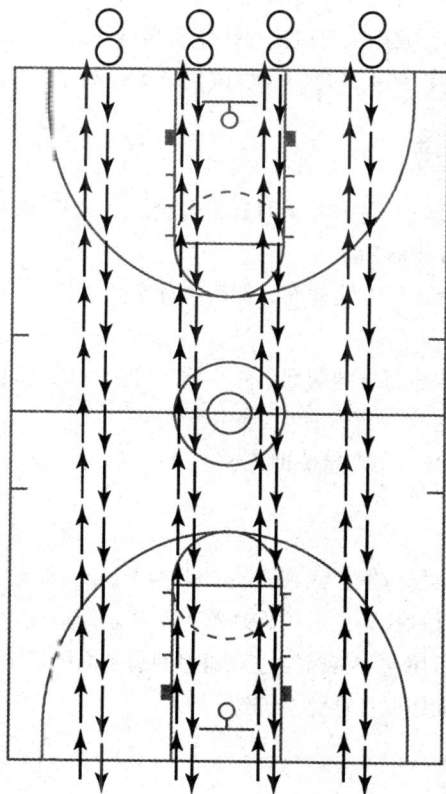

**相关训练：** 3、18~34、40、41、76、84、97、104~108、122~126

# "8"字形运球训练

球队训练或个人训练 /2 分钟

→ **技巧训练要点** 增强球感训练

## 新手球员

1. 球员只可以用右手手指绕右腿训练低运球（不高于小腿中间位置）。

2. 球员重复步骤 1，同样只可以用左手绕着左腿运球。

3. 如果是球队训练，那么球员之间应该相距 4.5 米。

## 有一定基础的球员

1. 球员在开始训练时，右手运球到右腿前面，然后将球穿过双腿之间，接着用左手从左腿后方将球接住。

2. 球员用左手将球运回左腿前面，然后将球穿过双腿之间运到右腿后方，接着用右手将球控住。

3. 球员的右手将球运回右腿前面，然后将球穿过双腿之间运到左腿后方，接着用左手将球控住。

4. 球员继续进行"8"字形运球训练 5~15 秒，然后再反方向训练 5~15 秒。

→ **备选训练**

1. 将球员安排在半场位置，让其开始"8"字形运球训练。

2. 球员边运球边做动作，用右手将球穿过双腿之间运到左腿后方时，左脚要向前跨一步，然后用左手将球穿过双腿之间运到右腿后方时，右脚要向前跨一步。这个跨步动作要贯穿整个训练。

## 经验丰富的球员

1. 球员边进行"8"字形运球训练边比赛。这场比赛以球员带球走动开始，以球员能够协调自如地运球跑动结束。球员要尽可能地快速移动，同时也要将球控好（见下页图）。

2. 将球员分成几个小组，把训练当作一场运球比赛来进行。内线球员之间互相比赛，或者第 1 排球员与第 2 排球员进行比赛。

## ➲ 教学要点

1. 球员在运球时应该主要使用手指部分。
2. 在训练运球时，高度要低，速度要快。
3. 提醒球员运球时不要看球。

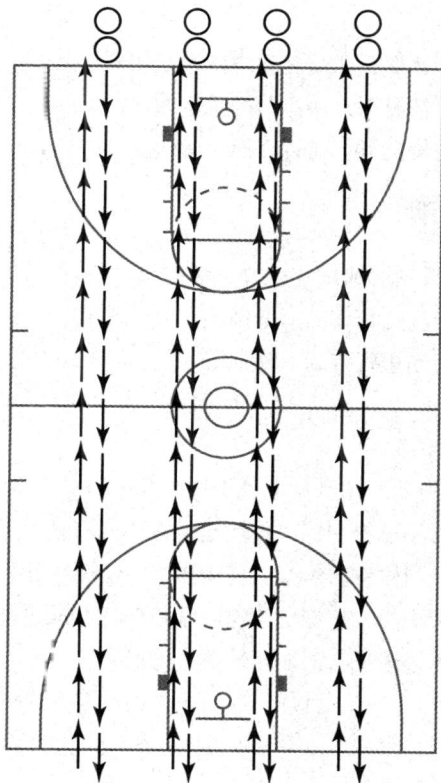

相关训练：3、18~34、40、41、76、84、97、104~126

**21**

# 边线运球

**球队训练或个人训练 /2 分钟**

➡ **技巧训练要点**　增强球感训练

## 新手球员

1. 如果是球队训练，那么球员之间应该相距 4.5 米。
2. 球员在不看球的情况下，在体前换手运球。
3. 球员在不看球的情况下，在背后换手运球。

## 有一定基础的球员

1. 如训练 20 的图所示，球员站成若干排。
2. 球员从前场到后场进行体前运球训练。
3. 球员从前场到后场进行背后运球训练。

## 经验丰富的球员

1. 如训练 20 的图所示，球员站成若干排。第 1 排球员找一个合适的运球位置，开始从前场到后场进行训练，将球运过去再运回来，运球的高度应该与腰平齐。第 2 排球员同样将球运过去再运回来，球运高度要低，速度要快。
2. 将球员分成几个小组，把训练当作一场运球比赛来进行。内线球员之间互相比赛，或者第 1 排球员与第 2 排球员进行比赛。

➡ **教学要点**

1. 球员在运球时应该主要使用手指部分。
2. 球员在训练控球时，可以进行低运球或者高运球。
3. 双脚分开至少与肩同宽。告诉球员，下蹲可使运球速度更快。
4. 提醒球员运球时不要看球。

**相关训练:** *3、18~22、24~34、40、41、76、84、97、104~126*

## 22 蜘蛛运球

### 球队训练或个人训练 /0.5 分钟

**➡ 技巧训练要点** 增强球感训练、手眼协调性、手速（5）

**新手球员**

1. 球员站成一排，两两相隔 4.5 米，每个球员都拿着一个球。

2. 半蹲，直接向下运球，球的落点在身体的正下方。

3. 开始训练时，球员右手放在右膝前面，左手放在左膝后面。

4. 球员右手轻拍一次球，接着迅速将右手放到右膝后面。同时，左手移到左膝前面，用左手轻拍一次球，然后将左手放回左膝后面。原本在右膝后面的右手此时迅速移到右膝前面，然后轻拍一次球。在整个训练过程中，球员要不断地进行这种快速换手运球训练。左右手从膝盖前面到后面每移动一次，就轻拍一次球。这种拍球方式可以让球一直上下弹跳而不会落到地上弹不起来。

**➡ 备选训练**

　　球员不是通过向下拍球来让球落地弹起的，而是用在身体前面的右手和身体后面的左手交互运球，球的落点应该在身体的正下方。松开球时，用身体后面的右手和身体前面的左手运球；接球时不可以让球落地弹起。球员可以把球轻轻抛向空中，以便更好地接住球。球员在整个训练过程中持续进行这种快速的手部动作。

**➡ 教学要点**

1. 提醒球员在运球时主要用手指部分。

2. 球员在训练运球时，高度要低，速度要快。

3. 双脚分开至少与肩同宽。告诉球员，下蹲可使运球速度更快。

4. 球员运球时不能看球，应该直视前方。

**相关训练：** *3、18~22、24~34、40、41、76、84、97、104~126*

**23**

# 快速运球
### 球队训练或个人训练 /1 分钟

➡ **技巧训练要点** 球感训练、快速运球姿势（23）、体能调节、前转身（35）、后转身（36）、跳步急停（37）、胸前传球（44）、击地传球（44）

### 新手球员

1. 如下页图所示，球员站成若干排。
2. 快速运球训练要求球员以最快的速度从前场运球到后场。
3. 当到了球场对面的底线时，球员后（或前）转身，然后快速将球运回原点。球员用右手运过去，用左手运回来。
4. 球员在离队友 4.5 米处跳步急停，然后用胸前（或击地）传球将球传给队友。
5. 所有球员都按同样的顺序进行训练。

➡ **备选训练**

1. 将球员分成几个小组，把训练当作一场运球比赛来进行。内线球员之间互相比赛，或者第 1 排球员与第 2 排球员进行比赛。
2. 球员在球场上来回运球两次，第 1 次用右手，第 2 次用左手。

### 经验丰富的球员

1. 球员左右手各拿一个球。将球运过去的时候，球员要使用一种变化式的交替运球——左手向下击球的时候，右手正好接到向上弹起的球，然后右手向下击球的时候，另一个球正好弹回到左手手上。
2. 另一种"双球"变化运球要求球员左右手运球的高度相同。注意：球员双手各运一球时，两球同时落地、同时弹起，并且双手运球高度一致。

## ➡ 教学要点

1. 正确的快速运球姿势要求膝盖和身体略微弯曲。

2. 球员应该在距离右膝 60~90 厘米的位置运球，每次运球时球的高度应与腰部
   平齐。

3. 球员在运球时尽量将球往前运，使球远离自己的双脚和膝盖，以避免造成
   失误。

4. 眼睛应该直视前方，不要看球。

5. 球员在运球时主要用手指部分。

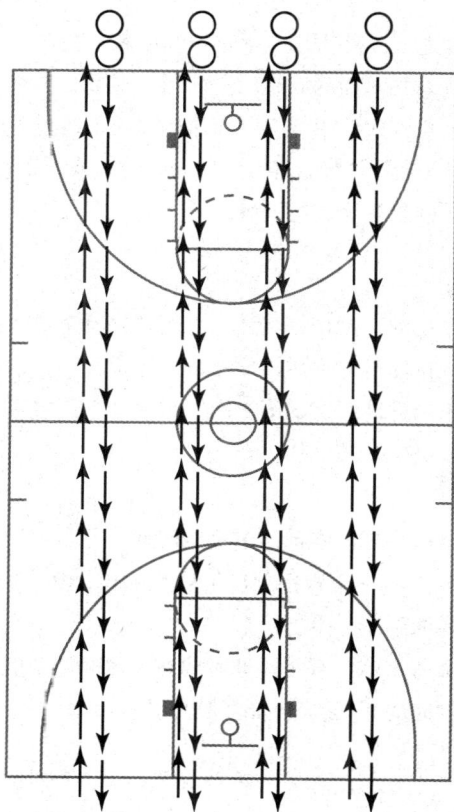

**相关训练：** *3、18~22、24~34、40、41、76、84、104~126*

# 控球

**24**

## 球队训练或个人训练 /1 分钟

➡ **技巧训练要点** 球感训练、控球姿势、前转身（35）、后转身（36）、跳步急停（37）、胸前传球（44）、击地传球（44）、体能调节

### 新手球员

1. 如下页图所示，球员站成若干排。
2. 球员在运球的时候要控制球的走向，使用"之"字形运球或者曲线运球。球员用右手将球运过去，然后用左手将球运回来。
3. 球员在将球运到球场对面的底线时进行后（或前）转身，然后在返回原地时控制球的走向，再一次使用"之"字形运球或者曲线运球。
4. 球员在离队友 4.5 米处跳步急停，然后用胸前（或击地）传球将球传给队友。
5. 所有球员都按同样的顺序进行训练。

➡ **备选训练**

1. 将球员分成几个小组，把训练当作一场运球比赛来进行。内线球员之间互相比赛，或者第 1 排球员与第 2 排球员进行比赛。
2. 球员在球场上来回运球两次，第 1 次用右手，第 2 次用左手。

### 经验丰富的球员

1. 球员左右手各拿一个球。将球运过去的时候，球员要使用交替运球——左手向下击球的时候，右手正好接到向上弹起的球，然后右手向下击球的时候，另一个球正好弹回到左手手上。
2. 球员左右手各拿一个球，双手运球时两球下落和回弹的高度一致。同时，两球弹回到手中的时间相同，落地时间也相同。

➡ **教学要点**

1. 正确的控球姿势要求膝盖和身体略微弯曲。运球速度不是问题，移动速度和对球的保护才是关键。肘部应弯曲成 90 度，同时下臂与地面平行。
2. 球员应该在距离右膝 60~90 厘米的位置运球，而不是在膝盖旁边。就像和对手比赛一样，球员应该保持身体在球和防守球员之间。
3. 在运球时，球应该在球员侧边，并且球员可以控制球的走向，同时使球远离自己的脚和膝盖，以避免失误。

4.眼睛应该直视前方，不要看球。

5.球员在运球时主要用手指部分。

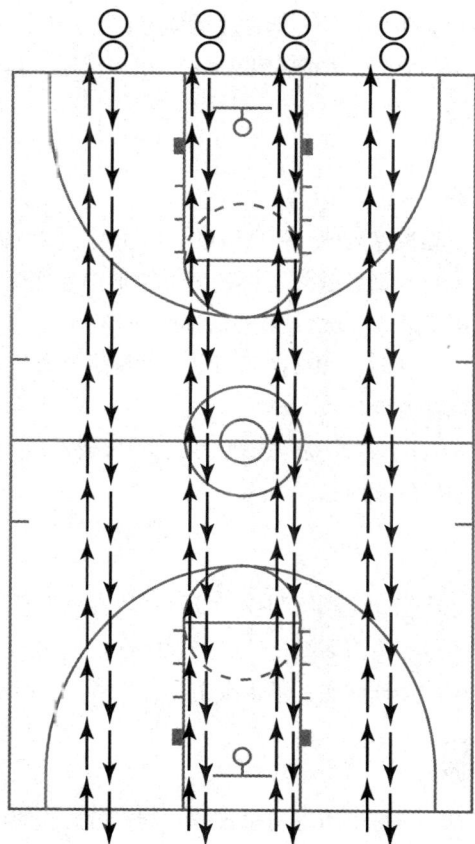

相关训练：3、18~22、25~34、76、84、97、104~126

## 25 变换节奏

球队训练或个人训练 /1 分钟

**➔ 技巧训练要点** 球感训练、变换节奏地运球（23）、体能调节、前转身（35）、后转身（36）、跳步急停（37）、胸前传球（44）、击地传球（44）

### 新手球员

1. 球员站位如下页图所示。
2. 球员在运球时，先快速运球，接着减慢运球速度，然后加快运球速度，接着再次减慢运球速度。教练甚至可以让球员增加中等速度的运球来改变节奏。球员用右手将球运过去，然后用左手将球运回来。
3. 到达球场对面的底线时，球员在返回之前进行后（或前）转身，每运球 2~3 下就改变一次运球节奏。
4. 球员在离队友 4.5 米处跳步急停，然后用胸前（或击地）传球将球传给队友。
5. 所有球员都按同样的顺序进行训练。

**➔ 备选训练**

1. 将球员分成几个小组，把训练当作一场运球比赛来进行。内线球员之间互相比赛，或者第 1 排球员与第 2 排球员进行比赛。
2. 球员在球场上来回运球两次，第 1 次用右手，第 2 次用左手。

### 经验丰富的球员

1. 球员左右手各拿一个球。将球运过去的时候，球员要使用交替运球——左手向下击球的时候，右手正好接到向上弹起的球，然后右手向下击球的时候，另一个球正好弹回到左手手上。
2. 球员左右手各拿一个球，双手运球时两球下落和回弹的高度一致，并且两球同时落地，同时弹起。

**➔ 教学要点**

1. 虽然护球很重要，但是也要思考如何使用假动作才能摆脱防守球员。因此，球员应该保持控球的姿势——除非想摆脱后场防守球员，这时应该使用快速运球姿势。
2. 球员应该在距离右膝 60~90 厘米的位置运球，而不是在膝盖旁边。就像和对手比赛一样，球要保持身体在球和防守球员之间。

3. 在运球时，球应该在球员侧边，并且球员可以控制球的走向，同时使球远离自己的脚和膝盖，以避免失误。

4. 眼睛应该直视前方，不要看球。

5. 球员应该提高双腿的移动速度，急停，然后用中等速度跑动，超快速度移动等，这就叫作变换节奏。

6. 球员在运球时主要用手指部分。

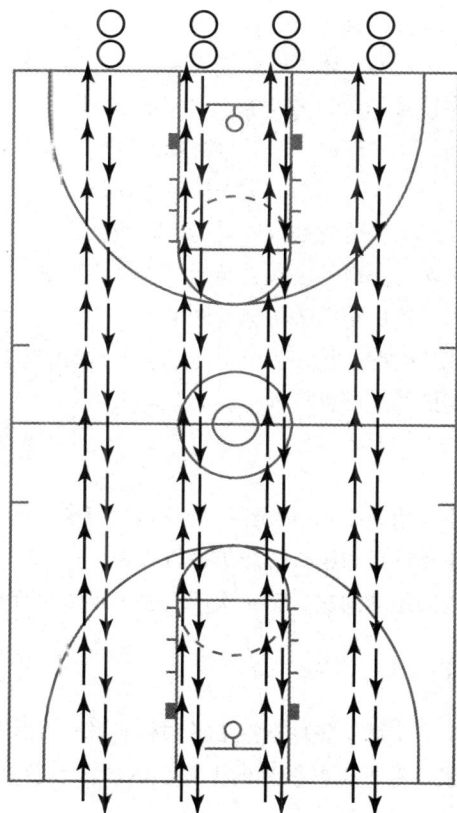

**相关训练：** *3、18~22、24、26~34、40、41、76、84、97、104~126*

# 26 时差运球
## 球队训练或个人训练 /1 分钟

➡️ **技巧训练要点**　球感训练、时差运球、前转身（35）、后转身（36）、跳步急停（37）、胸前传球（44）、击地传球（44）、体能调节

### 有一定基础的球员

1. 如下页图所示，球员站成若干排。
2. 球员先在球场上缓慢地运球，然后停下来，接着猛地快速、大力运球，就是时差运球。爆发性地运球，停下来，然后再次爆发性地运球。当停下来时，球员要将头部和肩膀向后仰，然后再次爆发性地运球。这个技巧可以用在下次爆发性冲刺之前，以"冻结"防守球员的脚踝。
3. 球员在将球运到球场一侧的底线时进行后转身或者前转身，然后再使用时差运球将球运回球场另一侧的底线，每运球 3~4 下就做一次时差运球。球员用右手将球运过去，然后用左手将球运回来。
4. 球员在离队友 4.5 米处跳步急停，然后用胸前（或击地）传球将球传给队友。
5. 所有球员都按同样的顺序进行训练。

➡️ **备选训练**

1. 将球员分成几个小组，把训练当作一场运球比赛来进行。内线球员之间互相比赛，或者第 1 排球员与第 2 排球员进行比赛。
2. 球员在球场上来回运球两次，第 1 次用右手，第 2 次用左手。

### 经验丰富的球员

1. 球员左右手各拿一个球。将球运过去的时候，球员要使用交替运球——左手向下击球的时候，右手正好接到向上弹起的球，然后右手向下击球的时候，另一个球弹正好回到左手手上。
2. 球员左右手各拿一个球，双手运球时两球下落和回弹的高度一致，并且两球同时落地，同时弹起。

➡️ **教学要点**

1. 虽然护球很重要，但是也要思考如何使用假动作才能摆脱防守球员。因此，球员应该保持控球的姿势——除非想摆脱后场防守球员，这时应该使用快速运球姿势。

2. 球员应该在距离右膝 60~90 厘米的位置运球，而不是在膝盖旁边。就像和对手比赛一样，球员要保持身体在球和防守球员之间。

3. 在运球时，球应该在球员侧边，并且球员可以控制球的走向，同时使球远离自己的脚和膝盖，以避免失误。

4. 眼睛应该直视前方，不要看球。

5. 球员应该提高双脚的移动速度，先快速突破，停下，然后再次猛地突破，从而过掉防守球员。

6. 球员在运球时主要用手指部分。

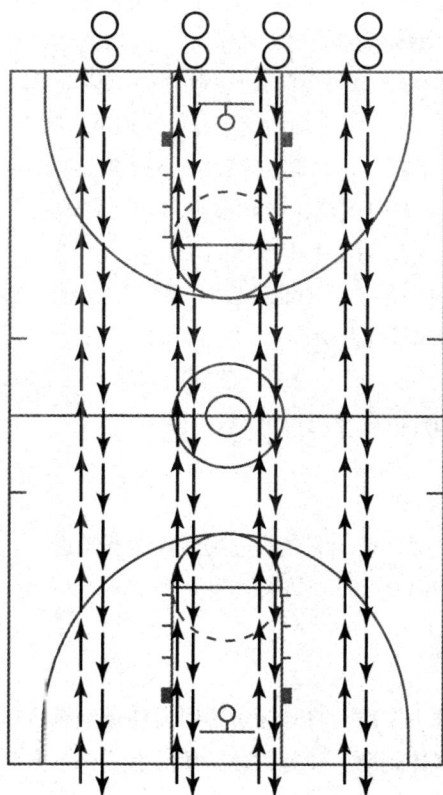

相关训练: 3、18~22、24、25、27~34、40、41、76、84、97、104~126

**27**

# 后撤步运球

球队训练或个人训练 /1 分钟

➡️ **技巧训练要点** 球感训练、后撤步运球、前转身（35）、后转身（36）、跳步急停（37）、胸前传球（44）、击地传球（44）、滑步运球（97）、体能调节

## 有一定基础的球员

1. 如下页图所示，球员站成若干排。

2. 球员在转身之前，先慢速运球，接着停下来，然后后撤几步，接着从另外一个角度运球到对面的底线。球员在接球、运球之后，很容易遭到包夹或者掉入"陷阱"，后撤步运球可以防止这种情况的发生。球员不要持球不动，而要后撤几步，然后从另一个方向快速运球，从而甩开防守球员，逃离"陷阱"。

3. 球员运球约 4.5 米之后，后退；接着以 45 度角运球，再次后退；然后用另一只手以 45 度角反方向运球，直到球员将球运到球场对面的底线。球员用右手将球运过去，然后用左手将球运回来。

4. 球员将球运到对面的底线时进行后（或前）转身，然后将球运回，每运球 3~4 下就改变一次运球节奏。

5. 球员在离队友 4.5 米处跳步急停，然后用胸前（或击地）传球将球传给队友。

6. 所有球员都按同样的顺序进行训练。

➡️ **备选训练**

将球员分成几个小组，把训练当作一场运球比赛来进行。内线球员之间互相比赛，或者第 1 排球员与第 2 排球员进行比赛。

## 经验丰富的球员

1. 球员左右手各拿一个球，将球运过去时要使用交替运球——左手向下击球的时候，右手正好接到向上弹起的球，然后右手向下击球的时候，另一个球正好弹回到左手手上。

2. 球员左右手各拿一个球，双手运球时两球下落和回弹的高度一致，并且两球同时落地，同时弹起。

➡️ **教学要点**

1. 虽然护球很重要，但是球员也要知道如何使用后撤步运球，否则在运球时会不断地受到干扰。

2. 球员应该在距离右膝 60~90 厘米的位置运球，而不是在膝盖旁边。就象和对手比赛一样，球员要保持身体在球和防守球员之间。

3. 在运球时，球应该在球员侧边，并且球员可以控制球的走向，同时使球远离自己的脚和膝盖，以避免失误。

4. 球员在后撤步运球时，会使用滑步，同时双眼直视球场对面。用滑步后撤几步之后，球员摆脱防守球员的控制，快速突破，强势过掉防守球员。球员在使用滑步后撤时，不能背对防守球员。球员应该在防守球员变换防守姿势（从半蹲严防到起身扑向球员）时强势向前突破。球员也可以通过头部和肩膀的晃动做出假动作，让防守球员以为他们要拉开距离，或者往相反的方向移动。

5. 眼睛应该直视前方，不要看球。

6. 球员应提高双脚的移动速度，先快速突破，停下，然后再次猛地突破过，从而掉防守球员。

7. 球员在运球时主要用手指部分。

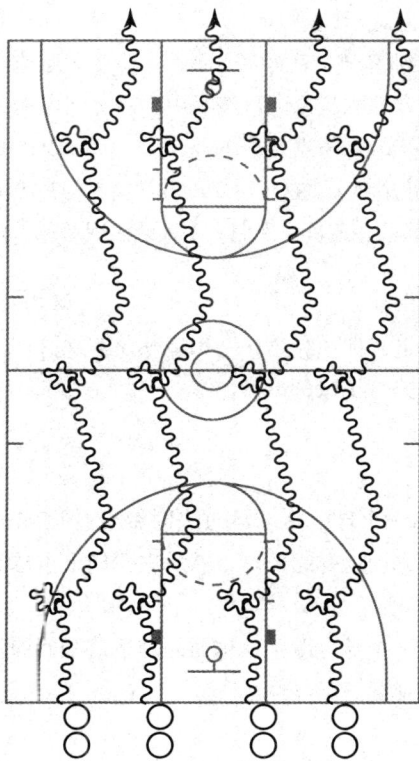

相关训练: 3、13~22、24~26、28~34、40、41、76、84、97、104~126

## 28 单手体前变向运球技巧

球队训练或个人训练 /1 分钟

→ **技巧训练要点** 球感训练、单手体前变向运球（4 个基本的中场运球动作之一；12）、体能调节、前转身（35）、后转身（36）、跳步急停（37）、胸前传球（44）、击地传球（44）、滑步运球（97）

### 有一定基础的球员

1. 如下页图所示，球员站成若干排。
2. 用胶带在中线以及距离两条底线 6 米处的位置标记若干个边长为 6 米的正方形。
3. 球员将球运到对面的底线处，在运球的过程中停在每一个遇到的正方形面前，做基本的单手体前变向运球假动作。
4. 球员到达对面的底线后，进行后（或前）转身，然后将球运回，在运回的过程中在每一个遇到的正方形面前做单手体前变向运球假动作。
5. 球员在离队友 3 米处跳步急停，然后用胸前（或击地）传球将球传给队友。
6. 所有球员都按同样的顺序进行训练。
7. 球员来回运球均使用右手，这可以帮助其学会如何在球场中央和边线带球移动。在把球传给队友之前，球员应先用右手训练来回运球，再用左手训练来回运球。

→ **备选训练**

将球员分成几个小组，把训练当作一场运球比赛来进行。内线球员之间互相比赛，或者第 1 排球员与第 2 排球员进行比赛。

### 经验丰富的球员

1. 球员左右手各拿一个球，将球运过去时要交替运球——左手向下击球的时候，右手正好接到向上弹起的球，然后右手向下击球的时候，另一个球正好弹回到左手手上。
2. 球员左右手各拿一个球，双手运球时两球下落和回弹的高度一致，并且两球同时落地，同时弹起。

→ **教学要点**

1. 虽然护球很重要，但球员也要学会使用单手体前变向运球这一动作。
2. 球员应该在距离膝盖 60~90 厘米的位置运球，而不是在膝盖旁边，同时要保持身体在球和防守球员之间。球员可以使用滑步运球，或者侧脸对着防守球员，也可以频繁道过头部和肩膀的晃动来做假动作。无论什么情况，防守球员必须紧跟进攻球员。

3. 在运球时，球应该在球员侧边，并且球员可以控制球的走向，同时使球远离自己的脚和膝盖，以避免失误。当球在侧边时，不要只用一只手做交叉变向运球假动作。要想做到这一点，球员需要将球运到体前，运球手位于球的上方，运球高度为小腿的一半。当球在体前时，握住球的一侧将球拉回到原先的位置。

4. 当训练单手体前变向运球这一动作时，球员必须直视前方，不要看球或跑动。当运球跑动（通过头部和肩膀的晃动做出假动作）之后，球员可以瞬间提速向前突破。过掉防守球员之后，球员要直线运球到对面的底线处，将防守球员甩在身后。球员继续大力、快速运球，并移动 1~2 步，这与防守球员强势凶猛的防守手段相似。在到达第 2 个正方形之前，球员恢复控球姿势。

5. 球员应提高双脚的移动速度，先快速突破，停下，然后再次猛地突破，从而过掉防守球员。

6. 球员在运球时主要用手指部分。

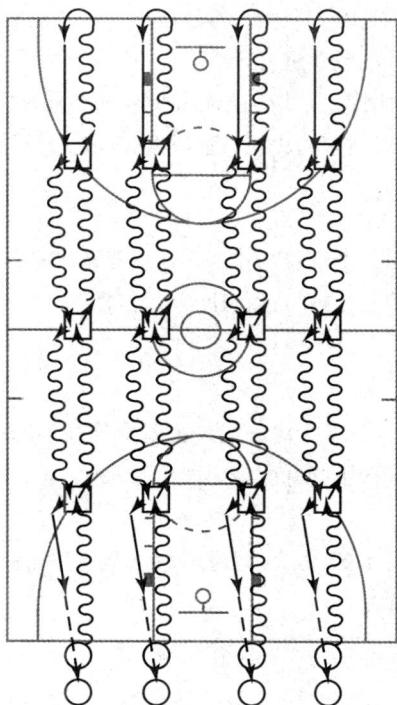

**相关训练：** 3、12、18~22、24~27、29~34、40、41、76、84、97、104~126

**29** 

# 双手交叉变向运球技巧
### 球队训练或个人训练 /1 分钟

➡ **技巧训练要点** 球感训练、双手交叉变向运球（4 个基本的中场运球动作之一；13）、体能调节、前转身（35）、后转身（36）、跳步急停（37）、胸前传球（44）、击地传球（44）、滑步运球（97）

### 有一定基础的球员

1. 球员站位如下页图所示。
2. 用胶带在中线以及距离两条底线 6 米处的位置标记若干个边长为 6 米的正方形。
3. 球员将球运到对面的底线处，在运球的过程中停在每一个遇到的正方形面前，做基本的双手交叉变向运球假动作。
4. 球员到达对面的底线后进行后（或前）转身，然后将球运回，在运回的过程中在每一个遇到的正方形面前做双手交叉变向运球假动作。
5. 球员在离队友 3 米处跳步急停，然后用胸前（或击地）传球将球传给队友。
6. 所有球员都按同样的顺序进行训练。
7. 球员来回运球均使用右手，这可以帮助其学会在球场中央和边线带球移动。在把球传给队友之前，球员应先用右手训练来回运球，再用左手训练来回运球。

➡ **备选训练**

将球员分成几个小组，把训练当作一场运球比赛来进行。内线球员之间互相比赛，或者第 1 排球员与第 2 排球员进行比赛。

### 经验丰富的球员

1. 球员左右手各拿一个球，将球运过去时要交替运球——左手向下击球的时候，右手正好接到向上弹起的球，然后右手向下击球的时候，另一个球正好弹回到左手手上。
2. 球员左右手各拿一个球，双手运球时两球下落和回弹的高度一致，并且两球同时落地，同时弹起。

➡ **教学要点**

1. 虽然护球很重要，但是球员也要学会使用双手交叉变向运球这一动作。
2. 球员将球保持在距离膝盖前方 60~90 厘米的位置，要多利用头部和肩膀的晃动来做假动作，或者使用滑步，用身体护球。无论什么情况，防守球员必须紧跟进攻球员。

3. 在运球时，球应该在球员侧边，并且球员可以控制球的走向，同时使球远离自己的脚和膝盖，以避免失误。当球员在体前做双手交叉变向运球假动作时，球最容易被抢断。所以在体前双手交叉变向运球时，运球高度要低（不超过小腿中间），运球速度要快。一旦将球交叉换到左手，球员就必须将右脚向前卡在防守球员右脚的外侧，然后直线或者转向右侧快速运球，进而强突篮下。

4. 当训练双手交叉变向运球这一动作时，球员必须直视前方，不要看球或跑动。在完成双手交叉变向运球（通过头部和肩膀的晃动做出假动作）之后，球员可以左手运球强势突破防守球员，其右侧身体则向球靠拢去保护球。过掉防守球员之后，球员要直线运球到对面的底线处，将防守球员甩在身后。球员继续大力、快速运球、并移动 1~2 步。在到达第 2 个正方形之前，球员恢复控球姿势。

5. 球员应提高双脚的移动速度，先快速突破，停下，然后再次猛地突破，从而过掉防守球员。

6. 球员在运球时主要用手指部分。

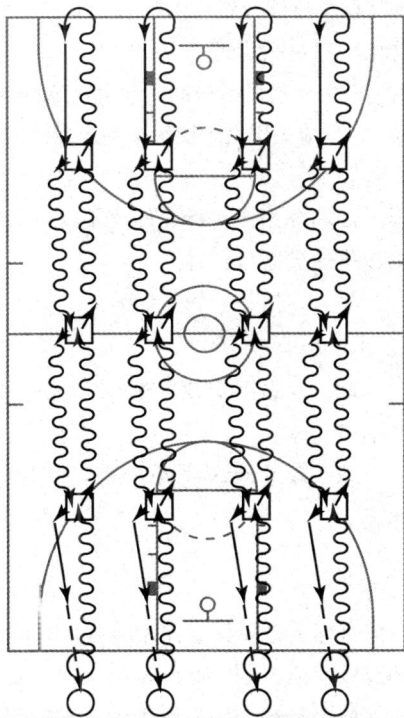

**相关训练：** 3、13、18~22、24~28、30~34、40、41、76、84、97、104~126

## 30 转身（反向）运球技巧

**球队训练或个人训练 /1 分钟**

➡️ **技巧训练要点** 增强球感训练、转身（反向）运球（4 个基本的中场运球动作之一；14）、前转身（35）、后转身（36）、跳步急停（37）、胸前传球（44）、击地传球（44）、滑步运球（97）、体能调节

### 有一定基础的球员

1. 如下页图所示，球员站成若干排。
2. 用胶带在中线以及距离两条底线 6 米处的位置标记若干个边长为 6 米的正方形。
3. 球员将球运到对面的底线处，在运球的过程中停在每一个遇到的正方形面前，做基本的转身（反向）运球假动作。
4. 球员到达对面的底线后进行后（或前）转身，然后将球运回，在运回的过程中在每一个遇到的正方形面前做转身（反向）运球假动作。
5. 球员在离队友 3 米处跳步急停，然后用胸前（或击地）传球，将球传给队友。
6. 所有球员都按同样的顺序进行训练。
7. 球员来回运球均使用右手，这可以帮助其学会在球场中央和边线带球跑动。在把球传给队友之前，球员应先用右手训练来回运球，再用左手训练来回运球。

➡️ **备选训练**

将球员分成几个小组，把训练当作一场运球比赛来进行，内线球员之间互相比赛，或者第 1 排球员与第 2 排球员进行比赛。

### 经验丰富的球员

1. 球员左右手各拿一个球，左右手交替运球到对面——左手运球一次，右手运球一次，向前走，不停运球。
2. 球员左右手各拿一个球，双手运球时两球下落和回弹的高度一致，并且两球同时落地，同时弹起。

➡️ **教学要点**

1. 虽然护球很重要，但是球员也要学会使用转身（反向）运球这一动作。
2. 球员将球保持在距离膝盖前方 60~90 厘米的位置，要多利用头部和肩膀的晃动来做假动作，或者使用滑步，用身体护球。无论什么情况，防守球员必须紧跟进攻球员。

3. 在运球时，球应该在球员侧边，并且球员可以控制球的走向，同时使球远离自己的脚和膝盖，以避免失误。当球员转身时，右手控球，直到完成转身，然后将球换到左手。如果转身速度太快，球员就会把球甩出去，防守球员即可掏球并将球抢断。

4. 当球员转身（反向）运球时，眼睛必须直视前场篮下，不要看球或跑动。球员转身之后，将球换到左手，即可强势突破，其右侧身体向球靠拢去保护球。过掉防守球员之后，球员要直线运球到对面的底线处，将防守球员甩在身后。球员继续大力、快速运球，并移动1~2步。在到达第2个正方形之前，球员恢复控球姿势。

5. 球员应提高双脚的移动速度，先快速突破，急停，然后再次猛地突破，从而过掉防守球员。

6. 球员在运球时主要用手指部分。

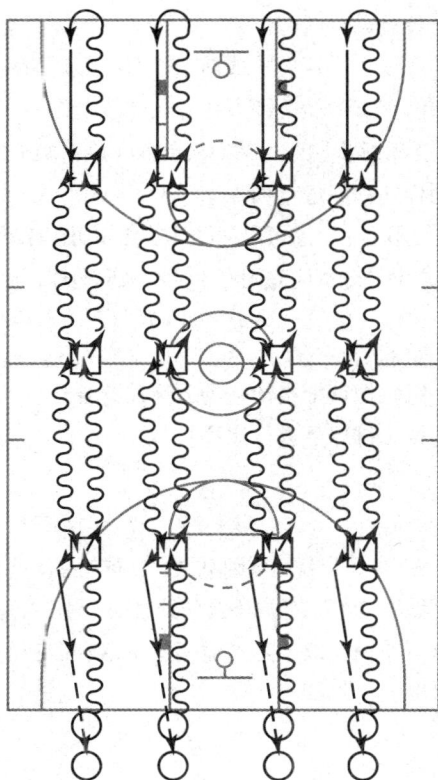

**相关训练：** *3、14、18~22、24~29、31~34、40、41、76、84、97、104~126*

## 31 半转身运球技巧

**球队训练或个人训练 / 1 分钟**

➡ **技巧训练要点** 增强球感训练、半转身运球（4 个基本的中场运球动作之一；15）、前转身（35）、后转身（36）、跳步急停（37）、胸前传球（44）、击地传球（44）、滑步运球（97）、体能调节

### 有一定基础的球员

1. 球员站位如下页图所示。
2. 用胶带在中线以及距离两条底线 6 米处的位置标记若干个边长为 6 米的正方形。
3. 球员将球运到对面的底线处，在运球的过程中停在每一个遇到的正方形面前，做基本的半转身运球假动作。
4. 球员到达对面的底线后进行后（或前）转身，然后将球运回，在运回的过程中在每一个遇到的正方形面前做半转身运球假动作。
5. 球员在离队友 3 米处跳步急停，然后用胸前（或击地）传球，将球传给队友。
6. 所有球员都按同样的顺序进行训练。
7. 球员来回运球均使用右手，这可以帮助其学会如何在球场中央和边线带球移动。在把球传给队友之前，球员应先用右手训练来回运球，再用左手训练来回运球。

➡ **备选训练**

将球员分成几个小组，把训练当作一场运球比赛来进行。内线球员之间互相比赛，或者第 1 排球员与第 2 排球员进行比赛。

### 经验丰富的球员

1. 球员左右手各拿一个球，交替运球到对面——球员左手向下击球的时候，右手正好接到向上弹起的球，然后右手向下击球的时候，另一个球正好弹回到左手手上。
2. 球员左右手各拿一个球，双手运球时两球下落和回弹的高度一致，并且两球同时落地，同时弹起。

➡ **教学要点**

1. 虽然护球很重要，但是球员也要学会使用半转身运球这一动作。
2. 球员将球保持在距离膝盖前方 60~90 厘米的位置，要多利用头部和肩膀的晃动来做假动作，或者使用滑步，用身体护球。无论什么情况，防守球员必须

紧跟进攻球员。

3. 在运球时，球应该在球员侧边，并且球员可以控制球的走向，同时使球远离自己的脚和膝盖，以避免失误。当球员转身时，右手控球，直到完成半转身。就像球员放右脚、抬左脚一样，他们的手要放在球的旁侧，而不是球的上面，接着按原来的方向运球。

4. 当球员训练这一动作时，眼睛必须直视前场篮下，不要盯着球或脚步。在半转身（通过头部和肩部的晃动做出假动作）之后，球员会朝原来的方向强势突破，其左侧身体则向球靠拢去保护球。过掉防守球员之后，球员要直线运球到对面的底线处，将防守球员甩在身后。在到达第 2 个正方形以及身体恢复控球姿势之前，球员应继续大力、快速运球，并移动 1~2 步。

5. 球员应提高双脚的移动速度，先快速突破，急停，然后再次猛地突破，从而过掉防守球员。

6. 球员在运球时主要用手指部分。

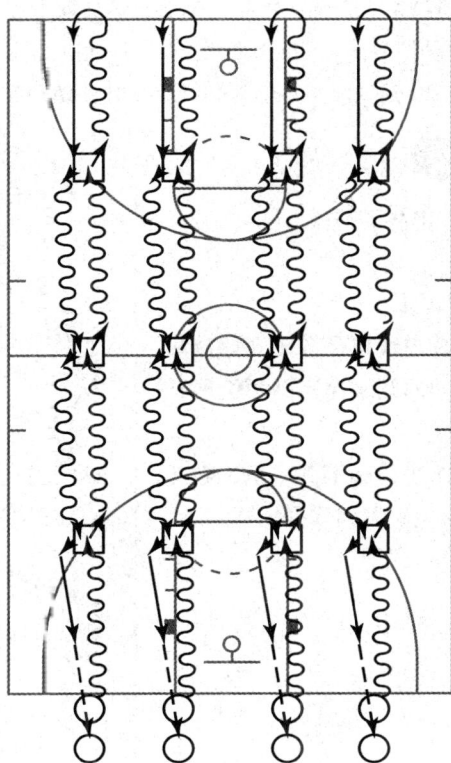

相关训练：3、15、18~22、24~30、32、34、40、41、76、84、97、104~126

# 32

# 趣味圆锥物运球训练
## 球队训练或个人训练/2分钟

➡ **技巧训练要点** 增强球感训练、单手体前变向运球（12、28）、双手交叉变向运球（13、29）、转身（反向）运球（14、30）、半转身运球（15、31）、快速运球（23）、控球（24）、时差运球（26）、运球后撤（27）、体能调节、平衡性、敏捷性、变换节奏（25）

### 新手球员

1. 在球场周围随意布置圆锥物，构建一个圆锥迷宫（见右下图）。
2. 球员使用一个球，并沿着圆锥物运球到前场篮下。
3. 在经过每一个圆锥物时，说出所使用的不同的运球技巧，或者用一个运球动作穿过整个圆锥迷宫。
4. 当第1个球员通过第1个圆锥物时，第2个球员就可以开始运球了。
5. 可以让球员在移动到下一个圆锥物之前绕这个圆锥物一圈，而不要使用某个运球技巧将圆锥物过掉。这项训练在将球员划分成若干小组并进行比赛时尤其有趣。

### 有一定基础的球员

球员使用两个球而不是一个球。

➡ **备选训练**

（适合不同水平的球员）

1. 将球员分成进攻内线球员和防守球员两组，做两个一样的圆锥迷宫，两组展开比赛。
2. 将球员分成第1小组和第2小组，做两个一样的圆锥迷宫，两组展开比赛。

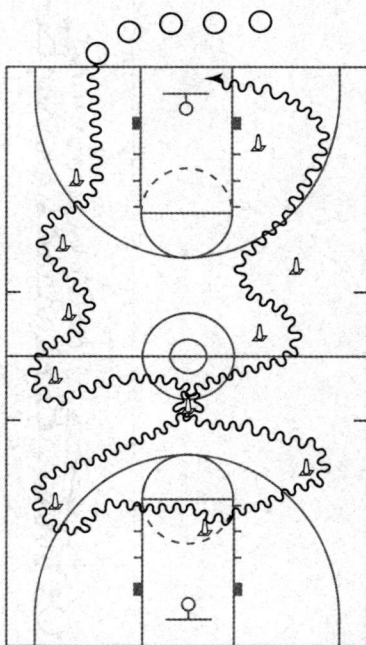

---

**相关训练：** 3、11~15、18~31、33、34、40、41、76、84、97、104~126

---

**33**

# 运球游戏

球队训练或个人训练 /1 分钟

**⊙ 技巧训练要点** 增强球感训练、手速训练（5）、快速跑动（6）、进攻性、内外防守假动作（33）

## 新手球员

1. 球员站位如右下图所示。每个圈内有两个球员进行比赛，其他球员在圈外轮候。
2. 每个球员都有一个球，其要尝试将对方的球拍出圈外。任何假动作都可以使用，包括弃球拍掉对方的球。
3. 当一个球员获胜时，换另外一组进入圈内进行比赛。

## 有一定基础的球员

1. 两个球员都使用两个球，两人必须都保持运球姿势。球员手中的两个球都必须被拍出圈外，这样球留在圈内的球员获得胜利。如果一个球员有一个球被拍出圈外，那么他继续拍另一个球，直到这个球也被拍出圈外。
2. 只有一个球员进入圈内与上一轮的胜利者进行比赛。在比赛中，最好把进攻内线球员安排到一个圈内，把防守球员安排到另一个圈内。

## ⊙ 教学要点

1. 提醒球员眼睛直视前方。
2. 球员应该用手指运球。
3. 球员应使用内外防守假动作击打对方的球，试着掌握对方运球的时机。当球脱离对方的手时，球员应迅速切入，将球击飞，然后迅速将手拉回到原来的位置。告诉球员，把自己想象成蛇发起进攻的样子。

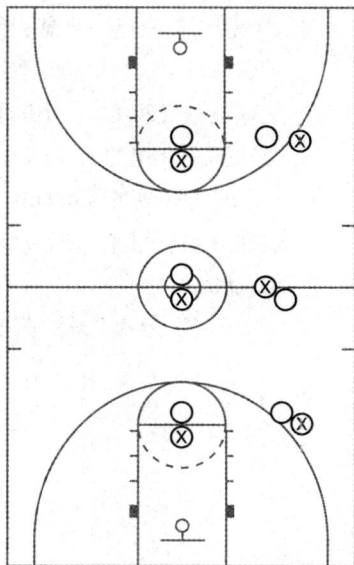

---

**相关训练：** 3、11~15、18~32、34、40、41、76、84、97、104~126、137

**34**

# 团队运球游戏

**球队训练或个人训练 /1 分钟**

➡ **技巧训练要点** 增强球感训练、持球快速跑动步法、手速训练（5）、视野、敏捷性、体能调节、平衡性

## 新手球员

1. 球员在预定的位置排列成行。如下页图所示，球场的空间为中线、边线和底线所围起来的半场空间。
2. 开始训练时，所有球员每人运一个球。
3. 指定一名球员作为"标记者"，"标记者"必须去标记另一名球员，然后被标记的球员变成新的"标记者"。

➡ **备选训练**

1. "标记者"只运一个球，但其他球员必须运两个。如果"标记者"标记了另一名球员，那么这名被标记的球员需要把自己手中的一个球交给"标记者"，此时被标记的这名球员成为"标记者"。
2. "标记者"只运一个球，但其他球员必须运两个。如果"标记者"标记了另一名球员，这名"标记者"就可以退出比赛，走到对面的底线处训练投篮。
3. 把球员分成两组。（所有球员不是运一个球就是运两个球。）A 组的所有球员尝试标记 B 组的所有球员。一组的球员可以双人配合去标记另一组的球员。B 组的所有成员都被标记后，教练开始计算标记 B 组所有球员所需的时间。现在 B 组反过来标记 A 组的所有球员，在最短的时间内标记对方全员的小组获胜。
4. "标记者"运两个球，其他球员只运一个球。

**◆ 教学要点**

1. 提醒球员运球时眼睛要直视前方。

2. 球员在运球时应该主要用手指的部分。

3. 所有球员必须保持控球或快速运球姿势，但不能同时保持两种姿势。

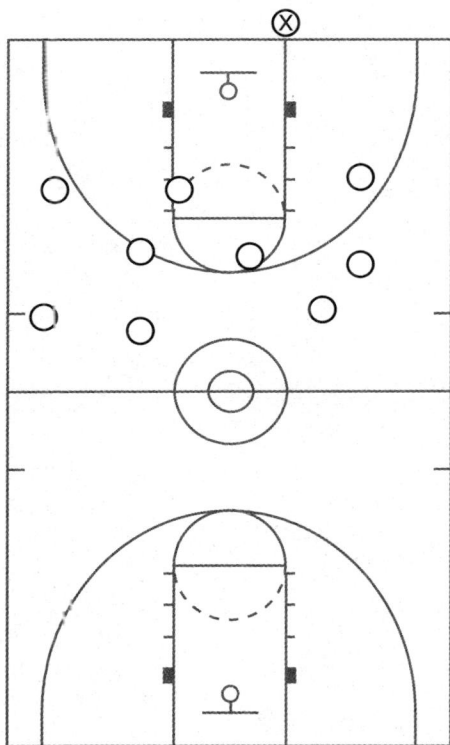

**相关训练：** *3、11~15、18~33、40、41、76、84、97、104~126*

# 第 4 章

# 转身和急停

转身是所有篮球球员必须具备的一项基本技巧。球员需要学会使用转身过掉防守球员，将球传给队友，并且学会做转身以及半转身动作。球员也要学会使用转身去掩护或封锁对手的进攻攻势。在身体不失控的前提下，急停也是一名优秀的一对一对抗球员所必须具备的技巧。在结束运球时，投篮往往是最好的选择，但如果球员不知道如何急停并垂直跳起，那么他们就无法自如地投篮。有时，球员在接到球之后想要进行两种转身，他们在这种情况下能否成功急停往往决定了这次进攻是否有效。

前转身和后转身是篮球运动中常用的两种转身。训练 35 可以帮助球员更接近篮筐，而训练 36 可以帮助球员有更长的时间地观察球员的位置分配，从而更好地保护球。当球员需要转身时，训练 37 可以帮助球员使用转身的动作。训练 38 可以帮助球员快速运球、急停和跳投。这种动作行云流水，防守球员很难将球防住。

训练 39 讲解的是球员在对手包夹的情况下如何保护球。在训练 40 中，球员开始组合运用之前所学的基本技巧，此时教练会要求球员运球、急停以及转身。训练 41 将进一步组合运用多种技巧，在运球、急停和转身的基础上增加了传球和切球。训练 42 在运球、急停和转身的基础上增加了跳投。训练 43 呈现的是个人进攻和空切技巧。

**35**

# 前转身
## 球队训练或个人训练 /2 分钟

⊙ **技巧训练要点**　三威胁姿势（9）、单手体前变向运球（12）、双手交叉变向运球（13、29）、转身（反向）运球（14、30）、半转身运球（15、31）、快速运球（23）、控球（24）、前转身、跳步急停（37）、跨步急停（38）、胸前传球（44）、击地传球（44）、过顶传球（44）、平衡性、速度、敏捷性

### 新手球员

1. 如下页图 1 所示，球员站成若干排。
2. 队列里的第 1 个球员运球（用控球或者快速运球的姿势）到对面的底线处，跳步急停（或跨步急停）后进行，前转身，然后将球传给队列里的第 2 个球员。球员可以胸前传球、击地传球或者过顶传球。
3. 所有球员都按同样的顺序进行训练。

### 有一定基础的球员

　　在球场上任意位置的球员都要做出控球姿势。当教练喊出"前转身"时，每个球员都跳步急停并进行前转身。当教练喊出"运球"时，球员再次开始运球。或者球员可以训练各种运球动作，例如转身运球，同时等待教练喊出"前转身"口令。

⊙ **教学要点**

1. 前转身所涉及的步骤如下页图 2 所示。
2. 球员在开始前转身时，需要急停并将左脚作为轴心脚。
3. 在转身之前、急停之后，球员将球带到下巴正下方的位置，用双手（用手指的第一关节部分，而不是手掌）握球，这就是三威胁姿势（见第 2 章中的训练 9）。

4. 球员抬起右脚，带动处于自己身体和防守球员之间的右脚向左旋转180度。

5. 前转身有几个优点：可以使球员在做完投篮假动作之后离篮筐更近；可以使抢防守篮板球的球员有更长的时间观察场上的情况（用于应对速度更快的对手，或者应对防守球员在外线对进攻球员的封盖）；可以让进攻球员有更长的时间观察防守球员的防守战术。

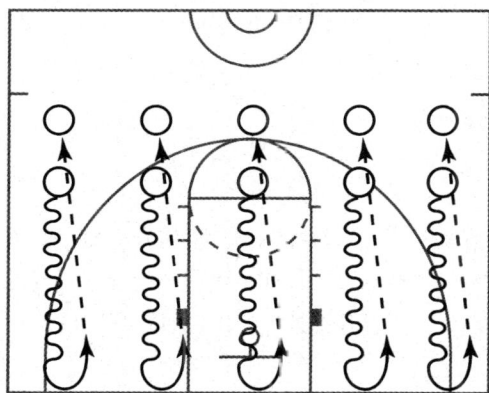

❶

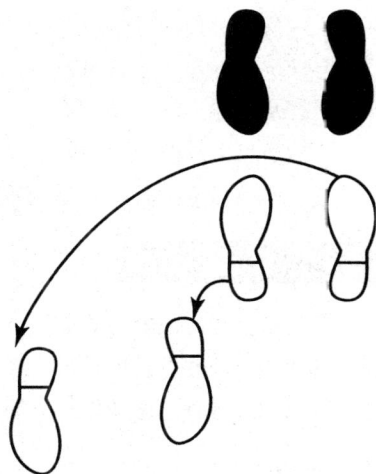

❷ 前转身

相关训练：*1、9、10、23、34、37~41、52、73、78、96、103、105~127*

# 后转身

**球队训练或个人训练 / 2 分钟**

⊃ **技巧训练要点**　三威胁姿势（9）、单手体前变向运球（12、28）、双手交叉变向运球（13、29）、转身（反向）运球（14、30）、半转身运球（15、31）、快速运球（23）、控球（24）、后转身、跳步急停（37）、跨步急停（38）、胸前传球（44）、击地传球（44）、过顶传球（44）、平衡性、速度、敏捷性

### 新手球员

1. 球员站位如下页图 1 所示。
2. 队列里的第 1 个球员运球（用控球或者快速运球的姿势）到对面的底线处，跳步急停（或跨步急停）后进行后转身，然后将球传给队列里的第 2 个球员。球员可以胸前传球、击地传球或者过顶传球。
3. 所有球员都按同样的顺序进行训练。

### 有一定基础的球员

在球场上任意位置的球员都要做出控球姿势。当教练喊出"后转身"时，每个球员都跳步急停并进行后转身。当教练喊出"运球"时，球员再次开始运球。或者球员可以训练各种运球动作，例如转身运球，同时等待教练喊出"后转身"口令。

⊃ **教学要点**

1. 后转身所涉及的步骤如下页图 2 所示。
2. 球员在开始后转身时，需要急停并将左脚作为轴心脚。
3. 在转身之前、急停之后，球员将球带到下巴正下方的位置，用双手（用手指的第一关节部分，而不用手掌）握球，这就是三威胁姿势。
4. 球员抬起右脚并向右旋转，拉开与防守球员之间的距离，从而带动身体旋转180 度。

5. 后转身有几个优点：可以使球员在做完投篮假动作之后离篮筐更远；可以让抢防守篮板球的有更长的时间观察球的运动轨迹（用于应对速度较慢的对手，或者当进攻球员靠近篮筐时，用于应对防守球员的封盖）；可以给进攻球员更长的时间观察队友的切入和走位。总而言之，后转身对于掩护来说十分必要，因为前转身可以让防守球员后撤去阻止掩护。

6. 通常情况下，后转身可以使进攻球员与防守球员拉开更大的距离。

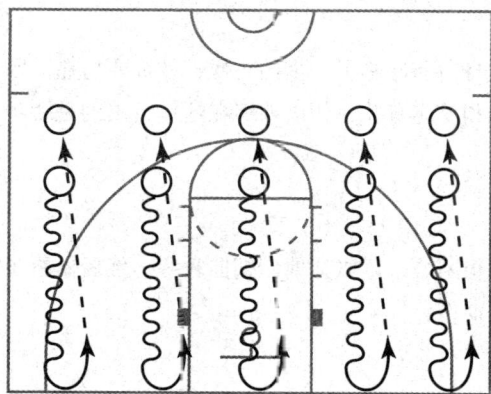

❶

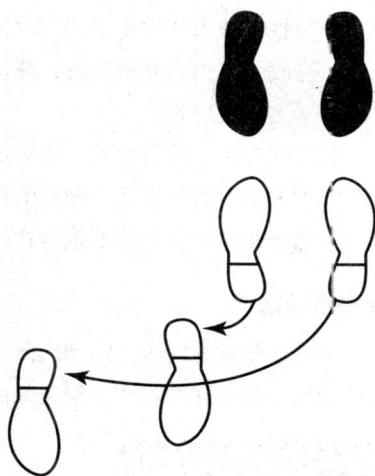

❷ 后转身

相关训练：*1、9、10、23~34、37~41、52、73、78、96、103、105~127*

**37**

# 跳步急停
## 球队训练或个人训练/1分钟

➡️ **技巧训练要点** 敏捷性、平衡性、体能调节、运球动作（12~15、28~31）、前转身（35）、后转身（36）、跳步急停

### 新手球员

1. 如下页图所示，球员在底线处站成一排。
2. 开始训练时，球员以半速跑向前场篮下。
3. 当教练喊出"跳步急停"时，球员进行跳步急停。
4. 当教练喊出"冲刺"时，球员开始冲刺。教练可以每天在球场上的不同位置下达这些口令。
5. 教练要走到球员面前，在球员转身向前冲刺了一步的时候，教练要后撤。因为大部分篮球比赛与球员的视觉和反应有关，所以教练在这里给出的是跳步急停的视觉指令而不是语音指令。

➡️ **备选训练**

如果球员觉得跳步急停动作做起来很困难，可以让他们朝向教练，然后做跳步急停动作，教练仔细观察并纠正他们的动作。

### 有一定基础的球员

给每个球员一个球，告诉球员要训练哪种运球动作。在运球结束时，球员跳步急停。球场上的线可以作为球员训练运球动作之后跳步急停的位置。然后球员运球到下一条线上继续训练，接着再次跳步急停。

### 经验丰富的球员

1. 在训练的中间环节，球员训练一个指定的运球动作，然后跳步急停，但现在球员也可以进行转身。接着运球回到起始位置，训练行进间运球、跳步急停以及（后或前）转身。球员重复这个训练顺序，每一次移动都要比上次移得更远。首先让他们在罚球线上训练一个动作，然后在中线上做这个动作，接着在对面的罚球线上做同一个动作，最后在对面的底线上做同样的动作。
2. 训练方法与步骤1相同，但球员要交替做单手体前变向运球、双手交叉变向运球和半转身运球动作。球员也要交替使用前转身和后转身动作。

## ➔ 教学要点

1. 球员跑动的速度越快，在跳步急停的时候身体重心就必须越低。为了降低重心，球员的臀部要下压，就像坐在椅子上一样。

2. 球员双脚起跳，双脚落地。此处的起跳不应该是跳高，而应该是尽可能地贴近地板。当落地完成时，臀部甚至会碰到腿部。

3. 背部挺直、稍微向前倾，腰部弯曲。速度越快，弯曲程度就越大。

4. 膝盖应该弯曲 90~180 度。

5. 当急停完成时，球员可以移动任何一只脚，这样另一只脚就是轴心脚。

6. 跳步急停对进攻球员十分有利，因为球员的左右脚都可以成为轴心脚，他们不需要移动就可以朝任何方向转身。

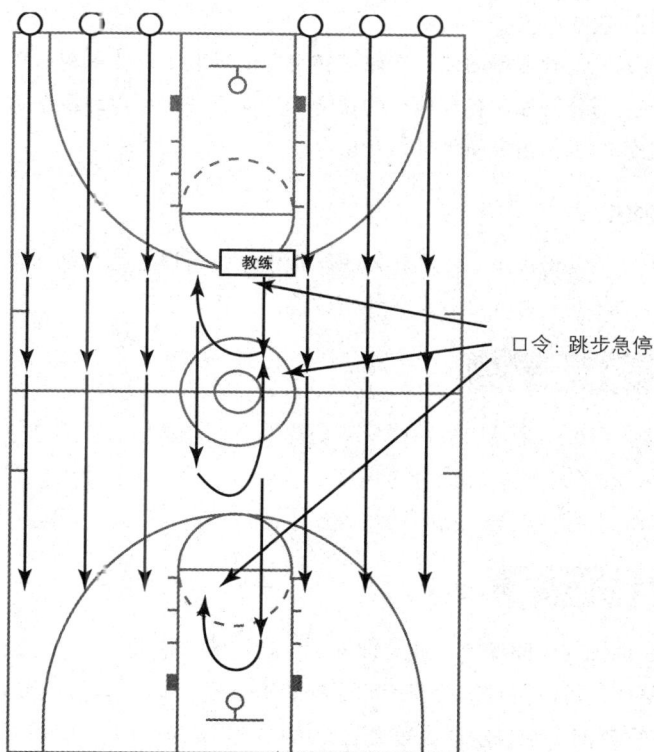

口令：跳步急停

相关训练：1、9、10、23、34、52、71、91、96、104~126

# 38 跨步急停（1-2）

**球队训练或个人训练 /1 分钟**

➡ **技巧训练要点** 敏捷性、平衡性、体能调节、运球动作（12~15、28~31）、前转身（35）、后转身（36）、跨步急停

## 新手球员

1. 球员站位如下页图所示。
2. 球员以半速跑向前场篮下。
3. 当教练喊出"跨步急停"时，球员进行跨步急停。
4. 当教练喊出"冲刺"时，球员开始冲刺。教练可以每天在球场上的不同位置下达这些口令。
5. 教练要走到球员面前，在球员转身向前冲刺了一步的时候，教练要后撤。因为大部分篮球比赛与球员的视觉和反应有关，所以教练在这里给出的是跨步急停的视觉指令而不是语音指令。

➡ **备选训练**

如果球员觉得跨步急停动作做起来很困难，可以让他们朝向教练冲刺，然后做跨步急停动作。教练仔细观察并纠正他们的动作。

## 有一定基础的球员

给每个球员一个球，告诉球员要训练哪个运球动作。在运球结束时，球员跨步急停。球场上的线可以作为球员训练运球动作之后跨步急停的位置。然后球员运球到下一条线上继续训练，接着再次跨步急停。

## 经验丰富的球员

1. 在训练的中间环节，球员训练一个指定的运球动作，然后跨步急停，但现在球员也可以转身。接着运球回到起始位置，训练行进间运球、跨步急停以及（后或前）转身。球员重复这个训练顺序，每一次移动都要比上次移动得更远。首先让他们在罚球线上训练一个动作，然后在中线上做这个动作，接着在对面的罚球线上做同一个动作，最后在对面的底线上做同样的动作。
2. 训练方法与步骤 1 相同，但球员要交替做单手体前变向运球、双手交叉变向运球和半转身运球动作。球员也要交替使用前转身和后转身动作。

**⭕ 教学要点**

1. 球员跑动的速度越快，在跨步急停的时候身体重心就必须越低。为了降低重心，球员的臀部要下压，就像坐在椅子上一样。然而，如果球员跨步急停后准备跳投，那么他们可能需要在跨步急停前稍微放慢速度。进攻球员知道这个要点，但防守球员不知道。

2. 进攻球员冲刺到他们将要跨步急停的位置，然后左脚落地，从脚跟到脚趾依次着地；右脚朝前，脚趾着地，且左脚是轴心脚。球员两步急停。

3. 背部挺直、稍微向前倾，腰部弯曲。速度越快，弯曲程度就越大。

4. 膝盖弯曲至少 90 度，但绝不能超过 150 度。球员双脚脚趾着地，腾空跳起，准备跳投。

5. 当急停完成时，球员不得移动左脚。

6. 跨步急停可以让球员更快地投篮，同时利用这个急停在防守球员的强压下跳起将球投出。

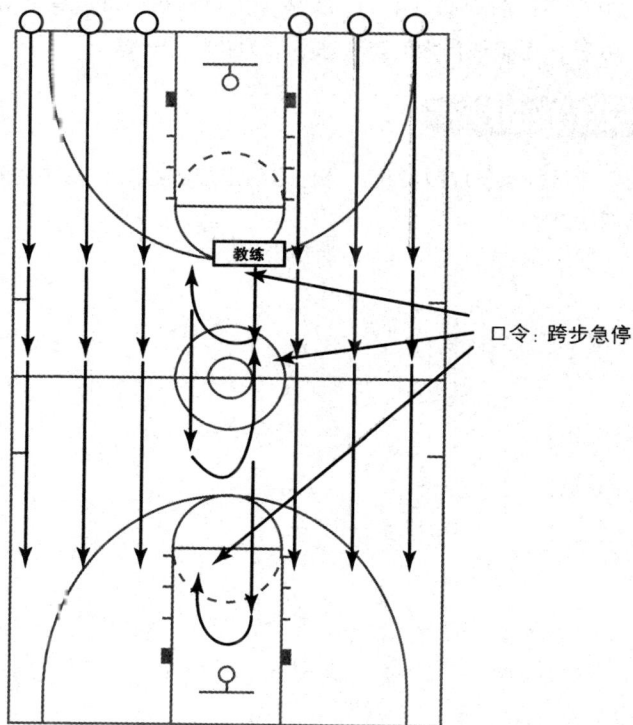

口令：跨步急停

**相关训练:** *1、9、10、23~32、36、37、41、52、64、91、96、104~126*

**39**

# 包夹转身

## 球队训练或个人训练 /1.5 分钟

➡ **技巧训练要点** 防守手势假动作（33）、前转身（35）、后转身（36）、跳步急停（37）、跨步急停（38）、穿插跑动、包夹（50）、平衡性

### 新手球员

1. 如下页图所示，球员站成若干排。球员 3 人一组，每组一个球。
2. 防守的两个球员试图抢断。这两个防守球员可以以任何方式从一边移动到另一边，他们的任务是将球抢断或者至少将球击飞。
3. 进攻球员试图避开两个防守球员，双手交替进行低运球以阻止防守球员将球击飞。注意：进攻球员的轴心脚不能离地移动，进攻球员应该利用转身动作让身体保持在防守球员和球之间。
4. 30 秒后，防守球员中的一人成为进攻球员，进攻球员成为防守球员。再过30 秒，无犯规行为的防守球员成为新的进攻球员。

### 有一定基础的球员

进攻球员跳步急停或者跨步急停之后形成轴心脚，在这之前球员可以穿插跑动或者运两次球。

### ➲ 教学要点

1. 进攻球员若想要穿插跑动，就必须朝一个方向做假动作，然后返回，将两个防守球员分开。

2. 在分开两个防守队员后，进攻队员双手交替运球，运球高度不高于小腿中部，并且要大力快速地进行交替运球。

3. 进攻球员如果将两个防守球员分开，那么应该先将球抛出 1~1.5 米。接着进攻球员追上球并开始运球。在进攻球员抬起轴心脚之前，球必须脱手，否则就是走步，所以队员应将球抛出防止防守球员从背后掏球。

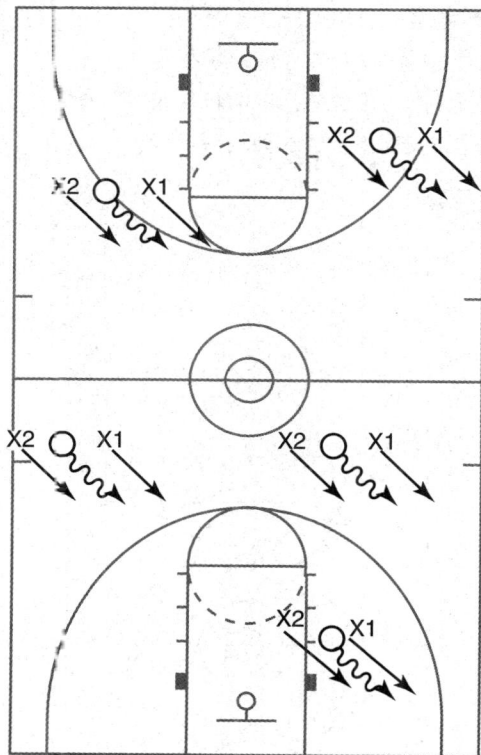

*相关训练：35~38、40、41、52、76*

# 40 运球、急停、转身

## 球队训练或个人训练 /1 分钟

➡ **技巧训练要点** 快速运球（23）、控球（24）、前转身（35）、后转身（36）、跳步急停（37）、跨步急停（38）、平衡性、体能调节

### 新手球员

1. 如下图所示，球员站在球场上的不同位置。
2. 听到教练的口令后，球员开始运球。他们可以朝任何方向运球，但应该使用快速运球或控球姿势——由教练决定。
3. 球员运球 3 次后急停（跳步急停或跨步急停）。
4. 急停之后，球员转身（由教练指定前转身或后转身）。
5. 教练检查球员是否正确执行这 3 种技巧。

### 有一定基础的球员

1 分钟不间断训练，球员运球、急停、转身，然后暂停几秒。接下来，球员开始朝他们面对的方向运球，接着急停，然后转身。

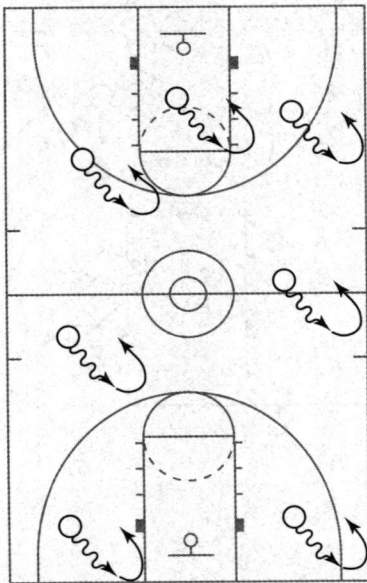

**相关训练：** 24、25、35~39、41、52、76

# 41

# 运球、急停、转身、传球、切球

## 球队训练 /3 分钟

➡ **技巧训练要点** 三威胁姿势（9）、快速运球（23）、控球（24）、前转身（35）、后转身（36）、跳步急停（37）、跨步急停（38）、胸前传球（44）、击地传球（44）、过顶传球（44）、V 形空切（53）、体能调节

### 有一定基础的球员

1. 球员两人一组，在球场上分开站位（为了使读者看得清楚，图中只显示了一组）。

2. 1 号球员运球，使用快速运球或控球姿势（由教练决定）。运球 3~5 次后，1 号球员急停（由教练决定跳步急停或跨步急停）。

3. 急停后，1 号球员转身（由教练决定前转身或后转身）。

4. 转身后，1 号球员传球给 2 号球员，可以胸前传球、击地传球或者过顶传球，哪一种传球方式合适就用哪一种（如果 2 号球员距离 1 号球员较远，那么 1 号球员可以使用过顶传球；如果 2 号球员距离 1 号球员较近，那么 1 号球员可以使用击地传球或胸前传球）。

5. 同时，2 号球员可以做 V 形空切。2 号球员向 1 号球员大声叫喊，以便 1 号球员知道 2 号球员的位置。2 号球员可以在任何位置做 V 形空切。

6. 观察 1 号球员的运球、急停、转身、传球动作和 2 号球员的 V 形空切动作。如发现有错，教练要立即纠正。

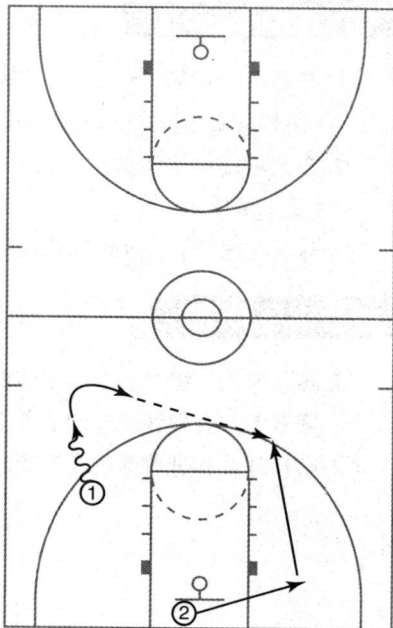

### 经验丰富的球员

这项连续不间断的训练要求 2 号球员在接到球之后，立即做三威胁姿势，然后开始朝任何方向运球。2 号球员运球、急停、转身和传球，而 1 号球员训练 V 形空切动作。

**相关训练：** 9、23、24、35~39、44、52、53、76

# 42

## 运球、急停、跳投

**球队训练或个人训练 /5 分钟**

⊙ **技巧训练要点** 三威胁姿势（9）、前后移步假动作（11）、单手体前变向运球（12、28）、双手交叉变向运球（13、29）、转身（反向）运球（14、30）、半转身运球（15、31）、佩耶训练法（17）、控球（24）、时差运球（26）、跳步急停（37）、跨步急停（38）、投篮假动作（96）、假投之后交叉变向运球（96）、假投晃起防守球员后从其侧边上篮（116）、运球结束后做假动作（116、117）

### 新手球员

1. 球员站位如下页图所示。每个球员都有一个球。
2. 1 号球员运球到指定的位置，跳步急停或跨步急停之后跳投。
3. 1 号球员抢到篮板球，运球回到队列的末尾。
4. 可以在球场上选择 5 个不同的位置进行下一轮投篮。教练可以决定位置的大小和数量，或者可以在一个位置进行 5 分钟的训练。

### 有一定基础的球员

1. 在训练开始前，球员可以做前后移步假动作，在做完前后移步假动作之后（由教练发出口令）投篮，或者进行下一步训练。
2. 在完成前后移步假动作之后，球员进行行进间运球，接着急停，然后投篮（见下页图）。
3. 球员在抢到篮板球返回队列的途中训练行进间运球。

### 经验丰富的球员

1. 球员两人一组，一个防守球员对位一个进攻球员。这就要求进攻球员分析防守战术并合理利用分析结果（参见佩耶训练法，即第 2 章中的训练 17）。
2. 防守球员和进攻球员在投篮后进行攻防转换。

如果球场上有 6 个篮筐，那么每 2 组球员共用 1 个篮筐，教练在中场观察训练情况。

**相关训练：** *9、11~15、17、24、26、28、29、31、37、38、84~88、96、104~112、116、117*

**43**

# 四角急停、转身

➡ **技巧训练要点** 体能调节、前后移步假动作（11）、单手体前变向运球（12、28）、双手交叉变向运球（13、29）、转身（反向）运球（14、30）、半转身运球（15、31）、佩耶训练法（17）、控球（24）、时差运球（26）、前转身（35）、后转身（36）、跳步急停（37）、跨步急停（38）、接球（44）、击地传球（44）、胸前传球（44）、过顶传球（44）、单手击地传球（44）、单手胸前传球（44）、传球假动作（47）、V 形空切（53）

## 有一定基础的球员

1. 球员站位如下页图所示，场上 4 个球员各有一个球。

2. 4 个球员同时向球场中间运球。

3. 球员到达球场中间后，跳步急停（或跨步急停），然后转身（前转身或者后转身）。

4. 球员开始训练界外 V 形空切。球员在球场中间做 V 形空切动作时必须与他们的转身动作相对应。

5. 中场球员把球传给他们的 V 形空切队友。可以使用击地传球、胸前传球或者过顶传球动作。

6. 攻防换位：1 到 6 的位置，2 到 7 的位置，3 到 8 的位置，4 到 5 的位置。训练持续 3 分钟。

## 经验丰富的球员

1. 球员行进间运球到中场。可以使用单手体前变向运球、双手交叉变向运球、转身（反向）运球、半转身运球或者时差运球动作。

2. 球员开始运球到中场之前，可以使用前后移步假动作中的任何一个步法（试探步、试探步回拉、试探步之后直接运球突破、试探步变向运球）。

➡ **备选训练（适合不同水平的球员）**

1. 让球员大声说出防守球员是如何对他们进行防守的，以及他们会用什么动作来应对防守（在运球前和运球过程中）。

2. 可以把训练的重点放在球员的弱点上。

1. 教练应确保所有球员使用正确的基本动作去完成这项训练的每一部分。如果教练允许，球员也可以进行简化版训练。

2. 教练可能更喜欢把训练分解成 2~3 个部分，比如只训练运球、急停和传球，而不训练切球或过攻动作。但一定要针对球员的弱点进行训练。

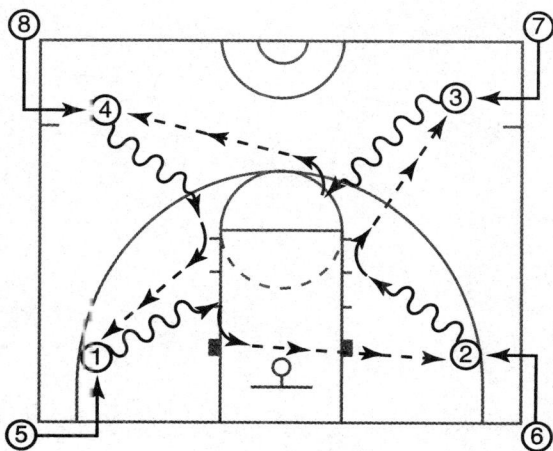

# 第 5 章

# 传球

1948 年，阿道夫·鲁普教练曾写道："传球是篮球运动中最重要的基本功。"那一年鲁普赢得了美国大学生篮球联赛（NCAA）的冠军。然后他带领他所在的肯塔基大学代表队入选美国奥运代表队，并赢得了金牌。

传球的艺术，在当今的篮球比赛中，已经鲜有人能够展现出来了，但它仍然是篮球运动最重要的基础。教练之所以十分喜欢优秀的传球手，是因为他们能把一支球队团结起来。如果球队中有一个球员既是优秀的传球手又是出色的一对一进攻手，那么这支球队就很有可能依靠这个优秀的球员获得比赛的胜利。阿伦·艾弗森就是一个典范，他娴熟自如的传球技巧把他效力的每一支球队都带到了总冠军级别。犹他爵士队伟大的助攻手约翰·斯托克顿之所以能入选奈史密斯篮球名人纪念堂，就是因为他擅长传球，并且能提高和他一起打球的所有人的水平。基础传球有3 种：击地传球、胸前传球和过顶传球。

每一种基础传球都可以通过训练掌握。但是其他与之相关的补充技巧也必须提高：统揽全局，实时观察场上情况；在接球之后不运球并将球再次传出；在正确的时间将球精准传给正确的队友。

训练 44 培养球员的传球基本功以及传球艺术——眼睛看一个方向，将球传到另一个方向；或者假装向一个方向传球，实际上传到另外一个方向。训练 45 介绍的是行进间传球。训练 46 介绍的是全场行进间传球。

训练 47 介绍的是如何用学到的传球技术与防守球员对位。训练 48 能够迫使球员刚刚接到传球后，便立刻把球传出去。训练 49 增加了多人进行的包夹传球训练，球员必须使用步法和传球假动作在两个防守球员之间甚至有第 3 个防守球员从旁边包夹的情况下将球传出。

训练 50 将训练多种技巧，包括传球、运球和包夹。训练 51 和训练 52 会教球员综合运用所学的全部技巧。训练是循序渐进的，球员必须持之以恒。

# 44 两组定点站立传球训练

球队训练 /3 分钟

➡️ **技巧训练要点** 胸前传球、击地传球、过顶传球、大力长传、接传球。

### 新手球员

1. 球员站位如下页图所示，两个球员前后间隔 4.5 米。球员两两成列，两个球员用一个球。
2. 球员们互相进行胸前传球，接着击地传球，然后过顶传球。

### 有一定基础的球员

球员们互相进行单手胸前传球，接着单手击地传球。

### 经验丰富的球员

球员们互相进行过顶传球，然后大力长传。过顶传球和大力长传要求球员间隔 9 米。

➡️ **备选训练（适合不同水平的球员）**

1. 球员在传球之前可以做传球假动作（例如球员可以先做胸前传球假动作，然后实际使用击地传球）。
2. 假定此处有一个防守球员，传球球员将其绕过完成传球。传球球员第 1 步向左走，然后向右走。

➡️ **教学要点**

➡️ **胸前传球**

球员的双手放在篮球两侧，使用手指（而不是手掌）握球；球员拇指向上，手掌对着球；球放在球员胸口位置；球员向前一步，同时摆动两个手腕，将球传到接球球员胸前；完成传球后，球员拇指朝下，手掌朝外。接球球员向来球方向移动，双眼一直盯着球的运动轨迹直到接到球。

➡️ **击地传球**

球员按照胸前传球的方法进行训练，但他们不是将球对准接球球员的胸部，而是将球对准自己和接球球员之间的地板上的一点。击地传球会将球传到接球球员的腰部与胸部之间。

➡️ **过顶传球**

球员将球稍稍举过头顶，肘部弯曲，前臂垂直于地板，上臂平行于地板；双手抱球，左右手各在篮球两侧，稍微靠后，两个拇指都在球后面；球不是扔出去的，而是轻微抖动手腕将球推出去；传球时，双臂向前推，拇指指向接球球员，手掌朝外。

➡ **单手胸前传球**

球员将一只手放在球的侧面，另一只手放在球的后面，用手指将球握生；手肘弯曲，放在球后面的手将球推出；球员将球推出之后，手臂完全伸展。

➡ **单手击地传球**

单手击地传球的传球方式与单手胸前传球相同。球员在球场上找一个位置，将球推向这个位置，球落地反弹之后可以到达接球球员的腰部与胸部之间。

➡ **过顶长传**

之前介绍的过顶传球（翻转手腕）和过顶长传还是略有区别的。首先，球员将球完全举过头顶，肘部几乎不弯曲；其次，当他们准备传球时，双手将球向后朝着头部回拉；再次，球员手臂使劲将球向前甩出，这样的传球力道十足。与接球球员的距离决定了球员在将球甩出时需要用多大的力，球员在完成传球时手腕翻转。

➡ **大力长传**

球员侧身转向接球球员，双手握球，并将球拉回到耳部附近。如果用右手传球，球员要用左手抓住球的下面，用右手握住球的后面；左手保持平衡，右手提供力量。随着球的传出，球员放下左手，球像棒球一样被抛出，传球手（右手传球，传球手就是右手；左手传球，传球手就是左手）笔直向前；球的传球手不能做翻转动作，否则会造成弧线球。将球传出时，球员左脚向前踏出。

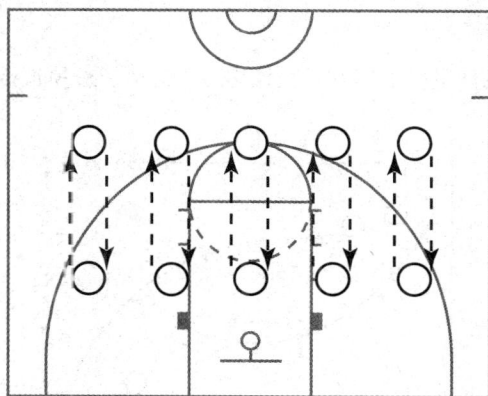

*相关训练：* 41、45~52、62~72、74

# 45 两组行进间传球训练

**球队训练 /3 分钟**

➡ **技巧训练要点**　胸前传球（44）、击地传球（44）、过顶传球（44）、过顶长传（44）、单手胸前传球（44）、单手击地传球（44）、大力长传（44）、接传球（44）

## 新手球员

1. 把球员分成两个小组，一个小组在罚球线上方，另一个小组在 4.5 米外的斜对角处，如下图所示。
2. 在上方的小组持球，第 1 个球员将球传给另一个小组的第 1 个球员。上方小组的第 1 个球员跑到下方队列的末尾。
3. 接到上方小组的球员传球的下方小组的球员将球传给上方小组的第 2 个球员。然后这个下方小组的球员跑到上方队列的末尾。训练持续进行，直到教练喊停。
4. 球员胸前传球 1 分钟，接着击地传球 1 分钟，然后过顶传球 1 分钟。

## 有一定基础的球员

与新球员的训练方式大致相同，但增加单手胸前传球训练 1 分钟和单手击地传球训练 1 分钟。

## 经验丰富的球员

与有一定基础的球员的训练方式大致相同，但增加过顶长传训练 1 分钟和大力长传训练 1 分钟。

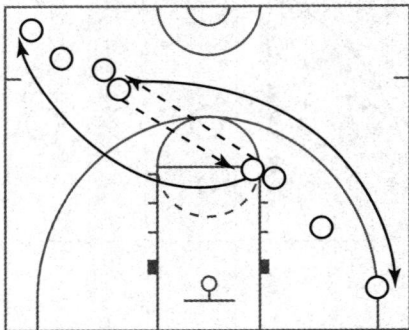

**相关训练：** 41、44、46~52、62~72、74

# 46 两组全场传球训练

球队训练 /2 分钟

➡ **技巧训练要点** 胸前传球（44）、击地传球（44）、过顶传球（44）、过顶长传（44）、单手胸前传球（44）、单手击地传球（44）、大力长传（44）、接传球（44）、行进间滑步

### 有一定基础的球员

1. 如右下图所示，球员站成两列。

2. 每一列的第 1 个球员使用滑步向下移动，同时互相传球，传球方式由教练指定。当球到达球场的另一端时，他们可以在此等待，直到所有球员都到达。然后所有球员重复这项训练，使用滑步并回传。

3. 教练规定球员的传球方向是向上传球或者向下传球。球员接到球后，立即回传给队友，无须跑动。

➡ **教学要点**

1. 所有传球技巧可参阅训练 44，确保所有传球都是在没有行进的情况下进行的。教练要检查球员做的滑步动作是否正确。

2. 在做滑步动作时，球员（如果向左跑动）左脚先迈一大步，然后右脚跟上，几乎挨着左脚。接着，球员左脚远离右脚再次向左迈出一大步，这个动作要持续进行，注意双脚不要交叉。

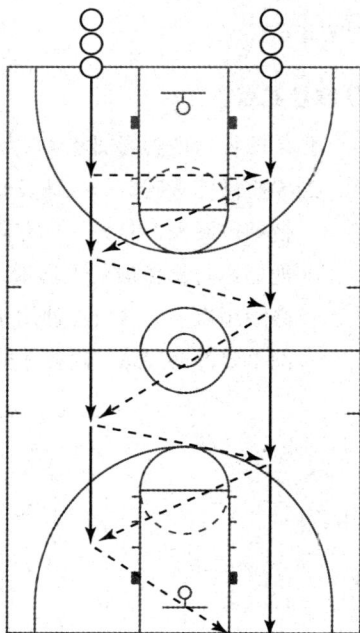

*相关训练：* 41、44、47~52、62~72、74

**47**

# 二对一传球训练
### 球队训练 / 1.5 分钟

➡ **技巧训练要点** 胸前传球（44）、击地传球（44）、过顶传球（44）、过顶长传（44）、单手胸前传球（44）、单手击地传球（44）、大力长传（44）、接传球（44）、传球假动作、速度、防守步法（129~131、137）

### 有一定基础的球员

1. 球员站位如下图所示。
2. 两个进攻球员 1 号和球员 2 号，一个防守球员 X1。1 号球员和 2 号球员在面对防守球员 X1 的防守时，尝试用传球假动作和教练指定的传球方式互相传球。1 号球员传给 2 号球员，然后 2 号球员回传给 1 号球员，依此类推。
3. 30 秒后，防守球员 X1 和 1 号球员交换位置。再过 30 秒，2 号球员成为防守球员。

➡ **备选训练**

当防守球员将球击飞或者拦截时，防守球员变成传球球员，而传球球员成为新的防守球员。

➡ **教学要点**

1. 传球技巧可参阅训练 44。
2. 要想做传球假动作，球员必须完全伸展手臂，就好像真的在传球一样，然后把球拉回来，向另一个方向传球。球员也可能用到眼神假动作——先朝一个他们不打算传球的方向看，然后迅速朝另一个方向传球。做传球假动作时，必须用双手。球员在使用单手击地传球或者胸前传球时，做假动作的同时辅助手要保持握球，这样才能很好地控球。

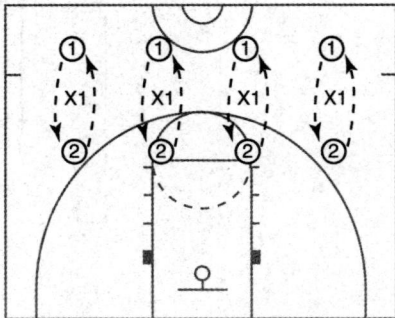

**相关训练：** 41、44、46、48~52、62~72、74

**48**

# 佩珀（Pepper）传球

**球队训练 /2 分钟**

➡️ **技巧训练要点** 胸前传球（44）、击地传球（44）、过顶传球（44）、滑步（46）、速度、敏捷性、手眼协调

**新手球员**

1. 把球员分成两组，让他们分别站在球场的两端。1 号球员持球面对小组中的其他球员，如右下图所示。

2. 1 号球员将球传给小组中的第 1 个球员（即 2 号球员），2 号球员将球回传给 1 号球员，1 号球员使用滑步向 5 号球员方向移动；然后 1 号球员将球传给 3 号球员，3 号球员将球回传给 1 号球员；1 号球员将球传给 4 号球员，4 号球员将球回传给 1 号球员；1 号球员将球传给 5 号球员，5 号球员将球回传给 1 号球员。接着 1 号球员开始向另一个方向滑步回到原来的位置，将球回传给 4 号球员，并重复这个传球顺序。

3. 1 号球员在训练两轮之后，回到 5 号球员的身旁。3 号、4 号、5 号和 1 号球员向左移动一步。2 号球员来到所有球员前面，进行与 1 号球员相同的传球和滑步训练。训练持续进行，直到所有球员都进行了同样的训练。

**经验丰富的球员**

1. 告诉球员使用击地传球，不要使用胸前传球。

2. 增加过顶传球训练。

➡️ **备选训练（经验丰富的球员）**

球员使用两个球而不是一个球。1 号球员和 2 号球员同时持球；1 号球员将球传给 3 号球员的同时，2 号球员将球传给 1 号球员；1 号球员将球传给 4 号球员的同时，1 号球员接到 3 号球员的传球；1 号球员将球传给 5 号球员的同时，4 号球员将球传给 1 号球员。这项训练一共进行两轮，然后 2 号球员向前移动，面对其他球员；所有球员都来回传球两轮之后，这项训练结束。

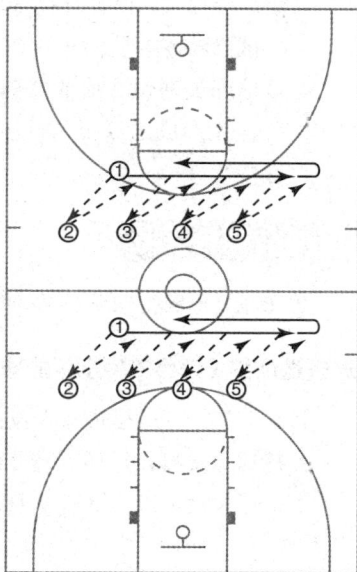

**相关训练：** 27、41、44、46、47、49~52、62~72、74

# 49 三对三包夹和传球

**球队训练 / 3 分钟**

➡️ **技巧训练要点** 运球后撤（27）、穿插跑动（39）、胸前传球（44）、击地传球（44）、过顶传球（44）、传球假动作（47）、传球时机、包夹（50）、拦截训练（50、131）、包夹之后运球后撤（50、157）

**有一定基础的球员**

1. 球员站位如下页图所示，把球员分成防守方和进攻方两大阵营。90 秒后，两阵营球员攻防互换。

2. 持球球员可以朝任何方向转身完成传球。该球员也可以朝任意方向做传球假动作，然后向相同或者相反方向传球。1 号球员在罚球线上，2 号球员和 3 号球员在各自的位置。两个接球球员待在自己的位置接球。

3. 防守球员 X1 和 X2 包夹 1 号球员，而防守球员 X3 试图拦截传给 2 号球员或 3 号球员的球。防守球员 X1 和 X3 包夹 3 号球员，而防守球员 X2 试图拦截传给 1 号球员或 2 号球员的球。防守球员 X2 和 X3 包夹 2 号球员，而防守球员 X1 试图拦截传给 1 号球员或 3 号球员的球。图中显示 1 号球员将球传给 3 号球员，防守球员 X1 和 X3 包夹 3 号球员，而防守球员 X2 做滑步动作尝试抢断传给 1 号球员或 2 号球员的球。

4. 接球球员在包夹形成之前可以不持球。持球球员可以立即传球，也可以等待包夹形成之后再传球。3 号球员可以将球传给 1 号球员或 2 号球员，训练持续进行。

**经验丰富的球员**

防守球员抢断持球队员的传球的次数必须超过 3 次，球员们才能互换角色。

➡️ **备选训练（适合不同水平的球员）**

1. 允许持球球员跨过双人包夹传球。

2. 持球球员可以后撤运球 2 次，尝试摆脱包夹。当持球球员后撤运球时，2 个接球球员可以向球所在的方向移动 0.9~1.5 米。

## ◯ 教学要点

1. 训练 27 详细说明了后撤步运球的技巧。训练 47 包括传球假动作。包夹和拦截的全部技巧将在训练 50 中进行介绍。

2. 球员做传球假动作可以使防守球员的手臂偏离真正的传球方向。确保每一次传球都甩开了包夹球员的手臂并且摆脱了拦截，如果没有做到这两点，教练要纠正球员。

**相关训练:** 27、41、44、46~48、50~52、62~72、74、155~160

**50**

# 传球、运球、包夹
**球队训练 /10 分钟**

➡ **技巧训练要点** 穿插跑动（39）、胸前传球（44）、击地传球（44）、过顶传球（44）、两个防守球员包夹运球球员（50、157）、两个防守球员包夹传球球员（50、158）、传球摆脱包夹、运球摆脱包夹、通过跑跳的方式进行包夹（156）

## 经验丰富的球员

1. 将球员分成两个小组：进攻方和防守方（见下页图）。
2. 1 号球员运球到前场，防守球员 X1 与 1 号球员对位，1 号球员寻找机会传球给 2 号球员。防守球员 X2 与 2 号球员对位，让 1 号球员传球给 2 号球员。
3. 2 号球员接到 1 号球员的传球之后，防守球员 X1 和 X2 包夹 2 号球员。
4. 教练在球场上跑动，这样防守球员就不知道教练的位置。2 号球员试图传球给教练，或者教练可以让 1 号球员在球场上跑动去接 2 号球员的传球。
5. 当包夹结束时，防守球员 X1 和 1 号球员分别换到防守球员 X2 和 2 号球员的位置，防守球员 X2 和 2 号球员走到各自队列的最后。3 号球员变成新的 1 号球员，防守球员 X3 变成新的防守球员 X1。在每个进攻球员都当过 1 号和 2 号球员，每个防守球员都当过 X1 和 X2 球员之后，两队进行攻防互换。
6. 教练可以利用这项训练机制：当运球球员越过半场线时防守球员对其进行包夹；包夹传球——让球队建立人盯人防守体系。

### ➡ 备选训练

1. 不是防守球员 X1 帮助 X2 包夹接球球员，而是防守球员 X2 跑向前场，帮助 X1 包夹 1 号球员以阻止其传球。1 号球员可以灵活运球，也可以传给教练或 2 号球员。在这种情况下，防守球员 X2 必须卡住 2 号球员的位置不让其接球，而不是与 2 号球员对位。
2. 在训练的开始阶段，2 号球员不是直接传球给教练，而是在传给教练或 1 号球员之前尝试后撤步运球，迫使防守球员 X1 和 X2 跟进封盖。
3. 教练不要告诉防守球员如何对 1 号球员或者 2 号球员进行包夹，而是要让防守球员在与运球球员对位时自己去制造包夹。如果防守球员 X2 留在内线帮助防守球员 X1 阻挡运球球员，那么 1 号球员就会将球传给 2 号球员，然后 X1 和 X2 两个防守球员就会包夹 2 号球员。如果防守球员 X2 卡住 2 号球员的位置不让其接球，那么 X1 和 X2 两个防守球员就去包夹 1 号运球球员。

### ➡ 教学要点

### ➡ 包夹运球娴熟的球员

1. 要想包夹一个运球娴熟的球员（如下页图中的 2 号球员），防守球员就必须与运球球员保持几步远的距离。2号球员在面对包夹的情况下仍然可以运球，并且可以通过穿插跑动来分开两个防守球员，但是如果防守球员离可能接球之后继续运球的球员只有一步左右的距离，那么穿插跑动就不太可能奏效了。

2. 防守球员应该在2号球员的两侧。防守球员与2号球员的双脚成90度角，膝盖弯曲，但保持背部挺直。

3. 防守球员必须保持手臂和手以风车式的方式来回摆动，不管2号球员是球到什么位置，防守球员的手始终与球在同一平面上，这会迫使2号球员在传球之前再次做传球假动作，以防止球被抢断。

4. 如果2号球员决定运球而不是传球，那么防守球员X1和X2就应对2号球员进行包夹。防守球员X1在2号球员的左侧，防守球员X2在2号球员的右侧，他们都有共同的任务——防止2号球员运球突破。两个防守球员还有一个任务，那就是防止2号球员将其晃开，并从二人中间运球过人。

5. 如果2号球员从右、左或中路突破过去，那么两个防守球员需要在后面紧跟2号球员，尝试将球掏掉（即所谓的掏球）。

6. 为了在运球时对1号球员进行包夹，防守球员X1和X2会将1号球员包夹在他们中间。防守球员X1不能让1号球员从左侧将球运回，防守球员X2也不能让1号球员从右侧绕行逃脱。两个防守球员在1号球员运球时应对其进行提防，以免1号球员将他们晃开。

### ➡ 对已经运球一次的运球球员进行包夹

1. 当进攻球员运球一次之后持球时，两个防守球员应靠前紧逼进攻球员，甚至可以轻微地碰撞进攻球员。

2. 防守球员的手臂和手上下摆动得更加频繁、幅度更大。如果可能的话，防守球员可以通过紧逼进攻球员将球锁定。两个防守球员双脚互相靠拢成90度角。

3. 在运球结束时，无论是1号球员还是2号球员都可以穿插跑动。由于此时进攻球员不能运球，所以他们很可能会以轴心脚为支点转身来进行传球，防守球员必须做好准备。

4. 防守球员在包夹的同时使用滑步，小心防守双方的脚步不要交叉。

5. 训练39介绍了穿插跑动，训练44介绍了所有传球技巧，训练46介绍了滑步动作。

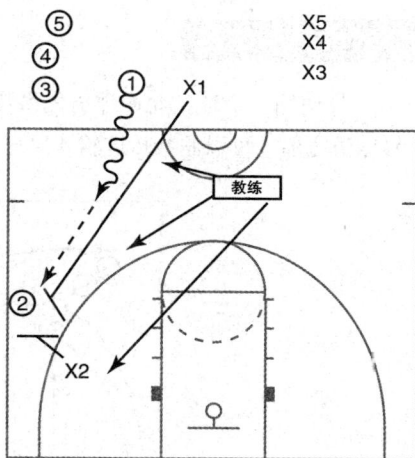

**相关训练：** *27、41、44、46~49、51、52、62~72、74、155~160*

**51** 四角传球

**球队训练 /3 分钟**

➡ **技巧训练要点** 胸前传球（44）、击地传球（44）、过顶传球（44）、单手胸前传球（44）、单手击地传球（44）、接传球（44）、传球假动作（47）

**新手球员**

1. 如下图所示，球员站在罚球线的 4 个角。
2. 1 号球员传球给 2 号球员，然后走到 2 号球员所在队列的最后；2 号球员接到 1 号球员的传球，接着传球给 3 号球员，然后走到 3 号球员所在队列的最后；3 号球员接到 2 号球员的传球，接着传球给 4 号球员，然后走到 4 号球员所在队列的最后；4 号球员接到 3 号球员的传球，接着传球给 1 号球员，然后走到 1 号球员所在队列的最后。
3. 教练规定使用的传球方式。
4. 向右传球 90 秒后，切换方向，让每个球员向左传球。

**有一定基础的球员**

球员使用两个球而不是一个球。训练开始时，让 1 号球员和 3 号球员各拿一个球。

**经验丰富的球员**

球员使用一个球，允许球员先做传球假动作再传球。例如，1 号球员在传球给 2 号球员之前，可以假装传球给 4 号球员或 3 号球员。

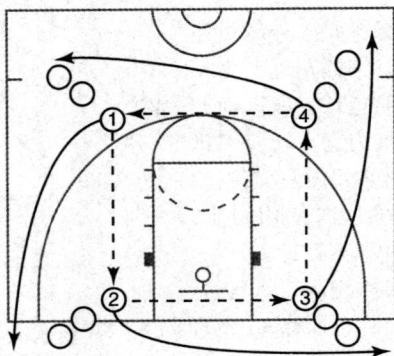

**相关训练：** 27、41、44、46~50、52、62~72、74

# 52

## 传球与上篮
### 球队训练 /3 分钟

➡ **技巧训练要点**　前转身（35）、后转身（36）、跳步急停（37）、跨步急停（38）、胸前传球（44）、击地传球（44）、过顶传球（44）、单手胸前传球（44）、单手击地传球（44）、接传球（44）、快速转身（56）

### 有一定基础的球员

1. 球员站位如下图所示。5 号球员跑到 4 号球员的位置，4 号球员走到 5 号球员所在队列的最后。

2. 助理教练传球给教练。看到这个传球时，5 号球员快速转身并朝罚球线移动，4 号球员沿底线朝外侧跑动。这可以让球员习惯在行进间传球，这是进攻战术规则之一。教练可以传球给 4 号球员，也可以传球给 5 号球员。

3. 如果教练传球给 5 号球员，5 号球员将前转身（或后转身）面对 4 号球员。4 号球员沿底线切入，接到 5 号球员的传球后带球上篮。5 号球员接到教练的传球后进行前转身，并传球给 4 号球员，所有动作一气呵成。

4. 如果教练传球给 4 号球员，5 号球员接到 4 号球员的传球后将从罚球线位置切入篮下，带球上篮。4 号球员应该在接到教练的传球之后，立即将球传给 5 号球员。

5. 在步骤 3 或步骤 4 中，下一个球员抢到篮板球之后传给助理教练，助理教练再传给教练，训练按此顺序持续进行。这应该是一项速度快且充满活力的训练，并由教练决定要使用的传球方式。

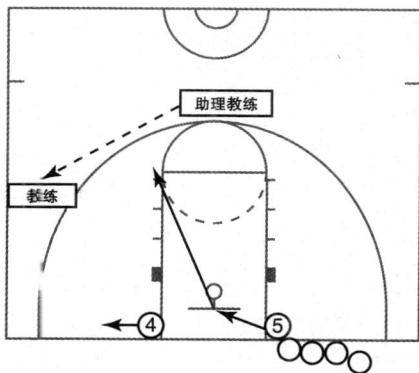

**相关训练:** 27、35~51、62~72、74

第 6 章

# 空切

通过前面的训练，球员的假动作已经可以做到以假乱真的地步，持球、控球的能力也有所提升，传球技巧也十分出色。事实上，如果球队已经将进攻技巧掌握得很熟练了，那么对手也会更加坚决地打乱球队进攻计划。通过使用双人包夹，对手可能不会让球队中某些特定的球员接到球。

为了对抗额外的防守压力，球员必须学会使用各种不同的空切。训练 53 介绍的是 V 形空切，球员会传球给做 V 形空切的队友来替换自己（在进攻战术中是必要的），将自己从防守压力中解脱出来，并且在队友得分的时候让对方的防守球员顾此失彼。训练 53 中的各项训练会使球队在简单的空切的基础上增加假动作，这里涉及团队合作。

无球防守封盖只有两种类型。如果防守球员在对位时更多地朝向篮筐，那么进攻球员可以使用中切（训练 54）；如果防守球员更多的是在抢断，那么进攻球员可以使用背切（训练 55）。当防守球员密切注视球的动向或者逼防对方球员时，空切对于进攻球员而言就是十分有效的进攻手段。

每当进攻球员处于球场侧翼或者接近底线的位置时，该球员就可以做闪切（训练 56）。训练 57 介绍的是在进攻中各种空切和步法的综合运用，这里的重点不仅在于空切，还在于一对一的对位。

训练 58 和训练 59 能帮助球员思考空切战术——如何以及何时做空切。当球员开始学习挡拆战术时，这些训练是至关重要的。

训练 60 将空切和运球直切篮下结合起来作为进攻战术的一部分。训练 61 可以帮助球员在全场全速行进时，将传球与空切结合使用。

**53**

# V 形空切

## 球队训练或个人训练 /3 分钟

➜ **技巧训练要点**　三威胁姿势（9）、前后移步假动作（11）、单手体前变向运球（12、28）、双手交叉变向运球（13、29）、转身（反向）运球（14、30）、半转身运球（15、31）、佩耶训练法（17）、控球（24）、前转身（35）、跨步急停（38）、胸前传球（44）、击地传球（44）、接传球（44）、滑步（46）、传球假动作（47）、V 形空切、"游泳"技巧、卡位技巧

### 新手球员

1. 球员站位如下页图 1 所示。
2. 2 号球员摆脱防守。
3. 1 号球员传球给 2 号球员，然后走到 2 号球员所在队列的最后。
4. 3 号球员通过 V 形空切摆脱防守。
5. 2 号球员传球给 3 号球员，然后走到 3 号球员所在队列的最后。
6. 如果有必要，训练持续进行。
7. 第 1 天在球场的右侧训练，第 2 天在球场的左侧训练。

➜ **备选训练**

在教单个球员做 V 形空切时，可在球场上放置圆锥物，让球员在其周围做空切动作。球员先做空切，将球传给队友，然后队友把球回传给这个球员。教练应纠正球员的空切技巧，把球拿回来，如果有必要就让球员重复进行这项训练。

### 有一定基础的球员

1. 球员在球场上各不同的位置进行训练。
2. 球员在有人防守封盖的情形下完成 V 形空切。

➜ **V 形空切后接三威胁姿势**

1. 球员站位如下页图 2 所示。
2. 2 号球员做 V 形空切。
3. 教练传球给 2 号球员。2 号球员接到球后前转身，然后做三威胁姿势。
4. 2 号球员执行教练要求的进攻假动作，然后走到队列的最后。
5. 第 1 天在球场的右侧训练，第 2 天在球场的左侧训练。

### 经验丰富的球员

增加一个防守球员，只是象征性地进行防守（口述防守动作），也可以由教练担任防守球员，这可以让球员体验 V 形空切在实际比赛中是如何发挥作用的。

**→ V 形空切后接三威胁姿势**

1. 添加一名象征性地进行防守的球员。2 号球员必须观察防守球员的姿态和动作，并根据防守球员口述的防守动作做出反应。

2. 在无人防守的情况下，教练要让球员使用多种假动作（例如试探步变向运球之后接半转身运球）。

**◎ 教学要点**

1. 这是球队进攻战术发展的开始。

2. 做 V 形空切时有以下 4 点备选训练。

   a. 要想自由地传球，需要球员持续地将球从一侧传到另一侧。

   b. 从球场侧翼展开进攻，摆脱防守。

   c. 在队友进攻的时候，球员可以使用挡拆战术，交替传球，让对方的防守球员顾此失彼。

   d. 试图诱导防守球员犯错，例如诱导防守球员与球的距离过远（见训练 55）或与进攻球员的距离过近（见训练 54）。

3. 在做 V 形空切时，球员需要改变节奏。例如，在图 2 中，2 号球员缓慢地向底线移动。一旦 2 号球员决定进行空切，那么 2 号球员就应以内侧脚为轴心脚（图 2 中为左脚），并用右脚朝自身来的方向迈进一大步进行前转身。2 号球员现在向外线回撤，1 号球员以自己的左手和手臂作为接球目标完成传球。或者不要跑回外线，而是通过滑步回到外线。1 号球员应领先 2 号球员一步左右的身位并且使用胸前传球或者击地传球。2 号球员不要走入内线，而应该慢跑进入内线，然后强切外线。任何节奏的改变都可以。

4. 使用卡位技巧，2 号球员以内侧脚为支点（图 2 中为左脚）跨步急停。接着抬起右脚，前转身，使右脚在自己与防守球员之间。2 号球员也用右臂做"游泳"动作，也就是 2 号球员用右臂在不推人的情况下，向前挤开防守球员。2 号球员现在用右臂抵住防守球员，同时滑回外线，左手接传球。

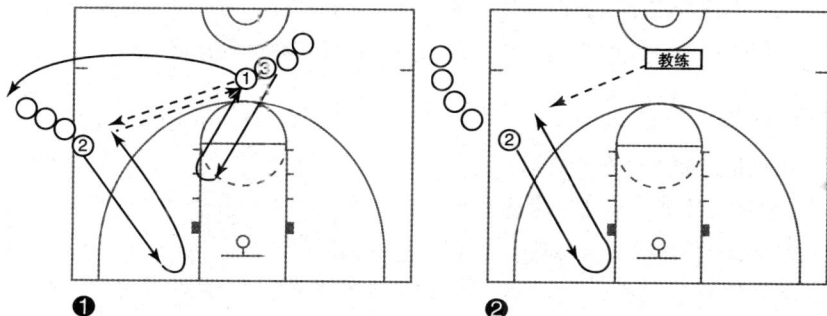

❶                    ❷

**相关训练：** *35、38、44、46~47、58~63、65、66、122~128、147、148*

# 中切

**54**

### 球队训练或个人训练 /3 分钟

➡️ **技巧训练要点** 基本上篮（8）、单手体前变向运球（12、28）、双手交叉变向运球（13、29）、转身（反向）运球（14、30）、半转身运球（15、31）、前转身（35）、跨步急停（38）、胸前传球（44）、击地传球（44）、过顶传球（44）、接传球（44）、滑步（46）、中切、滑步运球（97）

## 新手球员

1. 球员站位如下页图 1 所示。
2. 1 号球员绕着一个圆锥物做中切。
3. 教练把球传给 1 号球员，1 号球员滑步运球出 3 秒区外后，把球回传给教练。教练决定 1 号球员是使用胸前传球、击地传球还是过顶传球。（最好是先让球员做一个不想使用的传球假动作，再使用击地传球或者过顶传球。）
4. 1 号球员走到队列的 最后，下一个球员走上前去做中切。
5. 第 1 天在球场的右侧训练，第 2 天在球场的左侧训练。

➡️ **备选训练**

在教单个球员做中切时，可在球场上放置圆锥物，让球员在其周围做空切动作。球员先做空切，将球传给队友，然后队友把球回传给这个球员。教练应纠正球员的空切技巧，把球拿回来，如果有必要就让球员重复进行这项训练。

## 有一定基础的球员

1. 教练不要传球给空切球员，而是先做传球假动作，让空切球员一直切入底角。
2. 这里不使用圆锥物，而是使用象征性地进行防守的球员。这个防守球员应该先朝传球假动作的方向移动，再回身跟着进攻球员到篮下。

➡️ **中切和上篮**

1. 球员站位如下页图 2 所示。
2. 1 号球员将球传给 2 号球员，然后中切。
3. 2 号球员传球给 1 号球员，让他带球上篮。教练抢到 1 号球员所投的篮板球，将球传给 2 号球员，然后 1 号球员走到 2 号球员所在队列的最后。
4. 2 号球员将球传给 3 号球员，然后中切。
5. 3 号球员传球给 2 号球员，让他带球上篮。教练抢到 2 号球员所投的篮板球，将球传给 3 号球员，然后 2 号球员走到 3 号球员所在队列的最后。

6. 如果有必要，训练持续进行。

7. 第 1 天在球场的右侧训练，第 2 天在球场的左侧训练。

## 经验丰富的球员

### ➡ 中切和上篮

所有球员都各自持球，轮流抢篮板球，然后运球回到指定队列的最后。当运球回到指定队列的最后时，每个球员做一个运球动作（如转身）。

### ➡ 教学要点

1. 空切球员如果发现防守球员没有朝球的方向跳起封盖，这时就可以使用中切技巧。这就是进攻战术的奇妙之处：球可以在看到防守球员出错的时候切入，而不是必须等待所有空切配合球员准备就绪。

2. 做中切时，空切球员一般会接到传球。但是如果空切球员没有接到传球，那么空切球员应该继续通过 3 秒区到达底角，为下一名空切球员留出得分空间。

3. 要想完成中切动作，1 号球员首先得意识到防守球员不能卡在他和篮球之间，然后应在空切的方向上跨出一步，这一步应该是跨步急停。在图 1 中，1 号球员右脚急停，然后左脚跨一大步，右脚来回摆动，在他和防守球员之间做前转身动作。防守球员此时应该位于 1 号球员的身后，1 号球员开始使用滑步将防守球员甩在身后。1 号球员如果接到传球，就用滑步运球，然后稍微顶着防守球员带球上篮。如果防守球员失位，那么要想阻止上篮，只能犯规。1 号球员如果略微后仰，则通常会投三分球。

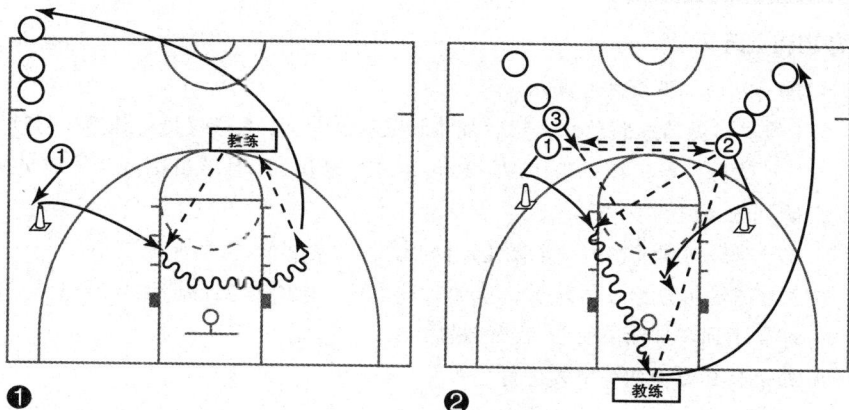

**❶**  **❷**

相关训练：*35、38、44、46、58~63、65、66、74、97、122~128*

# 背切

## 球队训练或个人训练 /3 分钟

**➲ 技巧训练要点** 基本上篮（8）、单手体前变向运球（12、28）、双手交叉变向运球（13、29）、转身（反向）运球（14、30）、半转身运球（15、31）、前转身（35）、后转身（36）、跳步急停（37）、跨步急停（38）、胸前传球（44）、击地传球（44）、过顶传球（44）、接传球（44）、传球假动作（47）、"游泳"动作（53）、V 形空切（53）、背切、运球结束时假传球（96）

### 新手球员

1. 球员站位如下页图 1 所示。
2. 2 号球员向圆锥物迈出 1~2 步，用外侧脚进行跨步急停（图 1 中为右脚）。
3. 2 号球员前转身，左右脚交叉，将右脚作为轴心脚，然后强势切入篮下。
4. 2 号球员做要球手势，教练将球传给 2 号球员，2 号球员运球到底角。
5. 2 号球员传球给教练，然后走到队列的最后。
6. 第 1 天在球场的右侧训练，第 2 天在球场的左侧训练。

#### ➲ 备选训练

在教单个球员做背切时，可在球场上放置圆锥物，让球员在其周围做空切动作。球员先做空切，将球传给队友，然后队友把球回传给这个球员。教练应纠正球员的空切技巧，把球拿回来，如果有必要就让球员重复进行这项训练。

### 有一定基础的球员

#### ➲ 背切和上篮

1. 球员站位如下页图 2 所示。
2. 1 号球员做传球假动作，然后绕着圆锥物做背切，2 号球员传球给 1 号球员。
3. 1 号球员带球上篮。教练取回球传给 3 号球员，1 号球员则到 2 号球员所在队列的最后。
4. 2 号球员向圆锥物迈一步做传球假动作，接着做背切。
5. 3 号球员传球给 2 号球员，让他带球上篮。教练取回球传给 4 号球员，2 号球员则到 3 号球员所在队列的最后。
6. 如果有必要，训练持续进行。

### 经验丰富的球员

2 号球员进行行进间运球，将球带到底角。运球到底角之后，2 号球员后转身并将球回传给教练，传球方式由教练决定。

## ➜ 背切和上篮

不要直接上篮，而是要假设此时有一个协防球员阻止进攻球员带球上篮，这时空切球员要做跳步急停。跳步急停之后，空切球员停止运球，接着做一个动作（投篮假动作、假投之后变向运球、假投之后转身、假投之后半转身，所有动作将在训练 96 和训练 117 中进行介绍）。

## ➜ 备选训练

空切球员不要直接带球上篮或者在体前做投篮动作，而是使用运球步法将球运出底角之后，分球给他所在队列的另一个球员。

## ➜ 教学要点

1. 当防守球员紧逼进攻球员或者需要拉开空间继续进攻时，进攻球员应该使用背切。当防守球员在空切球员与球之间至少拉开一步的距离时，进攻球员也应该使用背切。

2. 如果防守球员进行紧逼防守，他们弯曲的膝盖会超过脚趾，这时进攻球员就可以带球上篮。因为防守球员此时会失去平衡，无法阻止进攻球员的背切。

3. 如果打算做背切，进攻球员必须给队友一个信号。最好的信号是握紧拳头，球员可以用被逼防那侧的手发出信号。

4. 为了成功完成背切，球员应向防守球员迈出 1~2 步，然后跨步急停，同时以后脚作为轴心脚做前转身动作。接着球员强势直切篮下，将前手手掌张开并朝向传球球员，以便接球。

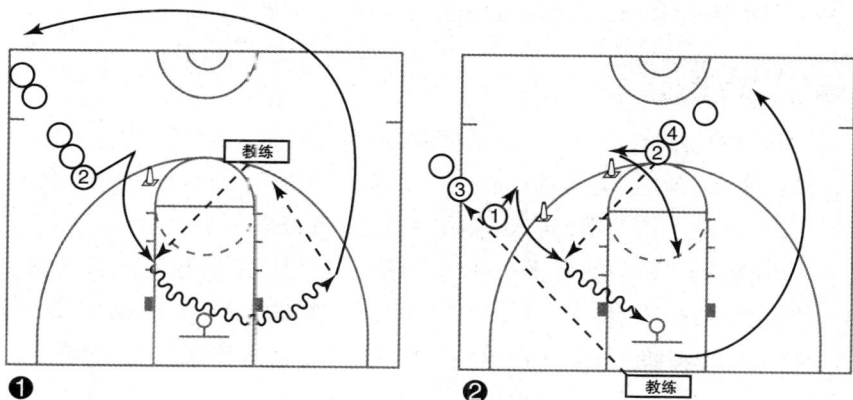

**相关训练：** 12~15、27~39、34、36、38、44、46、54、58~66、74、122~128

# 56

## 闪切

**球队训练或个人训练 /3 分钟**

➡ **技巧训练要点**　三威胁姿势（9）、前转身（35）、后转身（36）、胸前传球（44）、击地传球（44）、过顶传球（44）、接传球（44）、滑步（46）、"游泳"动作（53）、中切（54）、背切（55）、闪切、低位转身（96、143）、侧滑步（128）

### 新手球员

1. 球员站位如下页图 1 所示。
2. 让一名防守球员使用口令，提醒进攻球员如何正确站位开始闪切。
3. 1 号球员向篮筐移动，直到防守球员 X1 处于 1 号球员和传球球员（教练）之间的直线上。此时，1 号球员外侧脚发力（图 1 中为左脚），冲出内线。这是一种没有卡位的空切技巧。空切球员可能会在罚球线和三分线顶弧上，或任何高位位置。
4. 1 号球员接到传球并回传给教练，然后走到队列的最后。

#### ➡ 备选训练（快速转身和三威胁姿势）

1. 球员站位如下页图 2 所示。
2. 1 号球员快速转身接到 2 号球员的传球。
3. 1 号球员立即前转身做出三威胁姿势。
4. 1 号球员传球给 4 号球员，然后走到 4 号球员所在队列的最后，2 号球员走到 3 号球员所在队列的最后。
5. 3 号球员快速转身，训练继续进行，直到教练喊停为止。

### 有一定基础的球员

1. 进行同样的训练，但是让防守球员使用侧滑步将空切球员逼防到罚球线位置。这会迫使接球球员进行中切，并且教练要告诉接球球员什么时候进行中切才会奏效。然后教练传球给空切球员，让其带球上篮。
2. 进行同样的训练，但是允许防守球员进入接球球员与防守球员的中间位置，对空切球员进行紧逼防守。这会迫使空切球员立即进行背切，并且教练要告诉接球球员什么时候进行背切才奏效。然后教练传球给空切球员，让其带球上篮。

#### ➡ 快速转身和三威胁姿势

1. 防守球员 X1（教练或者助理教练）对 1 号球员接 2 号球员的传球进行逼防。

防守球员 X1 模拟抢断动作。在接球时，1 号球员在篮下强势后转身，并带球上篮。

2. 防守球员 X1 可以进行不同程度的防守，这次紧逼防守，下次可以让接球球员去接球，并且直接对位。1 号球员必须清楚知道防守球员的防守程度并做出相应的反应——如果防守球员紧逼防守，则进行低位转身；如果防守球员让进攻球员拿球，则做三威胁姿势。

### ➡ 教学要点

1. 为了完成闪切，球员需要将防守球员带到一个他看不到传球球员与空切球员的位置。到那时，球员改变方向和节奏，冲刺到外线位置：可以是三分线顶弧、罚球线或任何高位位置。要想实现变向，球员需要内侧脚发力，前转身并且不时地与防守球员发生肢体碰撞，挤开防守球员。这是使用卡位技巧的空切。向外线冲刺时应采用滑步动作，将防守队员用在身后。

2. 一旦到达预定接球区，球员可以跨步急停（一只脚为轴心脚）或跳步急停（两只脚都可以作为轴心脚）。

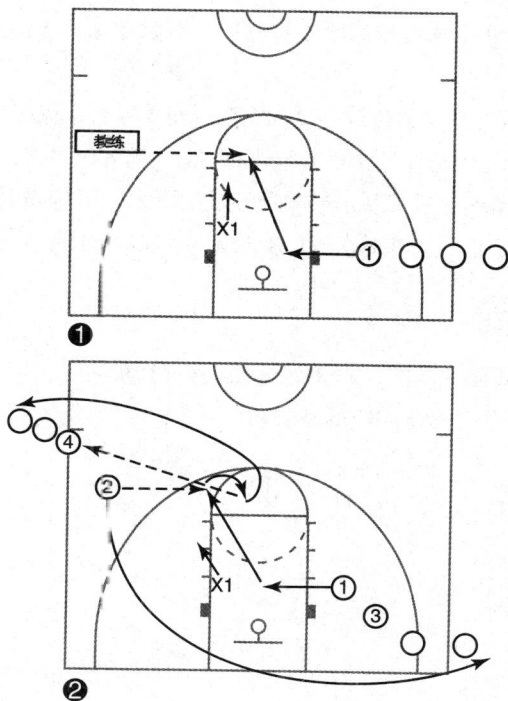

相关训练：44、46、53~55、57~59、63~66、122~128

# 57 快速转身、三威胁姿势和进攻步法

**球队训练或个人训练 /10 分钟**

➲ **技巧训练要点** 三威胁姿势（9）、前后移步假动作（11）、单手体前变向运球（12、28）、双手交叉变向运球（13、29）、转身（反向）运球（14、30）、半转身运球（15、31）、前转身（35）、后转身（36）、跳步急停（37）、跨步急停（38）、胸前传球（44）、击地传球（44）、过顶传球（44）、接传球（44）、滑步（46）、传球假动作（47）、"游泳"动作（53）、中切（54）、背切（55）、快速转身（56）、投篮假动作（96、117）、假投之后变向运球（96）、滑步运球（97）、侧滑步（128）、防守球员的前脚对应进攻球员的轴心脚（129）、防守球员的前脚对应进攻球员的活动脚（130）、前滑步（137）、后撤步（137）、摇摆步（137）、协防接球球员（148、150、151）

## 新手球员

1. 球员站位如下页图所示。
2. 1 号球员闪切，2 号球员传球给 1 号球员，而防守球员 X1 试图阻止 1 号球员传球。
3. 1 号球员使用教练指定的传球假动作，防守球员 X1 的前脚对应进攻球员的轴心脚进行防守。1 号球员在场上跑动的同时，防守球员 X1 口述防守动作。
4. 当 1 号球员移动到 2 号球员所在队列的最后时，2 号球员移动到防守球员 X2 所在队列的最后，防守球员 X1 移动到 1 号球员所在队列的最后。

## 有一定基础的球员

与新球员训练的步骤 3 不同，防守球员 X1 进行真实防守，1 号球员必须观察防守球员 X1 的防守动作并做出相应的破防动作。

　　与有一定基础的球员的训练一样，但要求 1 号球员运球结束时在靠近篮筐处跳步急停并使用一种步法。这种步法可以是投篮假动作、假投之后变向运球，也可以是转身或者半转身等。

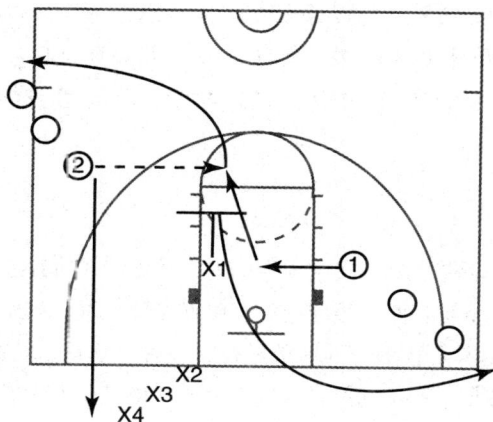

相关训练：9、11~15、28~31、35~37、44、46、47、53~56、58、59、63~66、96、97、122~137、148、150、151、154

**58**

# 二人组空切

**球队训练 /3 分钟**

⟳ **技巧训练要点** 　三威胁姿势（9）、前后移步假动作（11）、单手体前变向运球（12、28）、双手交叉变向运球（13、29）、转身（反向）运球（14、30）、半转身运球（15、31）、前转身（35）、后转身（36）、跳步急停（37）、跨步急停（38）、胸前传球（44）、击地传球（44）、过顶传球（44）、接传球（44）、滑步（46）、传球假动作（47）、V形空切（53）、中切（54）、背切（55）、快速转身（56）、进攻战术规则（122）

## 新手球员

1. 球员站位如下页图所示。在这项训练中，教练将开始教授进攻战术规则。在这项训练中 1 号球员和 2 号球员没有位置之分。每个球员选择一个空切位置进行空切，然后由教练告诉球员进行哪一种空切以及为什么要进行这种空切。每天在球场上的不同位置放置 6 个圆锥物，在传球球员和圆锥物之间进行的空切是中切，在圆锥物后面进行的空切是背切。球员在传球给队友，摆脱防守压力或者通过 V 形空切到达球场上的任意位置时，需要说出"V 形空切"4 个字。即使球员需要运球，他们之间也必须保持 4.5 米的距离。

2. 1 号球员传给 2 号球员（见下页图）。在训练中，训练动作应该因球员而异，也应因时间而异。一切由球员来决定。

3. 1 号球员进行中切（并喊出"中切"）。理由："防守球员在我传球的时候没有跳起封盖。"

4. 2 号球员看到与 1 号球员之间的距离超过 4.5 米，所以朝着 1 号球员运球，以缩短间距。理由："要保持适当的间距。"

5. 2 号球员传给 1 号球员做背切（并喊出"背切"）。理由："与我对位的防守球员紧逼防守，封锁了我的传球路线。"

6. 训练持续进行 1 分钟，球员进行 V 形空切、中切以及背切，并通过运球与另一个球员保持 4.5 米的间距。然后球员走到队列的最后，另外两个球员上前继续训练。

## ➡ 教学要点

1. 进攻战术的第 1 条规则就是利用与你对位的防守球员为你提供的进行空切的机会。

2. 第 2 条规则是保持 4.5 米的间距。

3. 球员可能会使用前后移步假动作和行进间运球切入篮下再向外分球。在训练中，球员必须解释他们选择某个空切动作的理由。

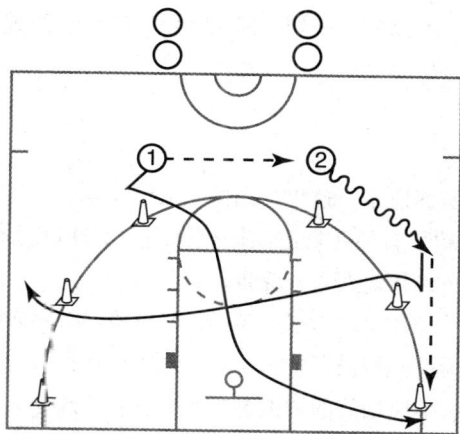

**相关训练：** *9、11~15、28~31、35~37、44、46、47、53~57、59、63~66、96、97、122~127*

**59**

# 三人组空切

**球队训练 /9 分钟**

⊙ **技巧训练要点**　三威胁姿势（9）、前后移步假动作（11）、单手体前变向运球（12、28）、双手交叉变向运球（13、29）、转身（反向）运球（14、30）、半转身运球（15、31）、前转身（35）、后转身（36）、跳步急停（37）、跨步急停（38）、胸前传球（44）、击地传球（44）、过顶传球（44）、接传球（44）、滑步（46）、传球假动作（47）、V 形空切（53）、中切（54）、背切（55）、快速转身（56）、进攻战术规则（122）

## 新手球员

1. 球员站位如下页图所示。这里介绍的三人组空切包括两个进攻规则：每位球员的每一次传球都必须在行进间进行，当一个球员运球朝另一个球员走去时，另一个球员必须切入或者后仰。

2. 在训练中，训练动作应该因球员而异，也应该因时间而异。一切由球员来决定。他们必须说明他们做了什么动作，以及为什么要这样做。这项训练使用了 5 个圆锥物，但所摆放的圆锥物数量可以有所改变（每天都要更改圆锥物的位置）。

3. 2 号球员传给 3 号球员，然后喊出"中切"。理由："防守球员在我传球的时候没有跳起封盖。"

4. 同时，1 号球员做 V 形空切，并喊出"V 形空切"，理由是"每位球员每次传球时都必须跑动"或者"保持 4.5 米的距离"。

5. 3 号球员一边运球，一边向 1 号球员走去，1 号球员喊出"后仰"。理由："一名球员向间距合适的另一名球员运球时，另一名球员必须切入篮下或者后仰。"

6. 当 3 号球员传球时，他必须解释他做了什么动作以及为什么要做这个动作。训练会持续进行，球员需掌握 4 条空切规则，运球，并且可以做任意一种前后移步假动作或行进间运球。

7. 一组球员训练 3 分钟，然后回到队列的最后。下一组球员出列训练 3 分钟。

## ➲ 教学要点

1. 提醒球员进攻战术的前两条规则：利用与你对位的防守球员为你提供的进行空切的机会，保持 4.5 米的间距。

2. 介绍两条新规则：每位球员每次传球时都必须移动；当一个球员运球朝你走来的时候，你必须切入或者后仰。

3. 球员可能会使用前后移步假动作和行进间运球切入篮下再向外分球。在训练中，球员必须说明他们的动作以及做该动作的理由。

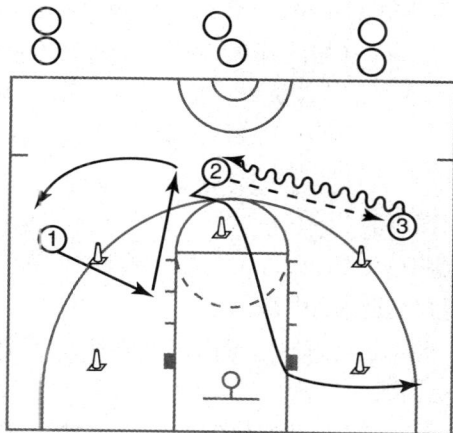

相关训练：9、11~15、28~31、35~37、44、46、47、53~58、63~66、96、97、122~127

## 60 破解补防和回防

**球队训练/7 分钟**

➡️ **技巧训练要点** 手速（5）、前后移步假动作（11）、单手体前变向运球（12、28）、双手交叉变向运球（13、29）、转身（反向）运球（14、30）、半转身运球（15、31）、佩耶训练法（17）、控球（24）、时差运球（26）、防守假动作（33）、跳步急停（37）、跨步急停（38）、击地传球（44）、胸前传球（44）、过顶传球（44）、单手胸前传球（44）、单手击地传球（44）、V 形空切（53）、中切（54）、背切（55）、闪切（56）、直线投篮（84~88）、滑步运球（97）、直切篮下（113）、防守步法（129~131、139~144）、协防（132、149、150）、补防（133~135）、造犯规（141）、一对一多种技巧（152）

### 新手球员

1. 球员站位如下页图所示。

2. 训练开始，教练将球传给 1 号球员。进行这项训练时，防守球员 X1 口述防守动作，让 1 号球员运球到中路。

3. 防守球员 X4 必须拦住 1 号球员，否则 1 号球员会直切切入篮下。防守球员 X4 进行补防（见训练 133）。

4. 当防守球员 X4 使用滑步挡住空位阻止 1 号球员切入篮下时，4 号球员有 3 个选择：原地不动，接到 1 号球员的传球之后准备进行跳投（图中 A）；进行背切，接住传球，然后带球上篮（图中 B）；切到运球的 1 号球员背后，手递手传球之后进行跳投（图中 C）。

5. 在训练结束时，球员攻防转换，走到对方所在队列的最后。

### 有一定基础的球员

让防守球员 X1 对 1 号球员进行真正的而不是象征性（口述防守动作）的防守。1 号球员必须使用前后移步假动作进行运球。可以在球场的强侧增加一个进攻球员和一个防守球员，这样 1 号球员就既可以向左也可以向右运球了。这会迫使防守球员 X1 直接向前防守而不会紧逼防守。

### 经验丰富的球员

1. 防守球员 X1 可以阻挡 1 号球员去接教练的传球。1 号球员必须使用 V 形空切、背切或中切去接教练的传球。

2. 如果 1 号球员不能摆脱防守球员 X1，那么 4 号球员应该快速转身或向外做

V形空切去接教练的传球。现在 1 号球员和 4 号球员交换位置，4 号球员成为持球球员，而 1 号球员承担与 4 号球员相同的职责（原地不动、做背切或切到运球的 4 号球员的后面）。

## ➡ 备选训练（适合不同水平的球员）

1. 如果教练不打算在进攻战术中使用运球直切篮下，那么这项训练就无法进行。但是，如果教练打算使用运球直切篮下，那么可以适当调整这项训练，只训练这项训练的部分内容。在运球直切篮下时，4 号球员可以原地不动、接球，然后投出 3 号球员所传的球；或者可以让 4 号球员做背切，也可以让 4 号球员切到运球的 1 号球员的身后。这是一项很好的教学训练，可用来训练进攻战术中运球直切篮下的部分。

2. 当两个球员擦肩而过时，教练可以让防守球员包夹持球球员（如果这是防守战术的一部分）。这就破解了 4 号球员切到 1 号球员身后进行的手递手传球。

3. 如果可能，教练可以让防守球员 X4 造犯规。

## ➡ 教学要点

1. 如果球员正在学习人盯人防守和进攻技巧，那么这项训练会对进攻和防守技巧进行系统的训练。教练可以将训练分为一个或两个部分进行，在经过几天的教学之后，让球员运用他们所学的所有进攻和防守技巧。

2. 教练需要在球员犯错时及时让他停止做这个动作，并且告诉球员正确的动作应该怎么做；在刚开始学习时，就要让球员了解技巧知识并做出正确的动作。失误不可避免，不必纠正，真正需要纠正的是错误的决定。

**相关训练：** 5、11~15、17、24、26、33、37、38、44、53~56、84~88、97、113、124~131、132~135、139~144、149、150、152

**61**

## 全场空切
球队训练 /2 分钟

⮕ **技巧训练要点** 基本上篮、体能调节、接球（44）、击地传球（44）、胸前传球（44）、过顶传球（44）、单手胸前传球（44）、单手击地传球（44）、传球训练（44~52）、切球训练（53~60）

### 新手球员

1. 球员站位如下页图所示。

2. 训练开始，1 号球员持球，2 号球员切入球场。1 号球员传球给 2 号球员，并立即替换 2 号球员。

3. 与此同时，3 号球员切入球场。3 号球员必须对空切进行计时，以准备及时接到来自 2 号球员的传球，2 号球员代替 3 号球员。

4. 与此同时，4 号球员已经切入球场。3 号球员传球给 4 号球员，并代替 4 号球员。

5. 同时，5 号球员开始做 V 形空切，当 4 号球员接到传球时，5 号球员做背切或者通过中切去接 4 号球员的传球，然后上篮。

6. 6 号球员抢到篮板球，开始用同样的方式将球回传。6 号球员传球给 3 号球员；3 号球员传球给 2 号球员；2 号球员传球给 1 号球员；1 号球员传球给 7 号球员，然后 7 号球员带球上篮。

7. 8 号球员抢到篮板球，重复之前的传切训练。7 号球员跑到队列的最后。

8. 如果教练告诉传球球员要时常传球给其他队友来摆脱防守压力，那么这个动作就很容易进行教学。在图中，虚线圆圈标注的球员表示该球员已经替换了之前在此跑动的球员。

### 有一定基础的球员

当传球球员将球传给切球球员时，传球球员做 V 形空切来代替接球球员。

⮕ **教学要点**

1. 把注意力集中在需要做最多工作的传球方式上（击地传球、胸前传球或者过顶传球）。

2. 专注于需要下最多功夫的空切动作（中切、背切、闪切或 V 形空切）。

3. 教练可以将前转身和后转身添加到这项训练中。例如，当 2 号球员接到来自 1 号球员的传球时，2 号球员前转身然后将球传给 3 号球员。3 号球员也是如此，依此类推。

4. 球员必须集中精力，准确地切入和传球，训练要持续进行，这样会使球员在做动作时形成条件反射。

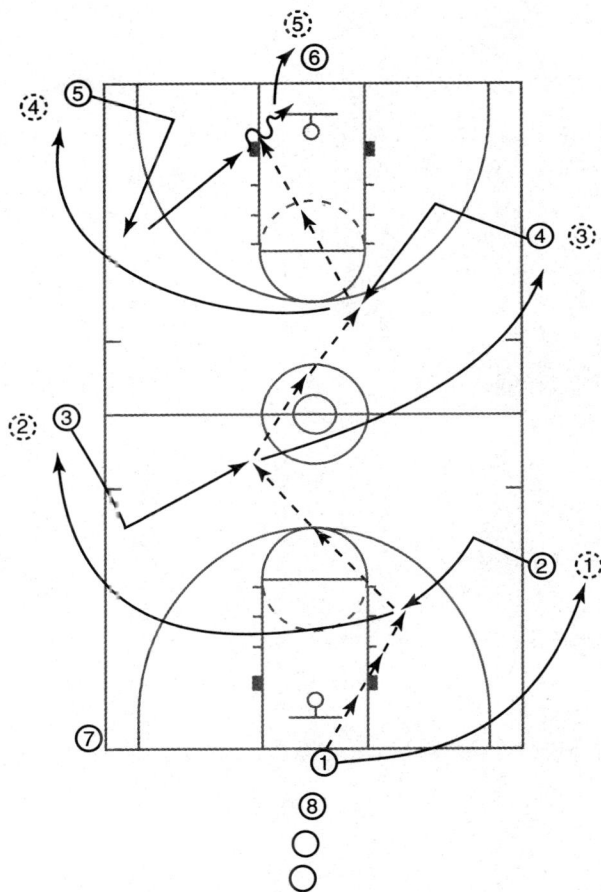

相关训练: 44~52、53~60

# 第 7 章

# 传球与空切

在本章中，我们不仅会讨论传球和空切动作，而且会涉及部分进攻规则，并对一些基础技巧进行综合运用。虽然本章主要关注的是空切，但是让球员知道什么时候空切、什么时候运球以及什么时候拉开身位也是十分必要的。

执行进攻战术的进攻球员很快就可以知道球员之间必须保持 4.5 米的距离。他们反复训练空切以领悟进行空切的正确时机，学会观察并对防守球员的防守动作做出相应的破解动作。进攻球员应努力提高意志力和肌肉记忆能力，当运球球员朝他们移动时，他们必须空切或者后仰，并且每当球的位置发生改变时，他们都必须进行空切。

在每一次训练中，对球员来说首要的事是学习根据防守球员的防守动作做出相应的空切动作。该中切的时候一定要中切，千万不要在该中切的时候做背切。进攻球员必须学习观察防守球员，这是所有训练都一再强调的事情。本章的每一项训练都要求传球球员与接球球员必须观察防守球员。要想传出一个合适的球，这一点必须强调，即绝对不可以错误地解读防守球员的防守动作（有关主要接球球员与次要接球球员对解读防守球员动作的关键内容，请参阅第 8 章）。

在训练 62 中，我们综合训练了传球、运球、中切、背切和 V 形空切等动作。现在球员可以开始进行真正的篮球比赛了。

在训练 63 中，让两个进攻球员与两个防守球员对位，教练可以很轻易地看出哪位球员判断错误。球员持续进行训练以领悟做这些动作的时机以及如何做这些动作。

在训练 64 中，加大了球员之间传球和空切的距离，同时增加第 3 个进攻球员与第 3 个防守球员。训练 65 将运球添加到拉开身位、传球与空切的训练中来。同样是 3 个进攻球员和 3 个防守球员对位，教练可以很容易看出哪位球员判断错误和技巧、策略执行失误。

训练 66 可以让球员知道在三对三的训练中什么时候以及如何传球、运球、空切以及拉开身位。训练 67~70 可以让进攻球员在各种模拟真实比赛的情形下学习传球和空切技巧。例如，训练 67 增加了前场篮板球和后场篮板球；训练 68 增加了全场传球和空切训练；训练 69 增加了防守压力，防守球员不让进攻球员运球，迫使传球球员必须精准传球，并且要求空切球员的空切动作也要干净利落。训练 70 将上述训练全部综合起来进行，并且加入了投篮。

# 62 二对二传球、运球和空切

## 球队训练 /3 分钟

➡ **技巧训练要点** 三威胁姿势（9）、前后移步假动作（11）、单手体前变向运球（12、28）、双手交叉变向运球（13、29）、转身（反向）运球（14、30）、半转身运球（15、31）、前转身（35）、后转身（36）、跳步急停（37）、跨步急停（38）、胸前传球（44）、击地传球（44）、过顶传球（44）、接传球（44）、滑步（46）、传球假动作（47）、V形空切（53）、中切（54）、背切（55）、进攻战术规则（122）

### 新手球员

1. 球员站位如第131页的图1、图2、图3所示。图1展示的是中切，图2展示的是背切，图3展示的是V形空切。在这项训练中，每一种空切动作都需要球员单独跑动。不同程度的模拟防守可以激活不同的空切动作。这项训练将会让进攻球员了解做每种空切动作的正确时机。训练1分钟后，攻防转换，防守球员走到队列的最后。

2. 在每一张空切训练图中，1号球员和2号球员都是根据防守球员的防守动作来做出相对应的空切动作。与之前的训练不同，之前球员不需要对他们所做的动作进行解释。如图所示，你会注意到，球员均不需要通过传球来做空切动作。在传球或运球时，球员随时可以进行空切。

3. 在图中所有的训练中，1号球员均可使用假动作、前后移步假动作以及行进间运球切入篮下，然后再向外分球。1号球员做空切，2号球员可以使用假动作、前后移步假动作或者行进间运球。

4. 下面的内容描述的是图1所展示的动作，但是教练每次进行训练的顺序应该有所改变，因为这些动作是由不同的防守动作演变而来的。为了清楚地展示空切动作，图中并没有按照训练计划将防守球员的动向标注出来。

5. 防守球员不应该朝球起跳进行封盖，而应该与球保持一定的距离。这里展示的是中切（见第131页图1）。

6. 2号球员将球运到前场。1号球员观察到防守球员与其对位出现失误，所以1号球员做中切动作。接着2号球员接到1号球员的传球，然后带球上篮，训练重新开始。

7. 在图1中，如果1号球员已经返回球场侧翼，那么2号球员传球给1号球员。2号球员中切；如果1号球员接住2号球员的传球并带球上篮得分，那么训练重新开始。

## ➡ 背切

1. 球员重复前文中的步骤 1~3。防守球员有时在紧逼防守的时候膝盖会超过脚趾，这意味着进攻球员要做背切（见下页图 2）。

2. 2 号球员将球运到前场。1 号球员观察到防守球员与其对位出现失误，所以 1 号球员进行背切。当位于传球球员和空切球员之间的防守球员进行紧逼防守时，或者当空切球员观察到防守球员的前膝超过脚趾时，抑或当防守球员的眼睛离开空切球员而盯着持球球员时，空切球员都可以做背切。2 号球员接到 1 号球员的传球，然后带球上篮，训练重新开始。

3. 但在图 2 中，如果 1 号球员已经返回球场侧翼，那么 2 号球员传球给 1 号球员。

4. 2 号球员做背切。如果 1 号球员接住 2 号球员的传球并带球上篮得分，那么训练重新开始。但当 2 号球员空切到了底角时，防守球员 X2 应紧随其后。

## ➡ V 形空切

1. 在训练的开始阶段，球员重复前文中的步骤 1~3。当防守球员可以正确阻挡传球路线，中切和背切均无法奏效时，球员可以在这样的防守压力下使用 V 形空切将球传给队友。提醒球员进攻规则：每个球员每次传球时都必须移动。V 形空切也遵循这一规则，它可以让球员通过简单地传球，替换自己，使自己摆脱防守压力。这就是这次训练的目的——让球员领悟何时使用以及如何做空切动作（见下页图 3）。

2. 2 号球员将球运到前场。1 号球员看到中切或背切没有优势，所以其决定做 V 形空切。在传球或运球的空档，球员随时可以进行空切。球员应遵照进攻规则，在做 V 形空切的时候与传球球员之间保持 4.5 米的距离。1 号球员做 V 形空切，将球传给 2 号球员，2 号球员在 1 号球员回到防守位置之后将球接住。

3. 2 号球员向底角做 V 形空切，如果防守球员 X2 没有防住 2 号球员的传球，那么 1 号球员就可以接住 2 号球员的传球并带球上篮。

## ◉ 教学要点

1. 强调两条进攻的空切规则：利用与你对位的防守球员为你提供的进行空切的机会，保持 4.5 米的间距。

2. 强调另外两条进攻规则：每位球员的每次传球都必须在行进间进行；当一个球员运球朝你走来的时候，你必须切入或者后撤。

3. 球员可能会使用前后移步假动作和行进间运球切入篮下再向外分球。

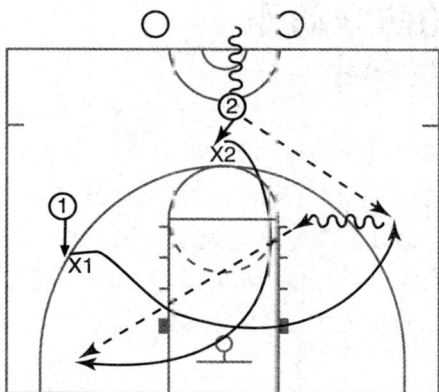

❶

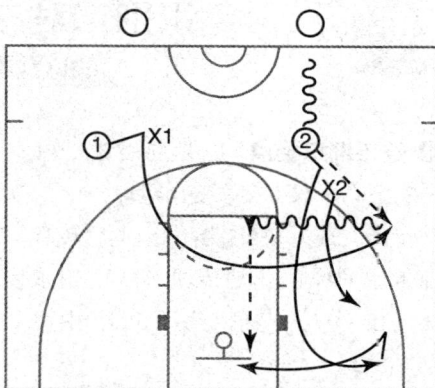

❷

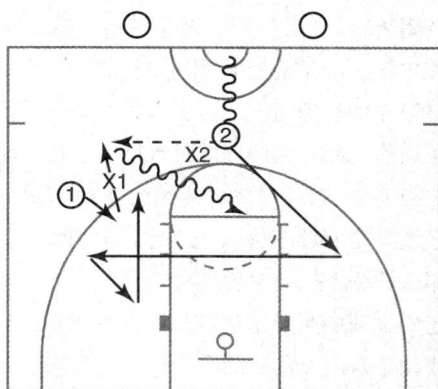

❸

**相关训练：** 9、11~15、2⁵~31、35~37、44、46、47、53~59、64~66、96、97、122~127

## 63 识别二对二的防守动作

**球队训练 /6 分钟**

➡️ **技巧训练要点** 三威胁姿势（9）、前后移步假动作（11）、单手体前变向运球（12、28）、双手交叉变向运球（13、29）、转身（反向）运球（14、30）、半转身运球（15、31）、前转身（35）、后转身（36）、跳步急停（37）、跨步急停（38）、胸前传球（44）、击地传球（44）、过顶传球（44）、接传球（44）、滑步（46）、传球假动作（47）、V 形空切（53），中切（54）、背切（55）、闪切（56）、进攻战术规则（122）

### 有一定基础的球员

1. 球员站位如下页图所示。2 分钟后，攻防转换，防守球员走到队列的最后。

2. 在进行这项训练之前，应该先进行训练 53~62。当训练 53~62 完成之后，空切球员将在没有防守球员的情况下进行空切，空切球员必须识别防守动作并做出相应的空切动作。此时由防守球员 X1 和 X2 进行防守，1 号球员和 2 号球员必须根据防守球员 X1 和 X2 口述的防守动作做出相应的空切动作。在进行人盯人防守教学之前教练可以先进行这项训练，但是如果将这项训练加入防守训练，那么训练效果会更佳。

3. 下面的内容描述的是图中所展示的动作，但是每次进行训练的顺序应该有所改变，因为这些动作是由不同的防守动作演变而来的。

4. 2 号球员将球运到前场，1 号球员看到防守球员 X1 补防运球的 2 号球员。因此，1 号球员进行中切。由于 2 号球员没有将球传给 1 号球员，所以 1 号球员回到球场侧翼。

5. 现在 2 号球员传球给 1 号球员，防守球员 X2 起跳进行拦截，2 号球员抓住机会进行背切。

6. 由于 1 号球员没有将球传给 2 号球员，所以 2 号球员空切到近角区。

7. 1 号球员开始在外线运球，2 号球员看到后快速转身。然后 1 号球员传球给 2 号球员，防守球员 X1 转身看向传球，此时 1 号球员跑动并进行背切。

8. 在完成这一系列空切动作之后，进攻球员将要尝试得分，所以如果进攻球员可以直接突到篮下上篮得分，那么他们会这样做的。

9. 在 2 分钟结束时，球员攻防转换，教练要向球员说明他们在什么地方出错了。

➡️ **备选训练**

球员在做这些动作的时候要大声地说出做这些动作的理由。

**经验丰富的球员**

1. 球员在被要求必须进球得分之前，可以限制进攻球员的空切与传球次数。如果防守球员能在规定的次数内阻止进攻球员得分，那么球员就进行攻防转换。开始训练时，进行 5 次传球是一个不错的选择。如果防守球员迫使进攻球员出现失误，那么攻防也会发生转换。

2. 如果进攻球员得分只依靠上篮，而不依靠跳投，那么可以增加空切的次数。

**➔ 教学要点**

1. 强调两条进攻的空切规则：利用与你对位的防守球员为你提供的进行空切的机会，保持 4.5 米的间距。

2. 强调另外两条进攻规则：每位球员的每次传球都必须在行进间进行；当一个球员运球朝你走来的时候，你必须切入或者后仰。

3. 球员可能会使用步法、前后移步假动作和行进间运球切入篮下再向外分球。

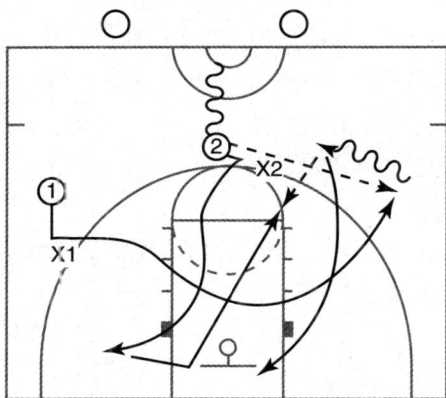

**相关训练：** 9、11~15、28~31、35~37、44、46、47、53~59、64~66、96、97、122~127

# 三对三传球、空切以及拉开距离

**球队训练／4 分钟**

➡️ **技巧训练要点** 胸前传球（44）、击地传球（44）、过顶传球（44）、接传球（44）、滑步（46）、传球假动作（47）、Ｖ形空切（53）、中切（54）、背切（55）、闪切（56）、进攻战术规则（122）

## 有一定基础的球员

1. 训练时让三个进攻球员和三个防守球员对位（见下页图）。为了清楚直观地了解训练内容，图中并没有说明防守球员的动向。

2. 防守球员进行真正的防守。进攻球员根据防守球员口述的防守动作做出相应的空切动作。

3. 在这项训练中不允许运球，球员必须通过空切上篮得分，并且遵守进攻规则。

4. 2 分钟后，攻防转换。

5. 在图（图中展示的只是无数种空切动作顺序中的一种）中，1 号球员做 Ｖ 形空切到外线的一侧。2 号球员传球给 1 号球员，立马做背切。与此同时，3 号球员在底线处做背切（记住：每个球员在每次传球时都必须移动）。

6. 同时，2 号球员远离篮筐朝内线一侧做 Ｖ 形空切。在进行第 2 次传球时，1 号球员和 3 号球员必须再做一次空切（图中未显示）。这项训练一直持续到进攻球员进球得分。

7. 这是一项真实的三对三对抗训练，没有运球。每个球员必须谨记，保持适当的间距（4.5 米）。

➡️ **备选训练**

1. 规定最大传球次数。进攻必须得分，否则球员攻防转换。

2. 要求：如果防守球员连续两次阻止进攻球员得分，则可进行攻防转换。

3. 强调进行特殊空切。进攻球员每次在做空切时，可指定其做特殊空切。

4. 只能上篮，同时空切次数增加。

5. 进攻球员进球 5 次，然后防守球员截球 5 次。在 5 轮比赛中得分最高的小组获胜。

## ➲ 教学要点

1. 强调两条进攻的空切规则：利用与你对位的防守球员为你提供的进行空切的机会，保持 4.5 米的间距。
2. 强调另一条规则：每个球员在每次传球时都必须移动。

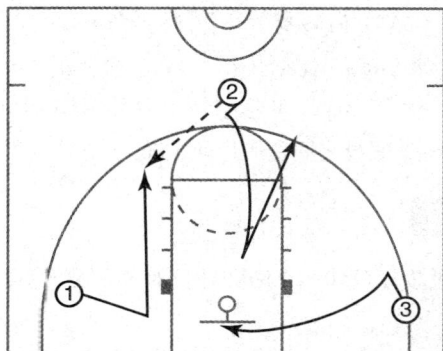

**相关训练：** *35~37、44、46、47、53~63、65、66、122~127*

# 65 三对三传球、切球、运球、拉开距离

**球队训练 /6 分钟**

➡️ **技巧训练要点** 三威胁姿势（9）、前后移步假动作（11）、单手体前变向运球（12、28）、双手交叉变向运球（13、29）、转身（反向）运球（14、30）、半转身运球（15、31）、前转身（35）、后转身（36）、跳步急停（37）、跨步急停（38）、胸前传球（44）、击地传球（44）、过顶传球（44）、接传球（44）、滑步（46）、传球假动作（47）、"游泳"动作（53）、V形空切（53）、中切（54）、背切（55）、闪切（56）、投篮假动作（96）、假投之后变向运球（96）、进攻战术规则（122）

### 有一定基础的球员

1. 训练时让三个进攻球员和三个防守球员对位（见下页图）。图中未显示防守球员的动向。

2. 防守球员进行真正的防守。进攻球员根据防守球员口述的防守动作做出相应的空切动作。

3. 在这项训练中加入运球，所以球员不仅可以做空切、传球、运球，还可以做所有的运球动作以及前后移步假动作。球员可以通过空切、假动作、运球而得分。同时，球员要遵守移动进攻规则。

4. 3分钟后，攻防转换。

5. 在图（图中展示的只是无数种空切动作顺序中的一种顺序）中，2号球员向1号球员运球，而防守球员X1对1号球员进行紧逼防守，这叫作运球突进内线。1号球员可能会后撤或空切，图中球员选择背切。如果2号球员可以传球给1号球员，而且1号球员可以带球上篮，那么改变空切顺序，训练重新开始。3号球员遵照进攻规则：在做V形空切的时候与传球球员保持4.5米的距离。

6. 在图中，2号球员将球回传给3号球员，这意味着所有球员现在必须再次进行移动。所以1号球员闪切；2号球员使用V形空切将球传给队友，摆脱防守压力；训练持续进行。

7. 这是一项可以运球的三对三对抗训练。接球球员在接到传球时可以调整为三威胁姿势。球员可以使用前后移步假动作或者行进间运球突破到篮下，在运球结束时也可以做一些动作来跳投或者上篮。

## ➡ 备选训练

1. 规定最大传球次数。进攻必须得分，否则球员攻防转换。

2. 要求：如果防守球员连续两次阻止进攻球员得分，则可进行攻防转换。

3. 强调进行特殊空切。进攻球员每次在做空切时，可指定其做特殊空切。

4. 只能上篮，同时空切次数增加。

5. 进攻球员进球 5 次，然后防守球员截球 5 次。在 5 轮比赛中得分最高的小组获胜。

## ➡ 教学要点

1. 强调两条进攻的空切规则：利用与你对位的防守球员为你提供的进行空切的机会，保持 4.5 米的间距。

2. 强调另外两条进攻规则：每位球员的每次传球都必须在行进间进行；当一个球员运球朝你走来的时候，你必须切入或者后仰。

3. 球员可能会使用步法、前后移步假动作和行进间运球切入篮下再向外分球。

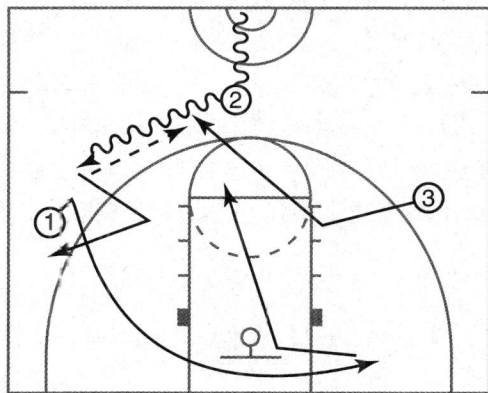

**相关训练：** *9、11~15、28~31、35~37、44、46、47、53~64、66、96、97、122~127*

# 66

# 三对三传球、切球以及识别防守动作

## 球队训练/6 分钟

➡️ **技巧训练要点** 三威胁姿势（9）、前后移步假动作（11）、单手体前变向运球（12、28）、双手交叉变向运球（13、29）、转身（反向）运球（14、30）、半转身运球（15、31）、前转身（35）、后转身（36）、跳步急停（37）、跨步急停（38）、胸前传球（44）、击地传球（44）、过顶传球（44）、接传球（44）、滑步（46）、传球假动作（47）、"游泳"动作（53）、V 形空切（53）、中切（54）、背切（55）、闪切（56）、投篮假动作（96）、假投之后变向运球（96）、进攻战术规则（122）

### 有一定基础的球员

1. 球员站位如下页图所示。3 分钟后，攻防转换。为了清楚直观地了解训练内容，图中并没有显示防守球员的动向。

2. 在进行这项训练之前，应该先进行训练 53~65。在完成训练 53~65 之后，空切球员将在无防守球员防守的情形下进行空切，并且在预定好防守动作的情形下单独进行空切。防守球员（X1、X2 和 X3）进行防守，进攻球员（1、2、3）必须根据防守球员的防守口令做出空切动作。在进行人盯人防守教学之前教练可以先进行这项训练，但是如果将这项训练加入防守训练，那么训练效果会更佳。

3. 在此处描述的图中的情况只是一个典型的空切案例。在训练过程中不可以使用同一种空切动作顺序进行训练，可以让球员根据防守球员的防守动作做出相应的空切动作。

4. 1 号球员将球运到前场，并传给 2 号球员。每个球员在每次传球时都必须移动。

5. 1 号球员中切，因为防守球员没有跳起截球；3 号球员做 V 形空切以保持适当的间距（4.5 米）。

6. 2 号球员将球传给 1 号球员，1 号球员空切到强侧底角。所有球员的空切次数增加。

7. 2 号球员背切，因为防守球员 X2 看向传球；3 号球员再次做 V 形空切，以保持适当的间距。

8. 在完成这一系列空切动作之后，进攻球员将要尝试得分，所以如果进攻球员可以直接突到篮下上篮得分，那么他们会这样做的。

9. 在 3 分钟结束时，球员攻防轮换，教练要向球员说明他们在什么地方出错了。

➡️ **备选训练**

球员在做这些动作的时候要大声地说出做这些动作的理由。

1. 球员在被要求必须进球得分之前，可以限制进攻球员的空切与传球次数。如果防守球员能在规定的次数内阻止进攻球员得分，那么球员就进行攻防转换。开始训练时，进行 5 次传球是一个不错的选择。如果防守球员的防守迫使进攻球员出现失误，那么攻防也会发生转换。

2. 如果进攻球员得分只依靠上篮，而不依靠跳投，那么可以增加空切的次数。运球结束时的动作可以用在篮筐附近，作为上篮的一部分。

3. 指定一名球员得分，但不要告诉防守球员他是谁，这会迫使该球员进行跳投或者带球上篮得分。可以指定进攻队列中进攻性不强的球员得分。

## ➲ 教学要点

1. 强调两条进攻的空切规则：利用与你对位的防守球员为你提供的进行空切的机会，保持 4.5 米的间距。

2. 强调另外两条规则：每位球员的每次传球都必须在行进间进行；当一个球员运球朝你走来的时候，你必须切入或者后仰。

3. 球员可能会使用步法、前后移步假动作和行进间运球切入篮下再向外分球。

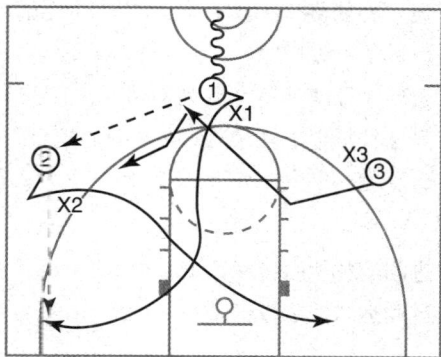

**相关训练：** 9、11~15、28~31、35~37、44、46、47、53~65、96、97、122~127

# 67

## 传球、空切、抢篮板
### 球队训练 /4 分钟

**➡ 技巧训练要点** 前转身（35）、后转身（36）、跳步急停（37）、跨步急停（38）、接球（44）、击地传球（44）、胸前传球（44）、过顶传球（44）、单手胸前传球（44）、单手击地传球（44）、传球假动作（47）、V 形空切（53）、中切（54）、背切（55）、试探步和转身抢篮板（78）、"游泳"技巧（81）、直线投篮技巧（84~88）、投篮假动作（96）、进攻规则（122）

### 有一定基础的球员

1. 球员站位如下页图所示。
2. 开始训练时，2 号球员将球运到前场。
3. 1 号球员和 3 号球员做 V 形空切去接 2 号球员的传球。图中 2 号球员将球传给 1 号球员（如果 2 号球员传给 3 号球员，则这项训练从球场的另一侧开始）。
4. 2 号球员做 V 形空切到 1 号球员的身后。2 号球员继续在 1 号球员周围并用一只手摸球场边线。
5. 同时，3 号球员做中切或背切接到 1 号球员的传球；3 号球员接球跳投。
6. 2 号球员跑向篮筐，在弱侧抢到篮板球，1 号球员跑到 2 号球员所在的位置，1 号球员和 2 号球员争抢篮板球。
7. 轮换：2 号球员走到 3 号球员所在队列的最后，1 号球员走到 2 号球员所在队列的最后，3 号球员走到 1 号球员所在队列的最后。

### 经验丰富的球员

1. 2 号球员先做行进间运球然后传球给 1 号球员。
2. 3 号球员先做行进间运球然后投篮。

**➡ 备选训练（适合不同水平的球员）**

1. 进攻球员可以从球场一侧开始。这需要球员更加集中精力，因为他们的职责发生了变化。
2. 如果 2 号球员抢到前场篮板球，那么 2 号球员就可以使用投篮假动作带球上篮。如果 1 号球员抢到了后场篮板球，那么 1 号球员就可以分球给 2 号球员所在队列中的下一个球员，训练持续进行。
3. 教练应教球员进攻规则：传球突破的步法，例如，在 1 号球员和 2 号球员之间；

或者 2 号球员停止运球，向 1 号球员做传球假动作，接着传球给 3 号球员。

## ➡ 教学要点

1. 强调前场篮板球。确保抢前场篮板球的球员了解试探步转身、试探步之后运球突破，以及"游泳"技术（见训练 78 和训练 81），以便得到第 2 次投篮机会。

2. 除此之外，还要强调后场篮板球。确保每一个进攻球员在每投一球时都可以卡住防守球员的位置，然后去抢篮板球。具体内容详见训练 79：抢后场篮板球的球员应该使用滑步卡位或者直接卡位抢篮板球。每次投篮都要对准篮筐。

3. 几乎 72% 的投篮会反弹到球场的弱侧，这被称为主要篮板球位置，1 号球员和 2 号球员都必须争抢这个位置。那些弱侧篮板球弹回的角度与投篮角度的相同（也就是说，一个在底角的投篮会反弹到对面的底角，一个 45 度角的投篮会以 45 度角反弹回来）。这就是在本次训练中教练要强调的对篮板球的认识。

4. 当然，教练在训练时也要确保空切正确、传球准确、投篮精准，要对球员进行严格的训练。这样球员对教练强调的内容才会记忆深刻。

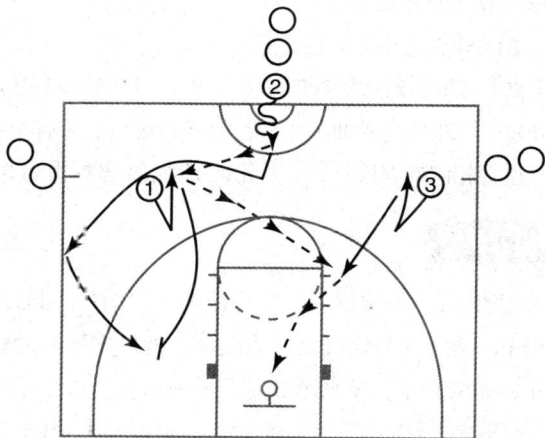

相关训练：35~38、44、47、53~55、78、81、84~88、96、122

**68**

# 长传、空切、投篮
## 球队训练 /6 分钟

➡ **技巧训练要点** 体能调节、基本上篮（8）、内线站势（10）、前后移步假动作（11）、外线步法（12~15）、快速运球（23）、变换节奏（25）、运球动作（28~31）、前转身（35）、后转身（36）、跳步急停（37）、跨步急停（38）、过顶传球（44）、接传球（44）、击地传球（44）、胸前传球（44）、单手击地传球（44）、单手胸前传球（44）、V 形空切（53）、中切（54）、背切（55）、闪切（56）、直线投篮（84~88）、内线步法（96~103）、传球突破（122）

## 新手球员

1. 球员两人一组。在下页图 1 中，5 号球员与 1 号球员一组，4 号球员与 2 号球员一组。

2. 5 号球员将球抛到篮板上，在空中接到篮板球并转身。

3. 5 号球员使用过顶传球将球传给 1 号球员，同时，1 号球员做 V 形空切向后接球。

4. 1 号球员运球到另一条罚球线上，5 号球员冲刺到 3 秒区边线外侧并切入罚球线延伸位置（见下页图 1）。

5. 1 号球员传球给 5 号球员，让他带球上篮。

6. 5 号球员和 1 号球员跨过中线时，下一组（4 号球员和 2 号球员）就开始移动。

7. 1 号球员和 5 号球员完成训练之后，便离开场地。所有小组完成训练后重新回到球场上进行相同的训练。完成一轮训练后，1 号球员和 5 号球员攻防转换。

## 有一定基础的球员

1. 在训练中再增加一个球员（即 3 号球员）。现在 1 号球员、3 号球员和 5 号球员被分到一组。3 号球员站在底线处，然后在场上冲刺，接着在罚球线与底角的中间位置停下。下页图 2 显示了一个 3 号球员可以停留的点。

2. 5 号球员不要直接突破到篮下带球上篮，而应该切入内线。1 号球员传球给在边线的 3 号球员；3 号球员可以投篮，一对一单打，也可以传球给内线的 5 号球员。

3. 5 号球员可以使用内线技巧摆脱防守（见训练 10）。在接到 3 号球员的传球时，5 号球员可以使用低位步法（见训练 114 和训练 115）。

## 经验丰富的球员

1. 1 号球员可以使用某种运球方式将球带到篮下。

2. 如果 3 号球员参与训练，那么 3 号球员先使用外线步法，然后再投篮或将球传到内线。

3. 3 号球员可以在 5 号球员的另一侧带球突到篮下。然后，5 号球员必须做闪切到 3 号球员一侧。

4. 5 号球员可以留在外线，3 号球员可以切入内线。

➡ **备选训练（适合不同水平的球员）**

1. 教练可以在球场上安排 2 个防守球员做攻防训练。（如果进攻球员有 3 个，那么也可以安排 3 个防守球员）。

2. 把训练分解成几个部分，教练可以只训练自己所关注的部分。

❶                                    ❷

**相关训练：** 8、10~15、23、25、28~31、35~38、54、56、84~88、96~103、122

**69**

# 全场传球、空切
## 球队训练 /6 分钟

➡ **技巧训练要点** 体能调节、前转身（35）、后转身（36）、跳步急停（37）、跨步急停（38）、接传球（44）、包夹（50）、V 形空切（53）、中切（54）、背切（55）、闪切（56）、掩护（71）、传球摆脱包夹（157、158）

### 新手球员

1. 球员站位如下页图所示。

2. 1 号、2 号、3 号球员一边朝对面移动，一边训练传球和空切，直到他们到达球场的另一端。每个球员都有一个防守球员与其对位。

3. 不允许运球，只允许切球和传球。

4. 对于新球员而言，限制他们的传球和空切动作。例如，只允许胸前传球和击地传球、只允许 V 形空切和中切。将球切到篮下，如果中切不允许空切球员接球，那么空切球员可能必须朝着球的方向做 V 形空切。在接到传球时，空切球员不能运球，而必须传给另一个队友。

5. 当 1 号、2 号、3 号球员成功将球传向球场另一端时，他们将变成防守球员，而防守球员 X1、X2 和 X3 则成为进攻球员。球员回到起点继续进行训练。

6. 在完成一轮训练之后，场上 X1、X2、X3 是进攻球员，1 号、2 号、3 号球员成为防守球员。攻防轮换持续进行。

7. 如果出现失误，进攻球员必须冲刺到底线处再回来，然后重新与相同的防守球员对位。

### 有一定基础的球员

1. 所有传球方式都可以使用，所有空切动作都可以使用。

2. 如果球被成功推到前场，那么 3 个进攻球员可能会突破 3 个防守球员之后进行投篮。仍然不允许带球，但是允许掩护。

➡ **备选训练（适合不同水平的球员）**

如果防守球员已经学会包夹并且将其纳入自身的防守体系，那么这个技巧也可以使用。包夹要求防守球员尝试阻挡持球球员将球传给另外两个球员中的一个。记住：不要运球。

## ➲ 教学要点

1. 确保球员的空切干净利落，防守球员可以大胆地紧逼防守，因为接到球的球
   员不能通过运球向前推进。
2. 接球球员必须上前接球。
3. 传球必须干脆利落、准确无误。
4. 本项训练需要团队配合。球员之间相互依赖，形成团队的概念。

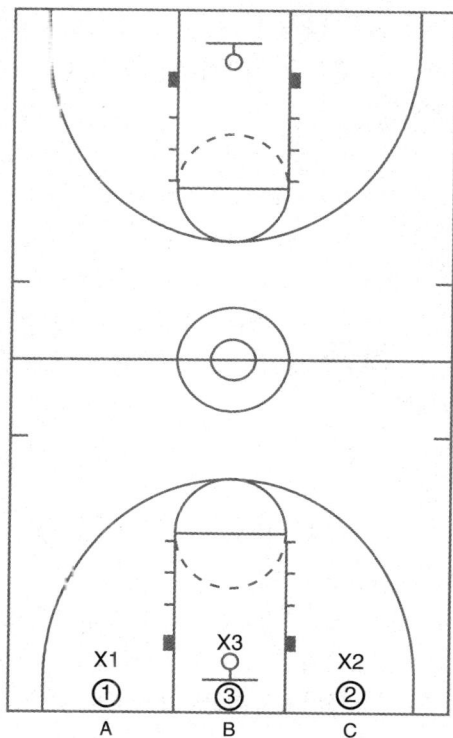

**相关训练：** *35~38、44~52、53~61、62~68、71、157、158*

## 70 个人技巧组合训练

**球队训练或个人训练 /4 分钟**

➔ **技巧训练要点** 基本上篮（8）、三威胁姿势（9）、前后移动假动作（11）、单手体前变向运球（12，28）、双手交叉变向运球（13、29）、转身（反向）运球（14、30）、半转身运球（15、31）、控球（24）、变换节奏（25）、时差运球（26）、跳步急停（37）、跨步急停（38）、击地传球（44）、胸前传球（44）、单手胸前传球（44）、单手击地传球（44）、接传球（44）、V 形空切（53）、中切（54）、背切（55）、投篮技巧（84~88）、运球结束后的动作（96、116、117）、运球结束后传球（113）、进攻战术规则（122）

### 新手球员

1. 球员站位如下页图所示。

2. 这项训练分为 7 种投篮方式：（1）上篮；（2）擦板投篮（2.4 米）；（3）边线接球，假动作投篮，底线一次运球接投篮；（4）边线接球，假投篮，中路一次运球接投篮；（5）边线接球，前后移步假动作，行进间运球接跳投；（6）投三分球；（7）运球结束时投篮。

3. 新球员只训练方式（1）、（2）和（6）。在列出的方式中，图中只显示了方式（1）和（6）。

4. 1 号、2 号、3 号、4 号和 5 号球员各持一球，他们传球给球员 A、球员 B、球员 C、球员 D 和球员 E。

5. 球员 A、球员 B、球员 C、球员 D 和球员 E 在接到传球之前进行空切。在图中，球员 A 做背切，然后接到 1 号球员的击地传球。球员 A 首先可以带球上篮，下一次，球员 A 可以擦板投篮（2.4 米）。

6. 方式（6）如图所示。球员 A 做 V 形空切，接到 1 号球员的胸前传球。球员 A 投三分球。

7. 投篮球员抢到篮板球，将球回传给传球球员，然后移动到球场另一侧的相同位置。在开始第 2 次投篮之前，在球场的另一侧重复使用同样的投篮方式。例如，从球场两侧进行背切和上篮，然后再从球场两侧进行擦板投篮（2.4 米）。

8. 在完成从球场两侧进行第 2 步骤中列出的 7 种投篮方式之后，1 号、2 号、3 号、4 号和 5 号球员与球员 A、球员 B、球员 C、球员 D 和球员 E 交换位置。教练可以要求球员在训练的 4 分钟内多次进行空切、跑动、传球和投篮。

1. 有一定基础的球员的训练项目与新球员一样，只是需加入方式（3）、（4）和（5）而不加入方式（7）。接下来，球员 A 在边线接到传球、假投篮、底线运球一次，然后投篮；球员 A 接到传球、假投篮、中路运球一次，然后投篮；球员 A 接到传球、做前后移步假动作，然后跳投。
2. 改变空切、假动作和传球方式。例如，在方式（1）中，让球员做中切、胸前传球、突到篮下带球上篮。

## 经验丰富的球员

1. 对于新球员和有一定基础的球员所要训练的几种投篮方式，老球员都要进行训练。
2. 老球员在运球结束后投篮时会加一些动作。增加的动作有投篮假动作、假投之后变向运球和假投晃起防守球员后从其侧边上篮。
3. 传球球员还可以增加动作。在图中这种情况下，传球球员从半场开始，将球运到三分线顶弧位置，并在运球后传球，比如单手击地传球。这就要求空切球员要计算好与传球球员之间的距离。

➡ **备选训练（适合不同水平的球员）**

1. 改变传球、空切、移动和投篮的方式。例如，要求这一次使用前后移步假动作后接变向运球，下一次使用前后移步假动作后直接运球突破。
2. 教练要对球员执行的进攻战术中的空切、跑位、传球和投篮进行训练，同时需要强调进攻战术规则。

➡ **教学要点**

1. 教练需要解释你打算使用的这个训练顺序。
2. 解释这个顺序如何成为球队的进攻战术规则的一部分。
3. 确保每个空切、传球、跑位（包括无球跑位和运球）和投篮动作都符合基本的篮球知识。

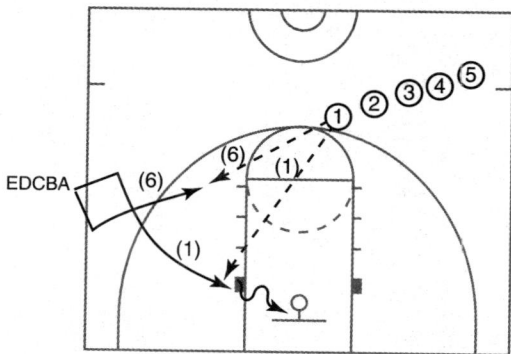

*相关训练：8、9、11~15、24~26、28~31、37、38、44、53~56、84~88、96、113、116、117、122*

# 第 8 章

# 掩护

　　本章有两个目的：（1）教给球员适合他们自己的掩护技巧；（2）将掩护加入球队的进攻体系。通过前面几章的学习，球员现在应该可以熟练地传球、空切、运球、做前后移步假动作以及拉开身位了。要是再加上掩护，那么球员的进攻几乎无人可挡。

　　在本章中，我们将个人技术与掩护战术融入团队配合，也会把掩护加入进攻体系，让球队拥有另一种进攻"杀器"。

　　所有训练都要强调的内容是：为队友进行掩护时，大声喊出队友的名字，将掩护与接受掩护的基本技巧融入团队配合。所有球员（包括传球球员和空切球员）听到自己的名字后都知道接下来要发生什么。不要不喊名字就做掩护。

　　训练 71 展示的是传球与挡拆。球员要学会如何做掩护，什么时候转身（球员掩护完成之后向相反的方向跑动），什么时候后撤，什么时候通过传球替换自己。带球的队友将学习如何决定谁是主要接球球员和谁是次要接球球员。（对场上情况进行准确无误的判断是关键。）

　　训练 72 涉及传球和掩护，包括掩护以及很难防守的强突篮下。该项训练说明了这些动作应如何加入进攻体系。

　　训练 73 要求 3 个进攻球员不断地跑动，不断地训练掩护技巧，这样教练就可以看出哪个球员需要进一步提高这项技巧。掩护的时机和方式是重中之重。

训练 74 融入了所有的掩护技巧和策略。教练会通过一个掩护比赛来教会球员如何通过互相配合摆脱防守球员。把掩护添加到球员的一对一比赛、运球比赛和空切比赛中，这将使球队的进攻变得十分犀利。

训练 75 为进攻增加了 4 种基本的掩护技巧，可以让球员在球场一侧持续训练双人掩护技巧，在另一侧训练三人掩护技巧。

# 71

# 传球和挡拆

球队训练或个人训练 /10 分钟

**➔ 技巧训练要点** 三威胁姿势（9）、前后移步假动作（11）、单手体前变向运球（12、28）、双手交叉变向运球（13、29）、转身（反向）运球（14、30）、半转身运球（15、31）、控球（24）、后转身（36）、跳步急停（37）、胸前传球（44）、击地传球（44）、过顶传球（44）、传球假动作（47）、传球挡拆、挡拆转身、挡拆后撤、投篮假动作（96）、假投之后变向运球（96）

## 新手球员

1. 球员站位如第 153 页图 1 所示。攻防转换是从 1 到 X1，接着到 2，再到 X2，最后到 3，然后依次走到队列的最后。1 号球员传球给 3 号球员，然后做掩护，挡住防守球员 X2。

2. 2 号球员接到掩护信号，向远离掩护球员的方向迈 1~2 步。1 号球员必须挡住 2 号球员的上半身，如果防守球员 X2 想要紧跟 2 号球员，那么他不得不弯下身绕过掩护。此时 1 号球员可以通过移动封堵防守球员的跟进线路。

3. 2 号球员分析防守球员 X1 的防守程度。如果防守球员 X1 与 X2 换防，2 号球员就在外线跑动。由于防守球员 X1 换防，2 号球员现在是次要接球球员，而 1 号球员此时成了主要接球球员。如果 1 号球员正确地完成了转身的动作，那么防守球员 X2 就在 1 号球员的身后，然后 1 号球员就可以接住传球并带球上篮。

4. 3 号球员观察到防守球员 X1 的换防之后传球给 1 号球员，1 号球员带球上篮。

5. 只教防守球员一种防守挡拆技巧。

6. 每天在球场上的不同位置进行这项训练。

## 有一定基础的球员

1. 球员站位如第 153 页图 2 所示。攻防转换是从 1 到 X1，接着到 2，再到 X2，最后到 3，然后依次走到队列的最后。1 号球员把球传给 3 号球员，然后挡住防守球员 X2。

2. 2 号球员接到掩护信号，向远离掩护球员的方向迈 1~2 步。1 号球员必须挡住防守球员 X2 的上半身。如果防守球员 X2 要跟防 2 号球员，那么他就必须从 1 号球员挡拆的下方通过。此时 1 号球员可以通过移动封堵防守球员的跟进线路。

3. 2 号球员分析防守球员 X1 的防守程度。如果没有换防，防守球员 X1 让位给防守球员 X2，防守球员 X2 滑步跟防 2 号球员。1 号球员先朝防守球员 X2 的移动方向稍微跑几步，然后快速回身朝球的方向移动。2 号球员中切到篮下并带球上篮。2 号球员是主要接球球员，1 号球员是次要接球球员。

4. 3 号球员观察防守球员 X1 的动向，接着传球给 2 号球员带球上篮。

## 经验丰富的球员

1. 球员站位如下页图 3 所示。攻防转换是从 1 到 X1，接着到 2，再到 X2，最后到 3，然后依次走到队列的最后。1 号球员传球给 3 号球员，然后 1 号球员做掩护，挡住防守球员 X2。

2. 2 号球员接到掩护信号，向远离掩护球员的方向迈 1~2 步。1 号球员必须挡住 2 号球员的上半身，如果防守球员 X2 想要紧跟 2 号球员，那么他不得不弯下身绕过掩护。此时 1 号球员可以通过移动封堵防守球员的跟进线路。

3. 2 号球员分析防守球员 X1 的防守程度。如果没有换防，防守球员 X1 和 X2 都向篮下回防，阻止上篮，所以 2 号球员空切接到 3 号球员的传球，接着跳投得分。1 号球员从这个位置回撤，好让 3 号球员将球传给 1 号球员跳投。如果防守球员 X1 或者 X2 没有防住 2 号球员，1 号球员后撤会给 2 号球员上篮的空间。如果防守策略不当，那么 2 号球员就可以做假动作然后带球上篮。

4. 3 号球员观察到防守球员 X1 和 X2 向下防守，然后传球给 2 号球员跳投或者合理使用假动作。

## ➡ 教学要点

1. 2 号球员要远离挡拆位置。

2. 1 号球员必须挡住 2 号球员的上半身，如果防守球员 X2 想要紧跟 2 号球员，这会迫使 X2 球员弯下身，跟上需要盯防的球员。

3. 在没有身体接触的情况下，1 号球员在做掩护的时候要尽可能地靠近防守球员 X2。

4. 1 号球员先跳步急停然后做掩护。

5. 在 X2 球员弯下身时，1 号球员做后转身动作。

6. 所有的进攻球员（包括传球球员）的关键任务是要切断防守球员 X1 的移动路线。

7. 每当根据进攻规则做掩护时，掩护球员会大声喊出被掩护球员的名字。

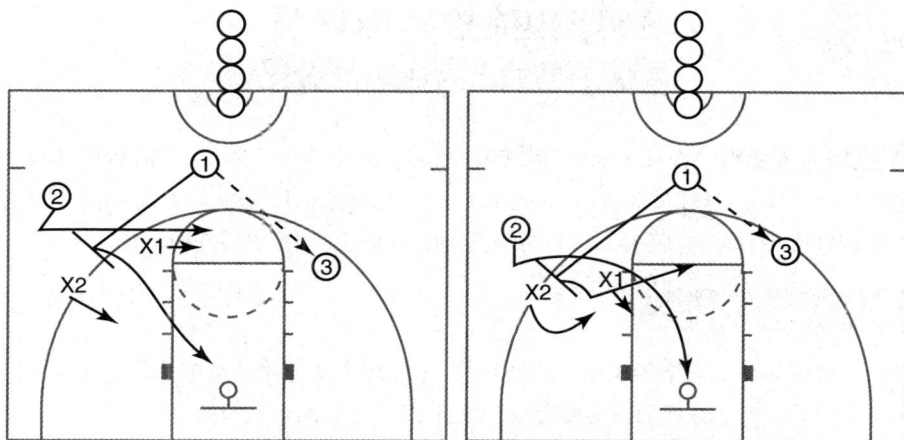

❶                                      ❷

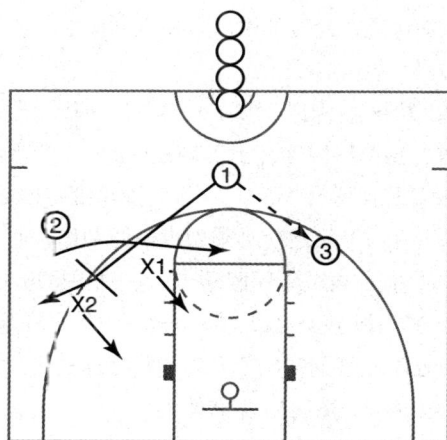

❸

# 72

# 传球和掩护持球球员

**球队训练或个人训练 /6 分钟**

➡️ **技巧训练要点** 控球（24）、后转身（36）、跳步急停（37）、胸前传球（44）、击地传球（44）、过顶传球（44）、滑步（46）、传球假动作（47）、传球挡拆（71）、挡拆转身（71）、挡拆后撤（71）、投篮假动作（96）、假投之后变向运球（96）

## 有一定基础的球员

1. 球员站位如右下图所示。攻防转换：1 号球员从进攻球员成为防守球员 X1，接着成为 2 号球员，再成为防守球员 X2，然后回到队列的最后。

2. 1 号球员传球给 2 号球员，然后给 2 号球员做掩护，防住防守球员 X2（与训练 71 中所使用的技巧相同）。

3. 2 号球员远离掩护位置，此时他可以直接突到篮下，或者将球回传给已经跑到篮下的 1 号球员。

4. 如果防守球员 X2 试图逃脱掩护去跟防 2 号球员，那么 2 号球员就可以突到篮下。

5. 如果防守球员进行换防，防守球员 X2 在 1 号球员的身后，那么 1 号球员就可以使用滑步跟着防守球员 X2。2 号球员传球给 1 号球员，让其带球上篮。1 号球员在运球结束后上篮之前必须做投篮假动作，而 2 号球员在成功地将球传给 1 号球员之前必须做传球假动作。一旦 1 号球员已经让防守球员 X2 跟在他的身后，那么他至少可以与防守球员 X2 平行跑到篮下。事实上，1 号球员甚至可以在不犯规的情况下，转到防守球员 X2 的身后。

6. 如果防守球员 X1 和 X2 换防后身高体型不一样，那么 1 号球员可以背身单打，而 2 号球员可以将球往外运。

7. 在进攻中，球员不一定非要有队友传球才能做掩护；2 号球员在开始的时候就可以持球，1 号球员也可以持球做掩护。

8. 1 号球员必须与队友进行交流，当 1 号球员做掩护时，要大声喊出 2 号球员的名字。

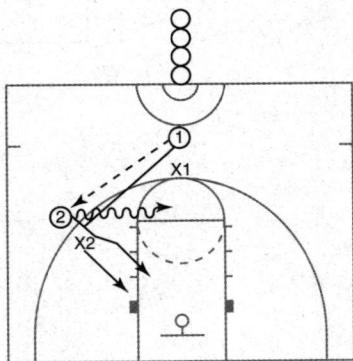

**相关训练：** 71、73~75、122~127

**73**

# 三人掩护训练
## 球队训练 /4 分钟

**技巧训练要点** 前转身（35）、后转身（36）、跳步急停（37）、跨步急停（38）、胸前传球（44）、击地传球（44）、过顶传球（44）、接传球（44）、滑步（46）、V 形空切（53）、中切（54）、背切（55）、闪切（56）、挡拆（71）、掩护转身（71）、掩护后撤（71）、进攻战术规则（122）

### 新手球员

1. 球员站位如右下图所示。一组球员做掩护训练 1 分钟，或者有球员成功上篮得分之后结束此次训练。这组球员回到队列的最后，下一组走出来开始训练。这项训练没有防守球员。

2. 各组之间的空切或掩护顺序不相同。球员学习如何在进攻中使用掩护技巧。在图中，1 号球员将球运到前场，并传给 2 号球员，然后喊出 3 号球员的名字，为 3 号球员做掩护。3 号球员先向下配合掩护队友，然后绕过掩护球员，喊出"换防"。这意味着 1 号球员是主要接球球员，因此 1 号球员会回撤去接球。2 号球员传球给 1 号球员，喊出 1 号球员的名字，然后做掩护，喊出"掩护转身"。当 2 号球员冲到篮下时，1 号球员运球绕过 2 号球员的掩护。与此同时，根据进攻战术规则，这时 3 号球员做空切，以替换自己摆脱防守压力。1 号球员看到换防的队员体型不匹配，大声喊出来，然后向外线运球。2 号球员背身单打换防的防守球员，3 号球员听到声音，快速空切，卡住 3 号球员的防守球员的补防位置。

### 教学要点

1. 提醒球员大声喊出打算要为其做掩护的球员的名字。

2. 球员要对他们正在做的动作给出解释。

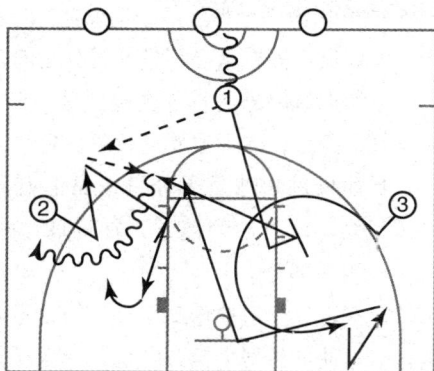

**相关训练：** 71、72、74~75、122~127

# 74 三对三传球、掩护以及识别防守动作

**球队训练 /4 分钟**

➡️ **技巧训练要点**　三威胁姿势（9）、前后移步假动作（11）、单手体前变向运球（12、28）、双手交叉变向运球（13、29）、转身（反向）运球（14、30）、半转身运球（15、31）、控球（24）、后转身（36）、跳步急停（37）、胸前传球（44）、击地传球（44）、过顶传球（44）、传球假动作（47）、V 形空切（53）、中切（54）、背切（55）、闪切（56）、传球挡拆（71）、挡拆转身（71）、挡拆后撤（71）、投篮假动作（96）、假投之后变向运球（96）、进攻战术规则（122）

## 有一定基础的球员

1. 球员站位如下页图所示（为了清楚地了解训练内容，图中没有显示防守球员）。防守球员和进攻球员在训练了一定的时间后会互换角色。

2. 每次训练，空切的顺序都要不同。只要球员遵守进攻规则，可以让他们决定做什么空切和掩护动作以及何时做这些动作。

3. 图中，1 号球员运球到前场，传球给 2 号球员，并且过去给 2 号球员做掩护。

4. 与此同时，3 号球员做 V 形空切，1 号球员和 2 号球员掩护转身。2 号球员运球时，3 号球员的防守球员过来对 2 号球员进行补防，因此 2 号球员传球给 3 号球员，然后给 1 号球员做掩护。1 号球员绕过 2 号球员的挡拆，2 号球员认为 1 号球员那边是空位，所以其没有冲到篮下，而是后撤到外线。此时，3 号球员已经开始做前后移步假动作。

## 经验丰富的球员

1. 球员在被要求必须进球得分之前，可以限制进攻球员的掩护与传球次数（开始训练时，进行 5 次掩护是一个不错的选择）。如果防守球员能阻止进攻球员得分，或者迫使进攻球员犯错，那么球员之间就进行攻防转换。

2. 如果进攻球员得分只依靠上篮，而不依靠跳投，那么可以增加掩护的次数。球员冲到篮下，在运球结束的时候可以使用一些步法作为带球上篮的一部分。

3. 指定一个进攻球员得分，但是不要让防守球员知道这个进攻球员是谁，这会迫使球员努力拉开空位让指定球员跳投或者带球上篮。可以指定进攻球员中进攻性不强的球员得分。

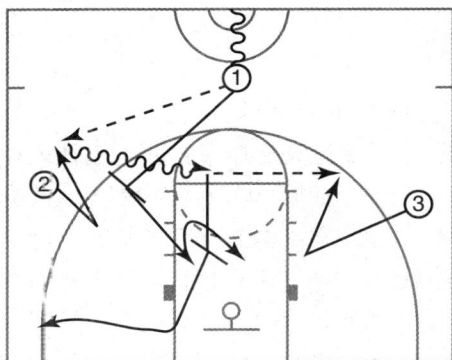

**教学要点**

1. 强调进攻的空切规则：利用与你对位的防守球员为你提供的进行空切的机会，保持 4.5 米的间距。

2. 强调另外两条规则：每位球员的每次传球都必须在行进间进行；当一个球员运球朝你走来时，你必须切入或者后仰。

3. 强调新的进攻规则：当为队友做掩护时，大声喊出队友的名字。

4. 球员可能会使用步法、前后移步假动作和行进间运球切入篮下再向外分球。

**相关训练：** *9、11~15、28~31、35~37、44、46、47、53~73、75、122~127*

# 75 三人连续掩护训练

## 球队训练 /8 分钟

➡️ **技巧训练要点** 前转身（35）、后转身（36）、跳步急停（37）、跨步急停（38）、击地传球（44）、胸前传球（44）、接传球（44）、传球假动作（47）、V 形空切（53）、中切（54）、背切（55）、闪切（56）、传球挡拆（71）、挡拆转身（71）、挡拆后撤（71）、下掩护、后掩护、掩护掩护球员、掩护持球球员、传球突破（122）、进攻战术规则（122）

### 经验丰富的球员

1. 球员站位如下页图 1 所示：3 个球员在球场的一侧，2 个球员在球场的另一侧。不允许投篮，这项训练只是训练持续地进行掩护和空切。

2. 球员要另外学习下掩护、后掩护以及掩护掩护球员的步法，并将其作为他们的进攻手段。强调进攻规则：当为队友做掩护时，大声喊出队友的名字。

3. 要强调的是，当球员在传球或者运球时，所有球员都必须跑动。球员只是用掩护和空切执行进攻战术。

4. 当 1 号球员传球给 2 号球员时，所有球员都必须移动（见下页图 1）。1 号球员使用传球和挡拆技术。1 号球员为 3 号球员做掩护。3 号球员已经使用 V 形空切去配合队友做掩护。1 号球员可以空切。1 号球员可以为 5 号球员做掩护。1 号球员可以跑到篮下，并且绕过 3 号球员的掩护，或者使用他想要使用的任何其他组合技巧。3 号球员和 5 号球员可以使用不同于图 1 所示的技巧。掩护和空切的方式很多，由球员的篮球知识和想象力决定。

5. 1 号球员传球给 2 号球员之后，立即给 3 号球员做掩护，然后向下给 5 号球员做掩护。

6. 转移球后，在球的一侧，4 号球员可以使用 V 形空切让他的防守球员疲于奔波。

7. 球员要对其做出的动作进行解释，训练继续进行。2 号球员传球给 4 号球员（见下页图 2），进行另一系列的空切和掩护。每个球员每次传球时都必须移动，这是进攻规则，所有弱侧（远离球的一侧）的球员也要移动。图 2 显示了 3 号球员为 5 号球员做掩护，1 号球员向后为 3 号球员做掩护（掩护掩护球员）。

8. 与此同时，2 号球员已经向下为 4 号球员做掩护，4 号球员绕过 2 号球员的下掩护进行运球，2 号球员完成掩护后选择向外线回撤。

9. 下页图 3 显示如果防守球员破解了 1 号球员的后掩护，那么 3 号球员需要去接球，由位于弱侧变为位于强侧（有球一侧）。4号球员传球给5号球员。现在1号球员和5号球员在强侧，3号球员在弱侧与2号球员和4号球员进行连接。2号、3号和4号球员现在持续在弱侧进行掩护，就和图1中的1号、3号和5号球员一样。但是在图3中，4号球员做背切，而2号球员为3号球员做下掩护之后回撤到外线。3号球员可以利用这次掩护去接球或者投三分球。与此同时，1号球员使用掩护持球员上篮的技巧，先向下，然后为5号球员做后掩护。

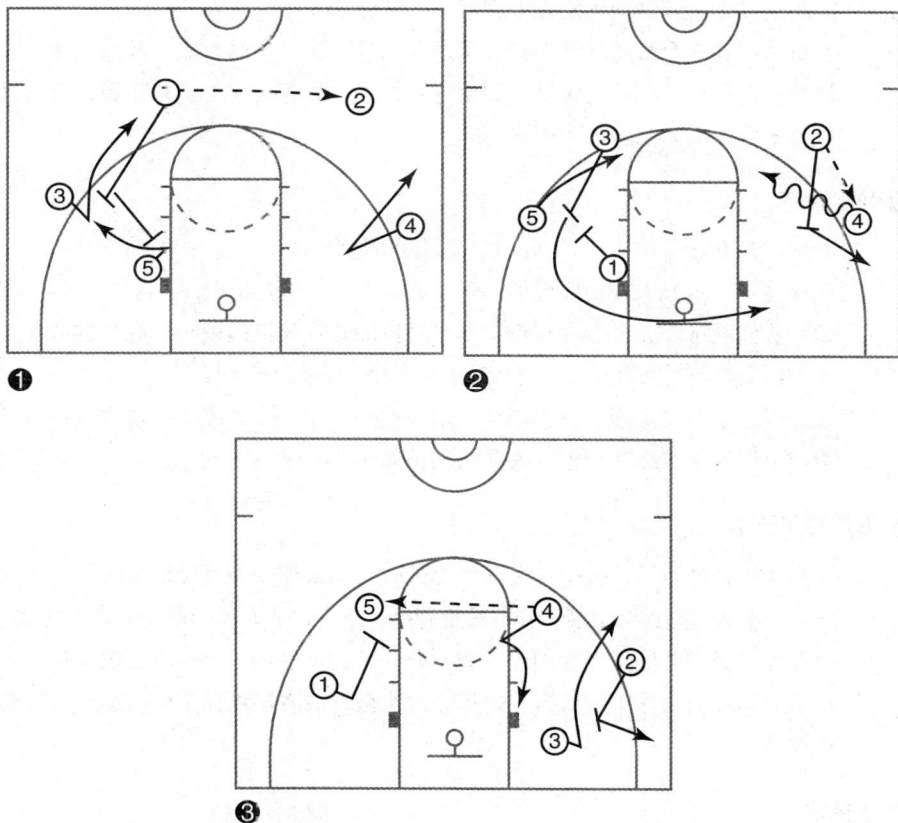

① ②

③

## ➜ 备选训练

1. 这些只是进攻中的几种掩护方式，教练应该要求球员使用多种掩护方式。

2. 为了避免混淆，教练可以规定只在强侧使用的掩护技巧和只在弱侧使用的掩护技巧，也可以说一些允许使用的空切技巧，但是不要想着控制球员。

3. 球员可以按照任意一种顺序使用这些技巧，但是球员每次运球或者传球时，所有球员都必须跑动起来。

4. 在强侧有 3 个球员在持续地训练掩护和空切，在弱侧也有 2 个球员进行训练。监督他们的训练对教练而言是比较轻松的，这就是进攻战术的核心。这项训练中唯一的规则是：如果一个球员切断了强侧的后掩护，那么持球球员必须将球传给弱侧的球员。这样就会导致强侧有 2 个球员、弱侧有 3 个球员在持续进行掩护和空切训练。

5. 教练可以把 8 分钟训练分成 4 个 2 分钟的训练，可以在训练时间表中一个接一个地安排这 4 个 2 分钟训练，也可以在训练时间表中以 3 个不同的时间间隔将这 4 个 2 分钟训练隔开来进行（参见附录）。

6. 教练可以让 5 个防守球员对位 5 个进攻球员。除了带球上篮，教练仍然不允许球员进行任何方式的投篮。如果这样做了，教练实际上就是在用自身的进攻战术教球员如何在进攻中拖时间。

## ⊃ 教学要点

1. 确保总是有 2 个球员在强侧，3 个球员在弱侧。

2. 确保球员大声喊出计划要掩护的队友的名字。球员要先做 V 形空切，再做掩护，这样就可以完全挡住与空切球员对位的防守球员的视角。掩护球员和被掩护球员必须紧密合作，在进攻战术中实现完美的团队配合。

3. 在进攻战术中增加掩护持球球员。这种掩护只在有 2 个球员的强侧进行。在掩护上篮时，教练并不想有太多的人在强侧（有球一侧）。

## ⊃ 掩护持球球员

1. 要想掩护持球球员，掩护球员在做掩护时身体必须在与持球球员对位的防守球员的上方。这样会迫使防守球员走到掩护下方，从而让持球球员获得优势。

2. 持球球员必须假装偏离他们原本的方向。他们可以用一个简单的假动作或者用前后移步假动作中的试探步之后直接突破，或者用试探步变向运球过掉防守球员。

## ⊃ 下掩护

1. 队友向下移动想让掩护球员给他做掩护以挡住防守球员，这时掩护球员必须知道队友想要移动的位置，然后在这个位置给队友做掩护。多做几次训练，让掩护球员和被掩护球员紧密配合，提高成功率。

2. 下掩护一般是指让跳投球员绕过下掩护球员，从而使其摆脱防守压力。

## ➜ 后掩护

1. 掩护球员在做掩护的时候与防守球员之间至少要有一定的距离，否则就会犯规。掩护球员做掩护的时候要保持不动，让进攻球员带着防守球员移动到掩护球员的位置。

2. 使用后掩护的球员应该向下挡住防守球员，进攻球员要尽可能靠近掩护球员（肩膀接触）。这样会迫使防守球员换防，否则进攻球员可以轻松上篮。

3. 做好掩护之后，掩护球员向外回撤。

## ➜ 掩护掩护球员

1. 为掩护球员做掩护的球员必须知道掩护球员的动向。

2. 第 159 页的图 2 提供了一个完美的例子。1 号球员将要为掩护球员做掩护，他知道掩护球员将要往什么方向移动。利用 3 号球员的下掩护，1 号球员可以很容易地观察到 5 号球员的动向。如果防守球员要换防，那么 1 号球员要做掩护，挡住 5 号球员的防守球员。如果防守球员要摆脱所有掩护且不换防，那么 1 号球员要做掩护，挡住 3 号球员的防守球员。

*相关训练：35~38、44、47、53~56、71~74、122~127*

# 第 9 章

# 抢篮板

不是所有完美的空切、精准的掩护或者精彩的一对一步法都能成功进球。事实上，超过一半的投篮都投不进。当发生失误时，需要有队友在篮下将球接住。当球从篮板上弹回来时，在正确的位置接球是一门科学，同时阻止对手到正确的位置接球也是一门艺术。

第一，球员必须学会正确的进攻步法，以及如何用手挑球，直到球被稳稳地抓在手里。训练76介绍的就是上述内容。第二，球员需要知道正确的防守步法，以阻止对手走到正确的篮板球位置上，这种步法在训练77中会介绍。第三，教练需要学习更多的技巧，以防对手已经研究和掌握了自己的球员的主要球技。为了让球技更上一层楼，球员必须学习更多的进攻和防守步法，根据球的运动轨迹、投篮角度和投篮距离的不同而学习不同的技巧。利用这些知识，球员可以诱使对手犯错，这样球员就可以在正确的时间到达正确的地点。训练78将展示这些技巧和策略。训练79描述的是前场篮板和后场篮板的竞争性训练。训练80是有关体能调节的训练，包括身体和精神调节。训练80可以让球员不间断地去抢第2、3、4个篮板。

训练81是对抢篮板规律的总结。球员必须知道每一次投篮的主要篮板球角度，这样他们就可以在任何一次投篮中直接冲向那个区域。训练82增加了更多的技巧和进一步的知识讲解，能让球员了解次要篮板球的位置以及快速将球带出内线的技巧。训练83将所有技巧结合在一起，要求球员进攻、投篮和抢篮板。教练也可以在进攻战术计划中加入更多的策略。

## 76 对墙挑球以及转身

**个人训练 /1 分钟**

➡ **技巧训练要点** 试探步（11）、后转身（36）、试探步之后转身上篮（78）、试探步之后运球突破（78）、敏捷性、平衡性、快速起跳、体能调节

### 新手球员

1. 球员面对墙持球。
2. 球员用右手将球挑到墙上 5 次，然后用双手将球接住。
3. 球员将左脚作为初始轴心脚，完成转身（360 度）。完成之后，球员离起点应该有 1 米左右的距离。（新球员可能需要 2 步以上才能完成转身，如果是这样，可允许他们完成更多的步骤。）
4. 完成转身后，球员应该再次面对墙，接着立即用左手挑球 5 次。完成之后，球员以右脚为轴心脚向右转 360 度。
5. 继续训练 1 分钟。

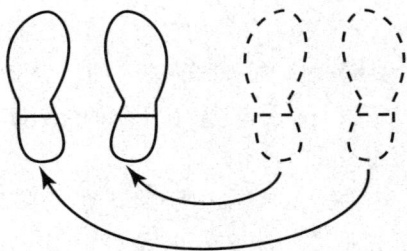

### 经验丰富的球员

1. 不是让球员挑 5 次球然后将球接住，而是让其先挑 2 次，然后向左移动 1 米将球挑得高一些。球员先完成 360 度转身，接着用左手挑球 2 次，再一边挑球一边向右移动 1 米左右的距离。然后球员向右转身，用右手挑球 2 次。训练持续 1 分钟。
2. 与步骤 1 相同，但是在转身之前，球员要做与转身方向相同的试探步。

➡ **教学要点**

1. 要想完成转身，球员需要朝想要转动的方向用力转动。球员甚至有时会跳到空中进行转身。
2. 所有的挑球都要用手指的上半部分来完成。挑球是指先用手抓球，然后翻转手腕将球固定在手中。

**相关训练：** *11、36、77、78*

**77**

# 斗牛

➡ **技巧训练要点** 试探步（11）、后转身（36）、"游泳"动作（53）、试探步之后转身上篮（78）、试探步之后运球突破（78）、投篮假动作（78）、试探步之后变向运球（78）、投篮假动作（96）、假动作之后变向运球（96）、敏捷性、平衡性、快速起跳、体能调节、精神强度

## 新手球员

1. 当教练投篮时，1 号、2 号和 3 号球员站位如第 167 页图所示。
2. 篮板球员在抢到篮板球的时候可以将球回传，或者做投篮假动作之后投篮，也可以使用试探步之后转身然后再投篮。另外 2 个球员可能会与持球球员发生轻微的合理冲撞。如果持球球员没有投中，3 人会再次争夺篮板球。
3. 当有一个球员抢到篮板球并将球投进 3 次时，这个球员就要从篮下回到 4 号球员所在队列的最后。
4. 4 号球员来到篮下继续训练。在所有球员都完成了规定的抢篮板并将球投进的次数之后，训练重新开始。
5. 如果球弹到外线，教练要去接球并再次投篮。

## 有一定基础的球员

1. 按照新球员的训练方式进行训练。
2. 当 4 号球员移动到篮下时，训练继续进行，并且篮下所有球员的进球次数都会被清空。每次训练都从零开始。
3. 如果球弹到外线，教练要去接球并再次投篮。

## 经验丰富的球员

教练不去投篮，而是把球传给 3 个球员中的一个，接球的球员投篮。如果将球投进，那么此球会计入 3 次进球之中。

➡ **教学要点**

1. 如果可能，球员可以用双手抢到篮板球然后空接将球投进。
2. 如果空接不太可能，但是球员如果能将球挑进，那就尽量挑球。挑球的时候用指尖触球去挑。

3. 篮板球员抢到篮板球落地之后，可能需要使用投篮假动作晃开另外两个球员，然后再次投球。

## ➜ 身体姿势

1. 球员身体朝篮筐方向稍稍前倾，希望能够快速向前、向后或向侧边移动。球员先抬起脚跟，把重心放在脚趾上，当要起跳的时候，脚趾用力向下蹬。
2. 平衡性和敏捷性在此时极其重要。
3. 球员半蹲，这样他们就可以像猫一样朝着未投进的球快速起跳。
4. 膝盖弯曲应该不超过 135 度，身体重量应该压在有球一侧的脚上。球员要做好起跳的准备。
5. 肘部应该远离身体。用手臂卡住对手，不让其跑动到更好的篮板位置。手臂应该可以自由地朝任意方向伸展。
6. 手指指向篮筐并张开，这样可以更好地抓住篮球。双手灵活放松。
7. 防守时，球员会一直盯着对手，直到成功卡住对手的位置，将篮板球抢下。进攻时，球员使用余光锁定对手，这样就可以捕捉到对手的动向，从而可以更好地卡位。篮板球员移动到球要弹回的位置（见训练 81 和训练 82）。

## ➜ 抢篮板

1. 球员可以朝各个方向移动。
2. 肘部完全伸展。
3. 球员应跳到最高点去抢篮板。
4. 球员要用两只手接球。不要拍球，要把球从一只手带到另一只手里。
5. 抢到球后，篮板球员要快速把球往下拉，就好像从树上摘苹果一样。在身体下落的过程中，球员要像鹰一样伸展腿脚，并朝外线转身。

6. 篮板球员在落地时身体伸展，保持平衡，持球过顶。如果是后场篮板球，那么篮板球员就应准备通过过顶长传将球传到前场。如果是前场篮板球，那么篮板球员就应将球护在胸前，准备做投篮假动作晃开高个子防守球员，将球投进。如果篮板球员在进攻或者防守的时候打算将球快速运出内线，那么他应该把球摆得很低。

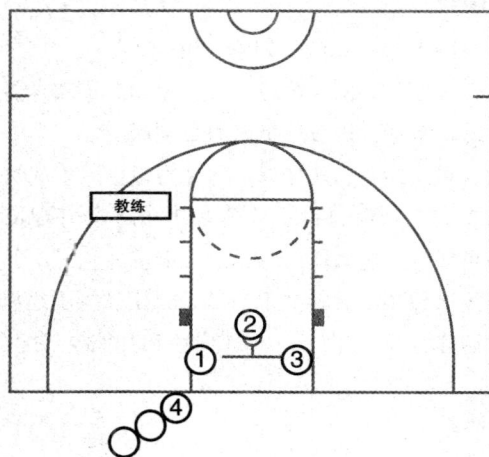

相关训练：11、36、76、78

# 78 试探步之后转身上篮

**球队训练或个人训练 /2 分钟**

➡ **技巧训练要点** 试探步（11）、前转身（35）、后转身（36）、"游泳"动作（53）、试探步之后转身上篮、试探步之后运球突破、投篮假动作（96）、假投之后变向运球（96）、敏捷性、平衡性、精神强度

### 有一定基础的球员

1. 球员站位如下页图 1 所示。1 分钟后，攻防转换。
2. 教练把球放在罚球圈的中间。教练发出口令后，进攻球员去拿球，防守球员尝试阻止进攻球员拿球，进攻球员努力拿到球。
3. 教练数 5 个数，在这期间，防守球员尽全力阻止进攻球员拿球。
4. 防守球员可以前转身或后转身（听教练口令）。防守球员可以立即转身，或者先滑动一步再转身，这叫作防守封盖或卡位。
5. 进攻球员是采用试探步之后转身上篮还是要用试探步之后运球突破，这取决于防守球员的防守方式。"游泳"动作应该和其他技巧配合使用。

### 经验丰富的球员

1. 教练应该投篮，而不是把球放在罚球圈内。在这种情况下，球落地之前，球员必须卡住对手的位置。如果进攻球员拿到球，那么该球员会使用投篮假动作或者做假投之后变向运球过掉防守球员，然后将球投进篮筐。
2. 防守球员不可以让球落地。如果防守队员得到篮板球，可以传球给教练或者将球运出内线。

➡ **教学要点**

1. 下页图 2 显示了进攻球员使用的试探步以及防守球员在卡位时使用的后转身。当防守队员靠近篮筐，需要更快地看到篮板球时，应该使用后转身；当防守队员在外线且需要更长的时间关注场上情况时，应该使用前转身。当进攻球员十分擅长抢前场篮板时，防守球员应采用滑步或转身防守技巧。这要求进攻球员使用两次或多次步法组合去摆脱防守。
2. 下页图 3 增加了试探步之后转身上篮。因为防守球员挡住了进攻球员，所以进攻球员需要使用转身，这使进攻球员能够靠近防守球员。当进攻球员靠近防守球员时，进攻球员应该使用手臂将防守球员挤开。
3. 下页图 4 显示了试探步之后运球突破。当防守球员没有做出反应时，进攻球

员带动右脚与试探脚（左脚）持平，然后右脚向前，用手臂挤开防守球员。

4.篮板球弹出的角度往往与投篮角度相反，从左边投出的球通常会弹向右边，从45度角投出的球通常会从篮筐的另一边以45度角弹出。

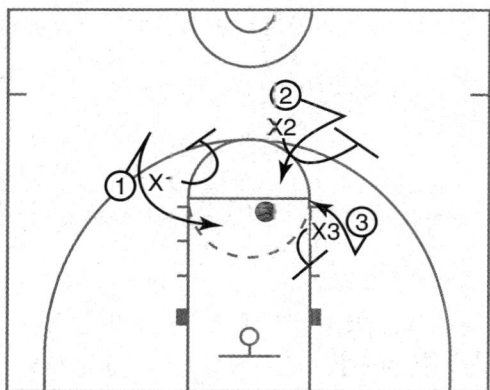

❶

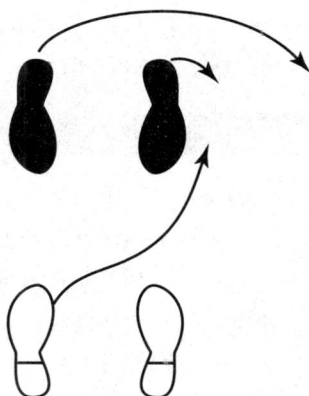

❷ 抢前场篮板时的试探步。防守球员后转身卡住进攻球员的位置

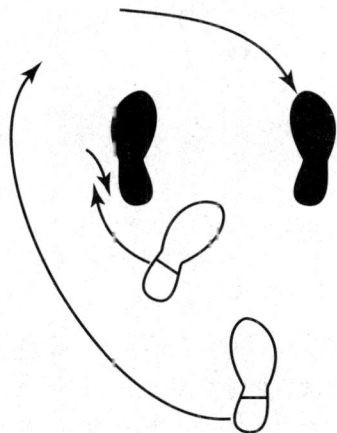

❸ 试探步之后转身上篮。试探步完成之后，防守球员后转身封盖，卡住进攻球员的位置，然后进攻球员开始进攻

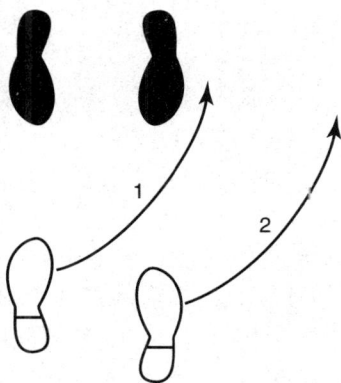

❹ 试探步之后运球突破。抢前场篮板的球员做试探步（1）。当防守球员没有卡住位置时，进攻球员带球过人（2）

**相关训练:** 11、36、76、77

# 一对一卡位训练
### 球队训练或个人训练/1分钟

⊃ **技巧训练要点** 平衡性、前转身（35）、后转身（36）、跳步急停（37）、跨步急停（38）、滑步卡位、直接卡位、试探步之后转身上篮（78）、试探步之后运球突破（78）、"游泳"技巧（81）

### 新手球员

1. 球员站位如下页图所示。
2. 把篮球放在罚球圈的中间。
3. 接到信号后，防守球员试图阻止进攻球员拿球。
4. 防守球员使用两种技巧之一防止进攻球员拿球：滑步卡位、直接卡位。
5. 进攻球员使用试探步之后运球突破或者使用试探步之后转身上篮技巧去拿球。
6. 防守球员必须在3秒内成功阻止进攻球员拿到球。

⊃ **教学要点**

1. 在争抢前场篮板和后场篮板时，球员要不断检查身体姿势是否正确。
2. 防守中的滑步卡位技巧或者直接卡位动作一定要做完整。训练81描述了这些技巧。
3. 训练78描述了试探步之后转身上篮和试探步之后运球突破的技巧。训练81描述了"游泳"技巧。
4. 训练81和训练82描述的是技巧的综合运用。

⊃ **滑步卡位**

1. 优秀的进攻篮板球员会预估到防守球员的卡位，并且快速绕过防守球员。防守篮板球员必须使用滑步卡位技巧保证进攻篮板球员在自己的控制之下。
2. 要想完成滑步卡位，球员只需在对手移动的前两步使用滑步即可。球投出之后，球员不要转向篮筐，而是盯着对手。当对手朝一个方向移动时，防守球员就要滑步跟进。如果对手移动的第2步与前一步的方向相反，那么防守球员要再次滑步跟进。如果对手两次朝同一个方向移动，那么防守球员应使用滑步卡位去抢篮板。
3. 滑行两步后，防守球员前转身，与对手进行肢体接触，接着合理卡住进攻球员的位置，直到将球拿到手。

**➜ 快速卡位抢篮板**

　　将球投出之后，防守球员立即后转身，与对手发生合理的身体冲撞，接着保持在这个位置不变，直到抢到篮板球。

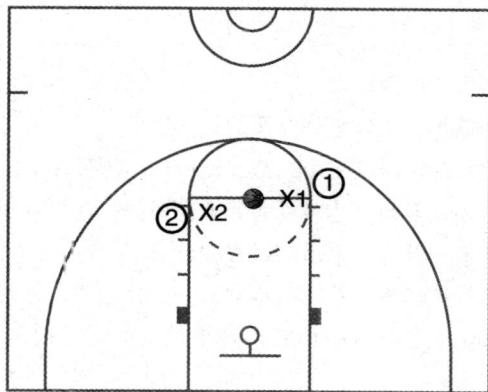

**80** **超人模式（不休息）抢篮板训练**

个人训练 /1 分钟

➡ **技巧训练要点** 速度、平衡性、敏捷性、体能调节、滑步（46）

**新手球员**

1. 球员持球在篮下禁区附近。

2. 球员把球抛向篮板，让球弹到篮筐的另一边。

3. 球员滑步到另一侧，跳到空中，抓住篮板球。球员在下落的过程中转身。

4. 球员立即将球抛向篮板，让球反弹到篮筐的另一边。球员滑步到另一侧，跳到空中，抓住篮板球，在下落的过程中转身。

5. 球员立即将球抛向篮板，然后滑步到另一侧接球，训练持续进行。

6. 训练开始前 30 秒进行这项训练，赛季结束的那段时间也要持续进行这项训练。

**有一定基础的球员**

1. 用盖子盖住篮筐，这样当球落到篮筐上时，球就可以从盖子上弹下来。

2. 球员挑球、落下、再挑、落下、再挑。

3. 训练持续 30 秒。

➡ **教学要点**

1. 确保球员从脚趾到手臂的身体姿势都处于完美的抢篮板状态（见训练 79）。

2. 确保球员可以立即后撤补位，不能休息。尝试让球员去抢第 2、3、4 次篮板球。

*相关训练：76~79、81~83*

**81** 记数、滑步、转身、总结技巧规律

球队训练或个人训练 /4 分钟

➡ **技巧训练要点** 一对一步法（12~15、28~31）、前转身（35）、后转身（36）、跳步急停（37）、跨步急停（38）、击地传球（44）、胸前传球（44）、大角传球（44）、过顶传球（44）、"游泳"技巧（53、81）、试探步之后转身上篮（78）、试探步之后运球突破（78）、抢篮板的身体姿势（79）、抢篮板方式（79）、滑步卡位（79）、直接卡位（79）、主要篮板球位置（81）、综合运用（81、82）、次要篮板球位置（82）、将球带出内线（82）、投篮技巧（84~88）、投篮假动作（96、117）、假投之后变向运球（96）、内线步法（96~103）、内线防守（99~101）、假投晃起防守球员后从其侧边上篮（116）、外线防守（129~131、137~144）

**新手球员**

1. 如下图所示，在篮筐附近安排 1 个进攻球员和一个防守球员。

2. 教练（或第 3 个球员）在用字母标示的每一个位置投篮。教练投篮，球员抢篮板。如果防守球员抢到篮板球，球员做过顶传球回传给教练。如果进攻球员抢到了篮板球，他要做投篮假动作，然后强势带球上篮。

3. A 区投完之后，教练移动到 B 区（然后到 C 区、D 区、E 区、F 区和 G 区）。每次投篮时，防守球员和进攻球员的站位都相同。可以让球员在弱侧（A 区、B 区、C 区）和强侧（E 区、F 区、G 区）训练抢篮板。D 区比较中立，没有强弱侧之分。

4. 教练从各个位置投篮后，两个篮板球员攻防转换。

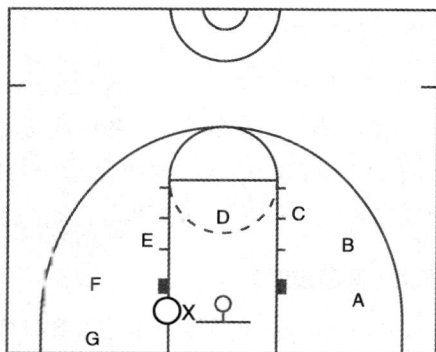

5. 防守球员应该使用教练要求使用的技巧——直接卡位、滑步卡位或者两者的结合。

**→ 备选训练**

1. 教练或者第 3 个球员（如果有 3 个球员参加训练）应该改变投篮的弧度——一次是平角投篮，下一次则是高弧度投篮。
2. 改变投篮距离（教练可以从任何标注的区域回撤到三分球区或者到禁区内进行投篮）。
3. 改变球员开始的位置。当从 A 区、B 区、C 区投篮时，进攻球员在侧翼，防守球员靠近篮筐，这样可以模拟防守球员在弱侧进行防守的真实的比赛情形。但是开始的时候，要让两个球员降低身体重心，这样在抢篮板时身体感觉会比较好。
4. 教练要将球传给进攻球员，让其可以进行一对一单打，这样防守球员就很难提前卡位，占据好的篮板球位置。
5. 进攻球员应该使用试探步之后运球突破或者使用试探步之后转身上篮技巧，当然也要使用"游泳"技巧，尝试带球进到防守球员的内线位置。
6. 教练可以告诉球员："只要防守球员在防守的合理位置，就不能传球给进攻球员。"这样，防守球员就可以防止进攻球员将球分出去了。

**有一定基础的球员**

教练可以让两个球员在投篮前传球。例如，在 A 区和 C 区安排一个球员（两个区都在强侧）。现在进攻球员和防守球员必须不断调整自己的位置，防止进攻方把球传到内线，并占据主要篮板球位置。

**经验丰富的球员**

教练可以在场上安排两个投篮球员：一个在弱侧（例如 F 区），一个在强侧（例如 B 区）。这些球员可以来回传球，直到其中一人投篮成功。如果防守球员在防守时脱离防守位置，那么进攻球员可以将球传给内线的进攻球员。这需要两个球员不断地预估正确的防守和进攻位置，并计算主要篮板球位置。

**→ 主要篮板球位置的规律（篮球知识）**

1. 投篮弧度越高，反弹距离就越近。低弧度投篮会比高弧度投篮在球场上弹出的距离更远。高弧度投篮时，球会反弹得更高，需要更长时间才能落下。
2. 离目标越远，反弹距离就越远。举个例子，抢从三分线处投篮的篮板球的站位要比抢从距篮筐 2.4 米处投篮的篮板球的站位更远一些。

3. 篮板球反弹的角度一般与投篮角度相同，不同之处在于篮板球的反弹角度在球场的另一侧。换句话说，就是从 A 区投出的球会反弹到 G 区；从 B 区投出的球会反弹到 F 区；从 C 区投出的球会反弹到 E 区；从 D 区投出的球则会反弹到 D 区。

4. 用 Wilson Jet 篮球投出的篮板球比 Spalding100 篮球弹出的距离远。在比赛开始前检查一下球，弹性好的球会比弹性一般的球弹得更高、更远。

5. 充气多的篮球比充气少的篮球弹得更高、更远。再次强调，在比赛开始前先检查球。

### ➲ 教学要点

1. 确保防守球员在抢篮板时姿势正确。确保球场上的防守位置正确（一对一防守）。

2. 当进攻球员靠近篮筐时，确保防守篮板球员使用直接卡位技巧。此时的篮板球反弹速度很快，所以防守球员不需要使用滑步技巧。篮板球会很快弹出。

3. 因为当防守球员靠近篮筐时，篮板球反弹得很快，所以他们应该使用后转身，这样可以让他们更快地看到球。虽然防守球员会很快失去进攻球员的视野，但是进攻球员也不能过多地跑动，因为篮板球会很快弹下来。

4. 当在外线卡进攻球员的位置时，要确保防守篮板球员使用滑步和前转身。滑步可以让防守球员有更长的时间盯着进攻球员，前转身可以让他们有更长的时间观察进攻球员的动向。

5. 进攻球员应该使用式探步之后运球突破或者试探步之后转身上篮去尝试与防守球员持平或者移动到防守球员前面。他们应该充分利用"游泳"技巧（用手臂挤开防守球员，发生合理冲撞）。

6. 进攻和防守篮板球员都应该建立一个自动计时系统。不久，你的球员将获得一种计时能力。

**相关训练：** 12~15、28~31、35~38、44、53、76、79~82、84~88、96~103、116、117、129~131、137~144

# 二对二抢篮板训练

## 球队训练 /4 分钟

➡️ **技巧训练要点** 平衡性、敏捷性、体能调节、内线站姿（10）、前转身（35）、后转身（36）、突破跳步急停（37）、跨步急停（38）、传球（44）、试探步之后转身上篮（78）、试探步之后运球突破（78）、抢篮板的身体姿势（79）、抢篮板方式（79）、滑步卡位（79）、直接卡位（79）、主要篮板球位置（81）、"游泳"技巧（81）、次要篮板球位置、将球带出内线、直线投篮（84~88）、内线步法（96~103）、投篮假动作（96、116、117）、内线半转身（115）、内线转身（115）、假投晃起防守球员后从其侧边上篮（116）

## 有一定基础的球员

1. 球员站位如下页图所示。球员 A、B、C、D、E 是进攻球员，只有一个进攻球员持球。

2. 1 号球员和 2 号球员是内线进攻球员。X1 和 X2 是防守球员，一个篮板球员站在篮下。

3. 这场比赛是五对五。球员 A、球员 B、球员 C、球员 D、球员 E 组成一个队，球员 1、2、X1、X2 和篮下的篮板球员组成另一队。训练 2 分钟后，外线的 5 个球员与内线的 5 个球员交换位置。每次投篮之后，内线球员都要进行轮换。他们的轮换是 1 到 X1、2 到 X2、X1 到 1、X2 到篮下篮板球员、篮下篮板球员到 2。每次投篮之后，都要进行一次轮换。当球碰筐弹出时，篮下篮板球员抢到篮板球并将球传到外线。

4. 外面的 5 个球员在外线传球，包括大角传球，直到其中一个外线球员将球传给内线进攻球员（1 号球员或 2 号球员）或者投篮。

5. 将球传到内线时，内线球员低位背打并投篮。

6. 无论是从外线还是从内线投篮，防守球员 X1 和 X2 都必须使用防守卡位技巧。如果防守球员 X1 或 X2 抢到篮板球，则该球员在传球给外线球员之前先带球冲出内线，然后训练重新开始。

7. 1 号球员和 2 号球员使用进攻篮板球技巧来确保占领主要或次要篮板球位置。如果 1 号球员或 2 号球员抢到进攻篮板球，那么他们要使用投篮假动作强势上篮。

## 经验丰富的球员

1. 防守球员不用将球带出内线，而是使用过顶传球将球传出。

2. 一旦球传入内线，两个内线进攻球员可以相互传球，直到其中一人投篮或回传到外线。

3. 如果掩护是教练进攻体系的一部分，那么内线球员可以在内线互相掩护。

## ➲ 次要篮板球位置

1. 次要篮板球位置是朝向投篮球员的，这是场上第 2 个最容易投失的位置（通常是因为投篮距离不够）。

2. 同样的反弹原理适用于次要篮板球位置和主要篮板球位置（见训练 81）。例如，投篮弧度越高，球弹出的高度就越高，但距离不会越远；投篮弧度越低，弹出的距离就越远。

## ➲ 将球带出内线技巧

1. 在抢到篮板球之后，篮板球员会将球放在尽可能靠近地板的位置，然后将球摆到前面。

2. 在把篮球摆低的同时，篮板球员会做距离较长的交叉步。

3. 篮板球员立即将球稍稍抛向前方，接着去接球、运球，直到传球。

## ➲ 教学要点

1. 确保防守球员在整个训练过程中保持正确的防守姿势。

2. 确保内线进攻球员努力争抢与防守球员一样的篮板球位置。

3. 检查所有球员的内线步法，确保它们基本上是正确的。

4. 检查进攻和防守篮板球技巧。任何球员都不能偷懒。

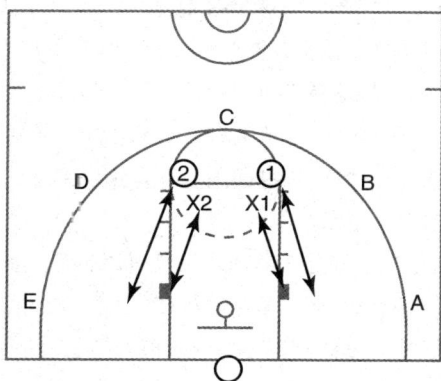

**相关训练：** *10、35~38、44、76、79、81、84~88、96~103、116、117*

# 83 内线步法：传球－投篮－抢篮板

**球队训练 /4 分钟**

➡ **技巧训练要点** 内线站姿（10）、前转身（35）、后转身（36）、跳步急停（37）、跨步急停（38）、闪切（56）、试探步之后转身上篮（78）、试探步之后运球突破（78）、抢篮板的身体姿势（79）、抢篮板方式（79）、滑步卡位（79）、直接卡位（79）、主要篮板球位置（81）、"游泳"技巧（81）、次要篮板球位置（82）、将球带出内线（82）、投篮技巧（84~88）、内线步法（96~103、115、116）、投篮假动作（96、116、117）、内线防守（98~101）、补防（133~135）、造犯规（141）、快速转身防守（148）

## 有一定基础的球员

1. 球员站位如下页图所示。4 号球员和 5 号球员是内线进攻球员，防守球员 X4 和 X5 是内线防守球员，3 号球员是外线球员，协助教练。投篮进球得分或抢到防守篮板球之后，按照从 3 到 4 再到 5，接着到 X4，然后到 X5，最后到 3 的顺序进行位置轮换。

2. 开始训练，教练持球。教练可以立即投篮或传球给 3 号球员或者传给快速转身进行空切的 5 号球员。

3. 如果防守球员 X4 失去了防守位置，教练可以传球给 4 号球员，这会让弱侧防守球员持续集中注意力。

4. 如果 5 号球员无法摆脱防守，那么 3 号球员和教练将会互相传球直到将球传给内线的 5 号球员。如果 5 号球员接到球，那么他可以做低位背打，然后投篮。防守球员 X4 和 X5 必须卡位。4 号球员和 5 号球员使用进攻篮板球技巧去抢篮板。教练或 3 号球员都可以投篮，不要传球给 5 号球员。

5. 如果 3 秒后（进攻规则）5 号球员没有接到传球，那么 5 号球员转身穿到篮下。4 号球员随后开始快速转身摆脱防守。训练继续进行，直到球员将球投出，并且稳稳地接到篮板球。

6. 在任何时候，教练（最好是 3 号球员）都可以投篮。内线的 4 个球员使用正确的进攻和防守篮板球技巧去争夺篮板球。

7. 球员在任何时候进行传球时都必须在接球后跑动，然后投篮得分。如果无法投篮，内线球员不能强行出手。内线持球球员要么回传给外线队友，且训练继续进行，或者可以传球给其他内线队友。

**经验丰富的球员**

1. 如果掩护是教练进攻体系的一部分，那么内线球员可以在内线互相掩护。
2. 教练可以规定球员在内线传球之前做掩护或者内线球员一旦接球就立即做掩护。

⊙ **教学要点**

1. 确保球员使用的所有篮板球技巧基本上是正确的。确保两个球员去主要篮板球位置，两个球员去次要篮板球位置。
2. 注意观察球员的闪切动作是否正确，以及防守是否得当。教练对球员进行基础训练的时候要更加严格，甚至比赛前训练还要严格。
3. 确保接到传球的内线球员立即使用内线进攻步法，并检查步法是否正确。

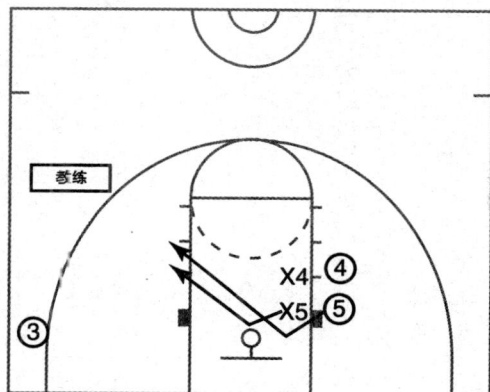

**相关训练:** *10、35~38、55、76、79、81、82、84~88、96~103、115~117、133~135、141、148*

# 第 10 章

# 投篮

投篮是篮球运动中最具挑战性的技巧之一。一旦球员错误地学习和训练投篮，那么将很难纠正。投篮也是篮球运动中最难的技巧之一，它要求肌肉运动达到最大的精准度。投篮涉及手、手腕、下臂、上臂、躯干、大腿、小腿，甚至连脚趾也会用到。肌肉必须记住这些运动模式，这样才能一遍又一遍地重复相同的运动。

身体的许多部分都参与了投篮，因此很容易看出是哪一部分偏离了投篮线。我们在本章中提出了直线投篮的概念，这样就可以很容易地纠正错误的投篮方式了。球员只需将所有参与投篮的要素放在一条直线上，稍微调整对齐即可。

一旦投篮线完全对准，投球球员必须向前和向上推球。将球举起、伸展双臂、将球抛出，这种投篮方式和以前向静止目标投掷石块一样。在篮球运动中，篮筐就是目标。迈克尔·乔丹在美国职业篮球联赛（NBA）中的每一次投篮都用了完美的举、伸、抛的投篮模式——这是一种保持手肘不动的投篮模式，是所有有志成为优秀投球球员应该钻研的一种可以完美调动身体各部分的投篮模式。训练 84 将训练球员做出正确的手和手腕动作。训练 85 将介绍真正的抛球。训练 86 将介绍投篮的步骤。训练 87 将所有技巧融入一项训练。训练 88 可以检查球员投篮的准度和力量。训练 89 是趣味训练，实际上是以篮筐为目标进行的训练。训练 90 要求球员在投篮时要更加集中注意力。训练 91 和训练 92 展示了另外两个训练技巧以加强球员在整个投篮过程中的肌肉记忆。

训练 93 展示了麦肯（Mikan）式小勾手投篮训练——当内线球员在球场中间低位转身时，这是一个很好的投篮机会。

训练 94 将传球、空切和篮板训练加到投篮训练中。训练 95 是一项可以让球员在短时间内完成大量投篮的训练。此时，教练必须提醒球员，不要把注意力集中在投篮次数上，而应该集中在正确的投篮技巧上。

如果球员的投篮准度和力量出现问题，教练可以随时重新进行与之相关的训练，以达到纠正球员错误动作的目的。如果解决了球员的投篮准度和力量问题，那么教练可以进行另一项训练来加强球员的肌肉记忆学习。年轻球员应使用较小的球。通常，年轻球员使用对他们来说太重的球会使他们形成不好的肌肉记忆。另外，训练年轻球员时应该把篮筐降低到大约 2.4 米的高度。

**84**

# "挥手告别"训练

## 球队训练或个人训练 /1 分钟

**⊃ 技巧训练要点** 直线投篮技巧（84~88）

**新手球员**

1. 让球员全部面向教练，所有球员两两分开，间距为 4.5 米。

2. 每个球员都向教练做"挥手告别"姿势，并在挥手一次之后保持这个姿势。"挥手告别"训练分为两步：（1）翘起手腕，（2）"挥手告别"。

3. 重复以上步骤，直到所有球员都能正确做出这个动作。

**⊃ 教学要点**

1. 球员举起各自的投篮手，五指张开，一直保持这个姿势直到坚持不下去，然后放松。放松后手自然垂落的姿势就是投篮的正确姿势。

2. 手臂应保持在脸的前面，上臂平行于地板，下臂垂直于上臂。

3. 教练发出"翘起手腕"的口令之后，球员开始进行"挥手告别"训练。球员的手保持翘起姿势，直到教练确认所有球员的手腕后面都出现了褶皱。手应该翘到与地面平行的位置。

4. 教练发出"挥手告别"的口令。球员在完成这项训练后保持这个挥动姿势。手腕应该与上下手臂呈一条直线，手臂朝教练的方向伸展，手指应该指向地板。

*相关训练:* 85~95

# 85 抛球训练

球队训练或个人训练 /1 分钟

➲ **技巧训练要点**　直线投篮技巧（84~88）

## 新手球员

1. 球员排列成行，分布在球场上，两两相距约 4.5 米。

2. 每个球员各持一球，都只用投篮手的手指指尖握球，不用手掌。

3. 下臂垂直于上臂，上臂与地板平行。

4. 手腕翘起，球握在投篮手里。球应该在脸的前方，或者稍微靠向投篮手的一侧。

5. 球员将球轻轻抛向空中，当球返回时，只用投篮手接球。

6. 球中心周围的胶条是一个很好的投篮辅助工具，通过它可以很容易地看出球的回旋度是否完美。胶条从一边任意旋转到另一边都意味着投篮方式不正确。

7. 训练持续 1 分钟。

➲ **教学要点**

1. 球员要对准投篮线才能将球放在手中而不掉落。如果手臂的某个部分没有正确对齐，那么球已会掉落，它会从倾斜或弯曲的一侧滚落。

2. 肘部必须朝内，否则手臂会弯曲，球也不会留在手中。

3. 如果手腕没有翘起，球会从手中滚落。所以教练只需要看着球就可以知道球员是否对准投篮线。

**相关训练:** 84、86~95

**86** 举球－展臂－抛球

➡ **技巧训练要点** 直线投篮技巧（84~88）

**新手球员**

1. 球员面对面站立，如下页图所示。
2. 教练给出口令"举球"，球员将与地面平行的上臂抬高到与地面夹角小于 45 度的位置（无球）。
3. 教练给出"展臂"的口令。球员伸展上臂，肘部几乎没有摆动，手腕仍然翘着。
4. 教练给出"抛球"的口令。球员做挥手动作，手掌朝下，手指指向地板。
5. 重复步骤 2~4 几次后，喊出"举球、展臂、抛球"的口令。口令要连贯地喊出，听起来就像一个词一样。
6. 重复步骤 5 几次后，将篮球加入训练。球员从一侧举球、展臂并将球抛到另一侧，两侧相距约 3 米。也就是说，球抛出的距离应该达到投球球员与接球球员间距（4.5 米）的 2/3。球抛出的高度至少是 4.5 米，接球球员应该用双手接球。
7. 与投篮手同侧的脚略微向前。

**有一定基础的球员**

接球球员只用投篮手接球，保持平衡，这样球就不会掉到地板上。

**➡ 教学要点**

1. 检查手臂的位置：下臂是否垂直于上臂，上臂是否平行于地板。
2. 检查手腕是否翘起——手腕后面应该有褶皱。
3. 确保球在手上不会掉落。球员应该五指张开，然后放松投篮手，这样就可以形成一个完美的投篮手势。
4. 球应该在脸的前方或者稍微偏向投篮手的一侧。
5. 检查投篮线的对齐情况：球应该与肘部、膝盖和前脚的脚趾呈一条直线。
6. 球员通过抬起上臂、伸展下臂和翻转手腕来将球投出。

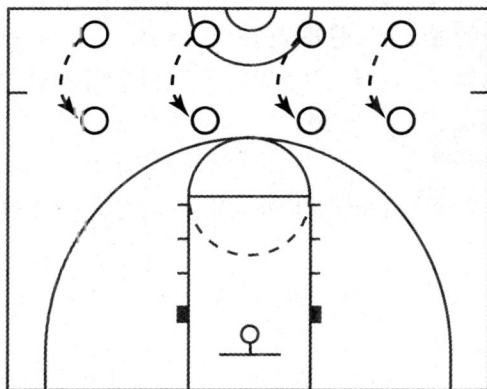

*相关训练:* *84、85、87~95*

# 87

# 躺下抛球训练

## 球队训练或个人训练 / 1 分钟

**→ 技巧训练要点**　直线投篮技巧（84~88）

### 新手球员

1. 球员躺在球场上，两两相距约 4.5 米。

2. 每个球员都有一个球。

3. 听到教练的口令后，每个球员都要使用举球－展臂－抛球技巧将球向上抛 2.4~3 米。

4. 球应该放在脸的正前方。肘部向内而不是向外。

5. 球员应该只用投篮手握球，但可以用双手接住向下掉落的球。

### 有一定基础的球员

与新球员的训练内容大致相同，但只能用投篮手去接向下掉落的球。

**相关训练：** 84~86、88~95

**88**

# 对墙抛球训练
个人训练 /1 分钟

➡️ **技巧训练要点** 直线投篮技巧（84~88）

**新手球员**

1. 球队的所有球员排成一列，站在墙壁前且面向墙壁。
2. 假设现在指导的是惯用右手投篮的球员。让他们把右脚脚趾靠近墙壁，左脚距右脚大约 45 厘米且略靠后，将右膝和整条右前臂靠在墙上，翘起右手腕，手腕的末端靠在墙上。球员右手持球，手腕稍微偏右，拇指几乎在右眼上方。可以沿手腕、下臂、肘部、膝盖和脚趾画一条直线，这就是直线投篮的技巧（见下页图 1），可以完美对齐投篮线。
3. 球员从墙壁面前向后退几步，把球抛向距离头顶大约 3 米的空中，让球撞到墙上。
4. 球员可以用双手接住弹回的球。
5. 球员再次走到墙边，重复以上步骤，每次都要注意对齐投篮线。

**有一定基础的球员**

与新球员的训练内容大致相同，但只能用投篮手去接从墙壁上弹回的球。

➡️ **教学要点**

1. 每次都要检查球员的直线投篮技巧是否使用正确。
2. 检查举球 – 展臂 – 抛球的技巧是否使用正确。
3. 确保肘部在整个投篮过程中保持不动，投篮手手肘弯曲是篮球运动中最严重的错误。
4. 图 1 展示了正确的对齐方式。下页图 2 展示了跳投时眼睛、肩膀、肘部和腿部之间的协调关系。注意跳起之后双腿伸直，脚趾指向地板。第 189 页图 3 是投篮时的正视图。

❶（a）右手持球，手腕翘起；（b）肘部大约弯曲 90 度，前臂垂直于地板，上臂平行于地板；（c）手腕、肘部、膝盖和脚趾约呈一条直线；（d）膝盖轻微弯曲，以便保持平衡和跳到空中；（e）脚趾指向投篮目标

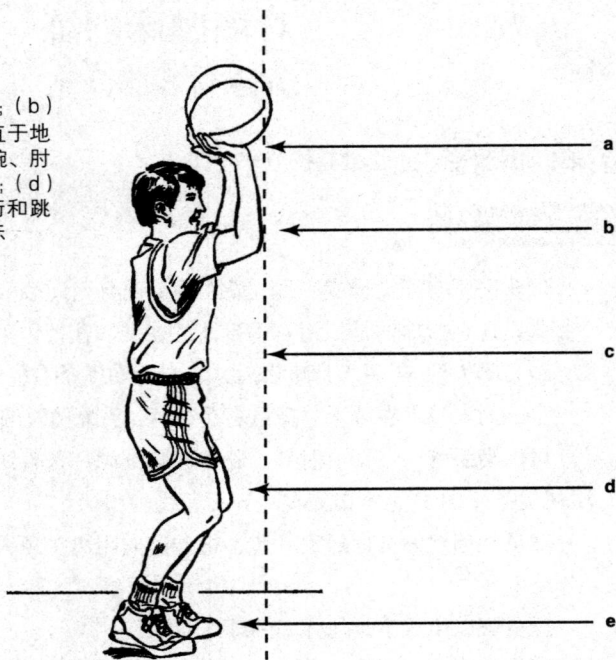

a

b

c

d

e

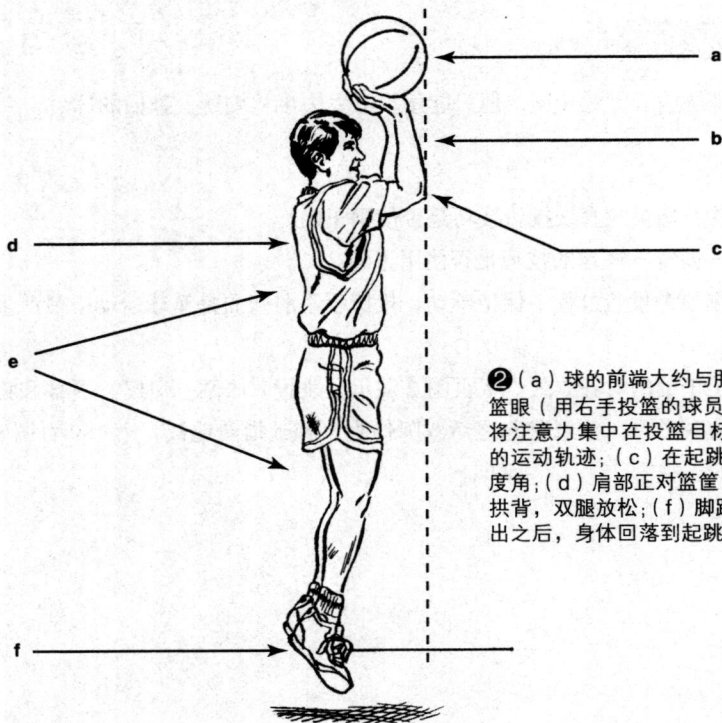

a

b

c

d

e

f

❷（a）球的前端大约与肘部齐平；（b）用投篮眼（用右手投篮的球员用右眼）瞄准目标，将注意力集中在投篮目标上，而不是观察球的运动轨迹；（c）在起跳之前，肘部弯曲 90 度角；（d）肩部正对篮筐；（e）身体挺直不要拱背，双腿放松；（f）脚趾指向地板，将球投出之后，身体回落到起跳之前的位置

❸（a）手腕翘起，指尖握球，而不用手掌；（b）肘部与投篮目标呈一条直线，如果球员更适应肘部轻微地侧向偏移，也是可以的；（c）另一只手比较轻松，但是仍然要轻轻地将球扶住；（d）眼睛关注的是投篮目标，而不是球的运动轨迹；（e）肩部与篮筐成直角

相关训练：84~87、89~95

# 89

# 全场投篮训练

球队训练或个人训练 / 10 分钟

**→ 技巧训练要点**　直线投篮技巧（84~88）

## 新手球员

1. 球员从下页图 1 中的 1 号位置开始依次投篮，然后按照倒序再投一次（这叫作小全场投篮训练）。

2. 球员必须先在 1 号位置将球投进，然后才可以在 2 号位置投球，依此类推。球员在 7 号位置将球投进之后，教练可以要求球员休息，或者按照倒序投回 1 号位置——从 7 号到 6 号，再到 5 号，依此类推。球员之间可以互相比赛，第 1 个完成所有位置投篮的球员获胜。

3. 投篮点的大致位置如下。

   1 号位置：3 秒区边线底角，篮筐左侧。

   2 号位置：3 秒区边线中间，篮筐左侧。

   3 号位置：罚球线和 3 秒区边线的交点，篮筐左侧。

   4 号位置：罚球线中间。

   5 号位置：罚球线和 3 秒区边线的交点，篮筐右侧。

   6 号位置：3 秒区边线中间，篮筐右侧。

   7 号位置：3 秒区边线底角，篮筐右侧。

## 有一定基础的球员

1. 与新球员的训练内容大致相同，但可以让球员在第 1 次投篮时在除 1 号和 7 号位置以外的其他投篮点先试投一次——试投只能在第 1 次投篮时使用。球员说"试投一次"，如果他们第 2 次（试投之后）将球投进，则进入下一个投篮点。但是如果他们两次都没有投进，则会到 1 号位置进行投篮。

2. 将球队球员分成 A、B 两组进行比赛。A 组在球场的一端，B 组在球场的另一端。每组球员轮流投篮，率先完成所有位置投篮的小组获胜，比赛重新开始。

3. A 组在球场的一端，B 组在球场的另一端。每组都派一个球员尝试一次性在全场所有的投篮点投进。接着每组的第 2 个队员尝试在全场所有的投篮点投进，以此类推，率先完成的小组获胜。

4. A 组在球场的一端，B 组在球场的另一端。每组的 5 个球员都有一个投篮位置，球员按数字顺序投篮。如果一次投篮不中，球员可以进行"试投"，所有球员率先从各自的位置将球投进的小组获胜。

## 经验丰富的球员

1. 将"全场投篮训练"（见图 2）增加到训练中。现在球场新增 5 个投篮点（图 2 中的 8、9、10、11 和 12）。球员以上述任何一种方式进行训练。

2. 球员进行全场投篮训练的投篮点的大致位置如下。

   8 号位置：三分线右侧底角。

   9 号位置：与篮筐成 45 度角，篮筐右侧三分线上。

   10 号位置：三分线顶弧。

   11 号位置：与篮筐成 45 度角，篮筐左侧三分线上。

   12 号位置：三分线左侧底角。

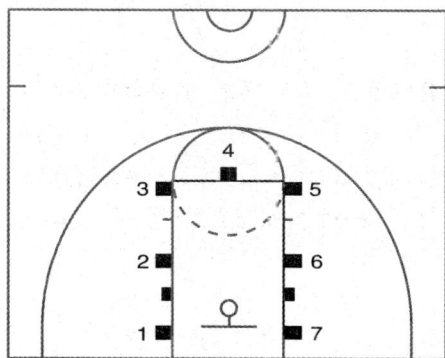

❶

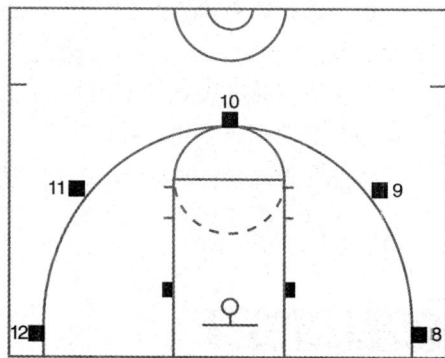

❷

**相关训练：** *84~88、90~95*

# 投空心球

## 球队训练或个人训练 /10 分钟

→ **技巧训练要点** 直线投篮技巧（84~88）

### 新手球员

1. 2 个球员共用一个篮筐。（如果有必要，可以 4 个球员共用一个篮筐。）两个球员为一个小组：一组投篮，另一组抢篮板。

2. 5 个投篮角度如下（见下页图）。

   a. 篮筐左侧底线。

   b. 篮筐左侧 45 度角。

   c. 球场中央。

   d. 篮筐右侧 45 度角。

   e. 篮筐右侧底线。

3. 一个投篮球员从距离篮筐约 1 米的位置以角度 a 开始投篮，直到球空心入网。

4. 投篮球员后退 1 步，离篮筐大约 1.8 米，然后开始投篮，直到球空心入网。训练一直持续到球员后退 3 步，接着投篮球员移动到角度 b、c 等进行投篮。

5. 一个球员投篮，另一个抢篮板。一个球员在一个角度完成投篮之后，双方互换角色。

### 经验丰富的球员

老球员不是后退 3 步，而是后退 5 步。这将使每个角度的最后一次投篮的距离从 2.7 米增加到 4.5 米。

**⟶ 备选训练（适合不同水平的球员）**

1. 分小组进行比赛，各组必须更快、更准确地将球投进。率先在所有投篮点投进的小组获胜。

2. 除了在球场中央的投篮（角度 c），在其他位置都要进行擦板投篮，并且球要空心入网。

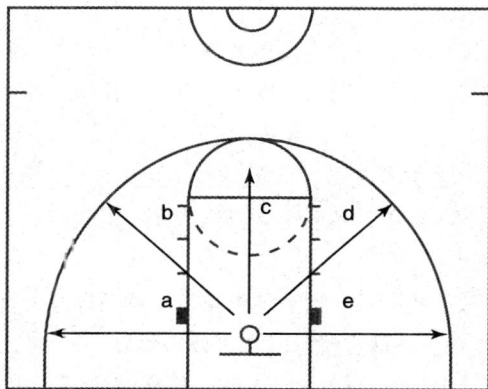

**91**

# 投进 21 球
## 球队训练 /6 分钟

➡️ **技巧训练要点** 胸前传球（44）、击地传球（44）、过顶传球（44）、接传球（44）、直线投篮技巧（84~88）

**新手球员**

1. 球员站位如下图所示。每天都要更换球队的投篮位置，但要确保所有球员在训练时的投篮位置相同。图中，两个小组都在罚球线和 3 秒区边线的交点处进行投篮训练。

2. 两组的第 1 个球员先投篮，然后抢篮板（无论是投中还是投失）。这个球员将球向外回传到小组中，然后走到自己所在小组的最后（教练可以指定球员使用的传球方式）。

3. 第 2 个球员投篮、抢篮板，然后传给队友。这项训练一直持续到其中一个小组率先投进 21 球。各队在投进时大声喊出得分。

4. 两个小组交换位置后，再次投 21 球，这样球员就可以在球场的两侧训练投篮。

5. 如果 A 组的一个球员碰到了 B 组的投球，那么 B 队将加 1 分，反之亦然。

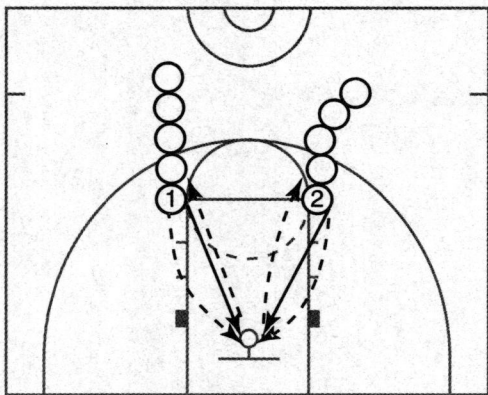

**相关训练：** 44~50、52、58~74、84~90、92~95

# 92

# 美国职业篮球联赛投篮训练

## 个人训练 /2 分钟

**➡ 技巧训练要点** 直线投篮技术（84~88）、投篮假动作（96、116、117），假投之后变向运球（96）、假投晃起防守球员后从其侧边上篮（116）

### 新手球员

1. 一个球员从三分线外投篮，如果投进得 3 分。

2. 无论投篮命中与否，球员都要去抢篮板。如果球被弹回，球员将移动一步，运球一次，然后跳投。如果投进，得 2 分。如果球未进且弹到篮下，球员需要做投篮假动作，假投之后变向运球，或者假投晃起防守球员后从其侧边上篮。如果投进，得 2 分。

3. 球员走到罚球线处投篮，如果投中，得 1 分。

4. 每个球员每半场可以有 5 组投篮机会，这意味着球员可以投 5 次三分球，进行 5 次短距离跳投或上篮以及 5 次罚球。半场总分 30 分，或者说全场共计 60 分。

5. 球队的目标是至少拿一半的分。因此，要赢得这场比赛，一名球员必须得 30 分。经过一周又一周的训练比赛，不断地增加球队赢得比赛所必须得的分数。教练可以用自己最喜欢的球队训练模式，定期进行美国职业篮球联赛的投篮训练。

*相关训练：84~91、93~96、116、117*

# 93 麦肯（Mikan）式小勾手训练

## 个人训练 /1 分钟

➡ **技巧训练要点** 敏捷性、平衡性、体能调节、内线站姿（10）、后转身（36）、跳步急停（37）、跨步急停（38）、内线步法（96~103）、投篮假动作（96、116、117）、半转身（115）、转身（115）、假投晃起防守球员后从其侧边上篮（116）

### 新手球员

1. 一个球员拿球站在篮下（见下页图）。
2. 球员从球场左侧开始训练。
3. 球员用左手在左侧做小勾手动作，将投失或者投中的篮板球抢到，然后使用滑步向篮筐的另一侧移动。
4. 移动到另一侧后，球员立即朝相反的方向，再次进行步骤 3 的训练，但现在是用右手在右侧做小勾手动作。
5. 训练持续 1 分钟。

### 有一定基础的球员

1. 在完成第 1 次小勾手训练且将球投进后，球员抢到篮板球，并跳步急停到另一侧，从 3 秒区边线外开始训练。
2. 球员立即低位转身到中间，并做出另一个小勾手动作。
3. 球员从篮筐的一侧移动到另一侧，持续训练 1 分钟。

➡ **备选训练（仅适合有一定基础的球员）**

球员立即进行上述 3 个步骤的训练，但并不是每一次都要使用小勾手，球员可以做某个投篮假动作，接着再做投篮系列假动作中的其他动作（见训练 116 和训练 117）。

## ➡ 教学要点

### ➡ 小勾手

　　球员从篮筐左侧（面向中场）开始，背对篮筐。球员可以略微调整姿势，使背部与篮板平行，在做小勾手时，右肩朝向球场的另一侧。球员右腿着地，尽可能抬高左腿，同时保持平衡。球员起跳时，将球从双手转移到左手，左臂伸直，将球轻轻勾进篮筐。

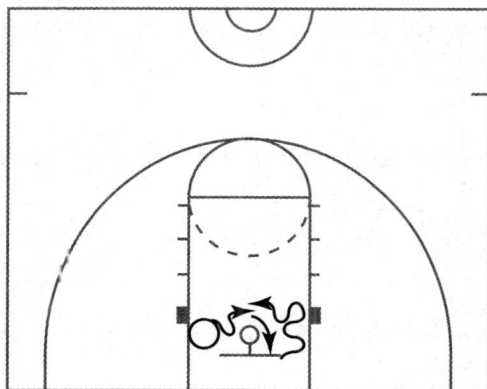

**相关训练：** *10、36~38、96~103、114~117*

**94**

# 抢篮板 - 传球 - 投篮

球队训练 /4 分钟

➡ **技巧训练要点** 敏捷性、体能调节、前后移步假动作（11）、单手体前变向运球（12、28）、双手交叉变向运球（13、29）、转身（反向）运球（14、30）、半转身运球（15、31）、前转身（35）、后转身（36）、跳步急停（37）、跨步急停（38）、传球（44）、V 形空切（53）、中切（54）、背切（55）、闪切（56）、滑步卡位（79）、直接卡位（79）、直线投篮方法（84~88）、投篮训练（89~93、95）

## 新手球员

1. 球员站位如下页图所示。1 号球员是投篮球员，2 号球员是传球球员，3 号球员和 4 号球员是抢篮板球员。

2. 1 号球员投篮 30 秒，然后从 1 号投篮，然后 2 号投篮，接着是 3 号、4 号，再回到 1 号。

3. 轮完一整圈后，投篮球员在场的另一侧排成一行。每个球员投篮 30 秒，训练再持续 2 分钟。

4. 开始训练时，1 号球员和 4 号球员都持球。只要 1 号球员将球投出，4 号球员立即将球传给 2 号球员。2 号球员传球给 1 号球员，让他再次投篮。与此同时，3 号球员或 4 号球员抢到 1 号球员第 1 次投出的篮板球，并将球传给 2 号球员。2 号球员再次传球给 1 号球员，1 号球员接球投篮，训练持续进行。

## 有一定基础的球员

1. 1 号球员不只进行投篮，在接球投篮之前还需要做空切。

2. 1 号球员在做空切之前还要做前后移步假动作或者行进间运球，最后再投篮。

3. 3 号球员和 4 号球员不单是面向篮筐抢篮板球，在 1 号球员投篮时还要面向外场。然后 3 号球员后转身，抢篮板；4 号球员前转身，抢篮板。

## ⊃ 教学要点

1. 投篮速度快和投篮次数多没有掌握正确的投篮技巧重要。确保所有球员都掌握了正确的基础投篮技巧。投篮球员不能偷懒。

2. 如果要强调篮板侧技巧，注意要做正确的卡位和转身动作。请注意，篮板球员有强侧和弱侧之分。主要篮板球位置和次要篮板球位置都要顾及。

3. 投篮最重要的是效率，而不是速度。例如，不要计算投球数量，这可能会使球员掌握糟糕的投篮技巧。

4. 如果球员在投篮之前可以做空切，那么在做空切之前一定要降低身体重心。这样才能确保所做的空切动作干净利落、速度极快。

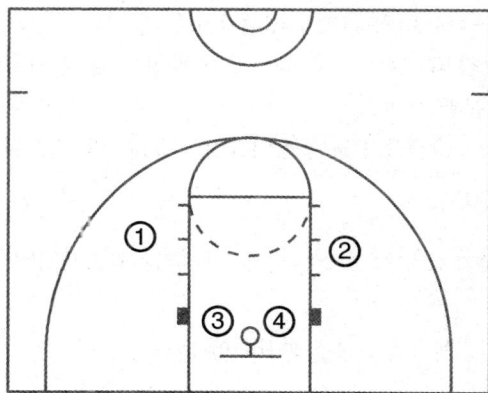

相关训练：*11~16、28~31、35~38、53~56、79~83、84~93、95*

# 95 两个球员的快速投篮训练

## 球队训练 /2 分钟

➡ **技巧训练要点** 胸前传球（44）、击地传球（44）、篮板球（79~83）、直线投篮方法（84~88）、投篮训练（89~95）

**新手球员**

1. 球员站位如下图所示。开始训练时，两个球员各持一球。
2. 训练开始，1 号球员投篮。
3. 只要 1 号球员投球落地，2 号球员就立即使用胸前传球将球传给 1 号球员。
4. 2 号球员抢到 1 号球员第 1 次投出的篮板球。
5. 训练按此顺序持续 15 秒。两个球员互换角色。
6. 1 号球员改变投篮位置，训练在这个位置继续进行 30 秒（1 号球员投篮 15 秒，2 号球员投篮 15 秒）。
7. 球场上共有 4 个位置用来进行此项训练，训练总时长共计 2 分钟。

➡ **备选训练**

1. 要求 1 号球员在接到第 2 个球之后、跳投之前，使用滑步朝一个方向移动 1~2 步。
2. 告诉球员使用击地传球，不要使用胸前传球。

➡ **教学要点**

1. 确保所有的传球干净利落、速度极快。
2. 确保篮板球员使用正确的篮板球技巧。
3. 投篮球员不能偷懒。尽可能确保所有投篮都完美无缺。

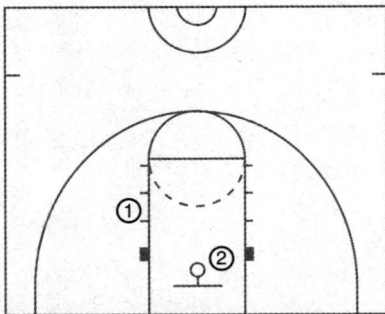

**相关训练：** 44、79~83、84~93、94

# 第 11 章

# 内线进攻

外线跑位和内线跑位有很多相似之处。毕竟，在如今的比赛中，外线球员滑步到内线并不会造成犯规。一个优秀的单打球员必须既能打得了内线，又能打得了外线。

外线球员运球突到篮下上篮，被防守球员截断没有得分，然后外线球员再次抢到球并运球，此时外线球员与运球的内线球员相差无几。我们把这种情况叫作外线球员在内线运球得分。球员使用的是投篮假动作，而假投之后变向运球是一种对抗手段。

外线运球球员使用转身和半转身运球技巧，内线球员背对篮筐可使用同样的技巧。

当外线球员做出三威胁姿势时，他们会将前后移步假动作为第 1 个假动作。内线球员可以前转身（或后转身），面对篮筐。我们把这些动作叫作上仰，上仰动作与前后移步假动作的步法一致。

本章的 8 项内线训练涵盖了上述所有技巧，这些训练也将不同程度的防守囊括其中，从而使得一对一内线单打十分激烈。训练 96 展示的是假动作。

当球员在内线时，不能在腿的外侧运球，因为外侧的防守球员会过来补防。内线球员在腿的外侧运球会让外侧的防守球员过来协防将球抢断。训练 97 展示了应该如何避免这种情况发生。

训练 98 讲解了绕前防守以及进攻球员需要如何应对这种防守。训练 99 介绍了最常见的防守技巧、两步防守以及如何应对这种防守。

训练 100 介绍的是很难防守的转身步法，这是一个所有内线球员都必须学会的进攻性动作。训练 101 说明了 3/4 绕前防守以及如何应对这种防守技巧。训练 102 介绍的是高低位进攻，由两个内线进攻球员配合去应对防守球员。训练 103 增加了低位掩护动作，这个动作可以作为球队执行进攻战术时的另一个选择。

# 96

## 低位背打

### 球队训练或个人训练 / 每个假动作连续 5 分钟

➡ **技巧训练要点**　三威胁姿势（9）、前后移步假动作（11）、双手交叉变向运球（13、29）、转身（反向）运球（14、30）、半转身运球（15、31）、前转身（35）、后转身（36）、跳步急停（37）、内线步法、投篮假动作、假投之后变向运球、背身单打、低位转身、上仰、滑步运球（97）、绕前防守（98）、绕前一步防守（99）、绕前两步防守（99）、3/4 绕前防守（101）

### 经验丰富的球员

1. 球员站位如下页图 1 所示。
2. 教练指导球员训练一种内线技巧。球员做完这个动作之后，走到队列的最后。每天只训练 1 个动作，或者一次性做 2 个或 3 个动作。例如，背身单打、低位转身、投篮假动作、带球上篮一气呵成。以下内容是对不同内线技巧的详细阐释。

   a. 背身单打。教练告诉进攻球员，防守球员正在他们的上方防守。进攻球员用他们的身体将防守球员从禁区挤开。教练向内传球，球员使用低位转身强打篮下得分（见 b 部分）。如果防守球员防下盘，那么进攻球员会将防守球员挤开 1 步或者更远。如果是绕前防守，防守球员会被进攻球员向外挤出 1~2 步。挤开防守球员为传球创造了更大的空间。如果防守球员直接站到内线进攻球员的后面，那么内线进攻球员就需要降低身体重心，就像坐在椅子上一样，伸出双手朝前准备接球。内线进攻球员臀部向后撅，挤开防守球员，以应对防守球员的绕后防守。

   b. 低位转身。内线进攻球员的前脚在防守球员的前脚所在的位置，内线进攻球员一只手臂抵住防守球员的身体，手肘弯曲 90 度。手臂抵住防守球员是为了防止防守球员绕开前脚将球拦截。当教练传球给内线进攻球员时，内线进攻球员的后脚朝向篮筐，前脚和手臂仍然抵住防守球员，接球之后上篮得分，如果有必要，可以使用滑步（见训练 97 和训练 114）。

   c. 投篮假动作。内线进攻球员（必须在篮筐附近）肩膀朝向篮筐，双手控球，双臂用力砸向篮筐。内线进攻球员可以做 3 次投篮假动作，但是当防守球员跳起来对投篮进行封盖时，内线进攻球员可以随时将球投出。投篮假动作必须看起来和真的投篮动作一样。做投篮假动作超过 3 次一般会导致 3 秒违例。球员可以在篮筐附近结束运球时使用投篮假动作，也可在内线移动一步之后或者抢到进攻篮板球之后做投篮假动作。

   d. 假投之后变向运球。当一个防守球员使用脚步前移应对投篮假动作时，内线进攻球员可以变向运球将防守球员过掉然后带球上篮。在内线跑动或运球结束时使用跨步急停十分重要，因为球员的双脚都可以成为轴心脚，内线进攻球员可以朝任意方向变向运球将防守球员过掉。球员在做完投篮假动作时不要变向运球，而要直接上篮，这就是假投晃起防守球员后从其侧边上篮。内线进攻球员应该针对防守球员的不同的防守技巧而采用不同的进攻手段（更多细节见训练 116 和训练 117）。

e. 上仰。内线进攻球员前转身或者后转身，然后面向篮筐投篮。现在内线进攻球员可以立即跳投，或者做假动作然后投篮，也可以做前后移步假动作直接运球过人或者变向运球。

f. 转身。与带球转身相同，但此处是由一个内线进攻球员背对篮筐转身（更多细节见训练 115）。

g. 半转身。与带球半转身相同，但此处是由一个内线进攻球员背对篮筐进行半转身（更多细节见训练 115）。

➡ **备选训练**

1. 让一个防守球员与一个内线进攻球员对位，并且让内线进攻球员根据防守球员的防守动作来做出相应的进攻动作。

2. 一个进攻球员在罚球线外侧（1 号球员），另一个进攻球员在底角（2 号球员）（见图 2。1 号球员传球给 2 号球员，2 号球员传球给 5 号球员，5 号球员摆脱防守球员 X5 去接 2 号球员的传球，上篮之后回到队列的最后）。这两个球员来回传球，直到内线球员得到外线球员的传球。防守球员 X5 可以使用绕前一步防守技巧或绕前两步防守技巧，也可以直接在进攻球员背后进行防守。内线进攻球员要观察防守球员的防守动作并做出相应的进攻动作。

➡ **教学要点**

确保球员的所有动作（包括步法）都是正确的。

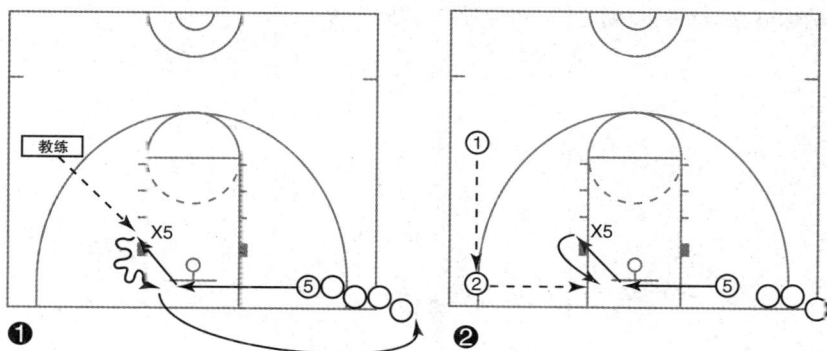

*相关训练：* 97~103、114~121

# 97 滑步运球

**球队训练或个人训练 / 1 分钟**

◆ **技巧训练要点** 滑步运球

## 新手球员

1. 球员站位如下图所示。队列中的第 1 个球员向前滑步运球，一次只移动一步，将球运到 3 秒区边线的第 2 个标注点。球员继续向前滑步运球并移动一步，到了 3 秒区的中间位置，双手持球；然后再滑步运球并移动一步，滑出 3 秒区。球员再次用双手持球，大力滑步运球并移动一步，此时球员在 3 秒区另一条边线外的封盖区，接着走到队列的最后。

2. 球员在内线必须谨慎运球，合理的运球方式是滑步运球，球不应高于膝盖。内线球员运球时，比如当球员用左手向右运球时，运球高度要低，要低于球员下蹲的高度。球员向右滑步时，球员右脚踏一步，然后将左脚带到与肩同宽的位置。球在双腿之间，持球高度要低，这样球就不会被拍掉。球员在内线运球时不能移动超过一步。

3. 第 1 天在球场左侧训练，第 2 天在球场右侧训练。

## 经验丰富的球员

在每次滑步运球之后，球员需要做一个动作，比如投篮系列假动作中的任何一个动作：假投之后变向运球，或者假投晃起防守球员后从其侧边上篮。

◆ **教学要点**

确保球在球员的双腿之间，而不是在双腿前面。

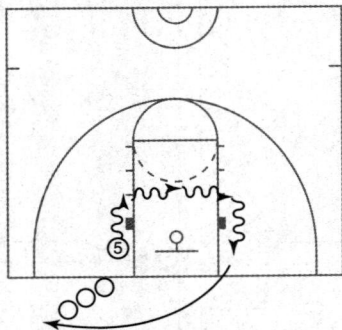

相关训练：96、98~103、114~121

# 98 应对绕前防守的进攻技巧

## 球队训练或个人训练 /2 分钟

➡ **技巧训练要点** 过顶传球（44）、闪切（56）、背身单打（96）、投篮假动作（96）、绕前防守

### 有一定基础的球员

1. 球员站位如右下图所示。攻防轮换是 5 号球员从进攻球员成为防守球员 X5，然后回到 3 号球员所在队列的最后，同时 3 号球员回到 5 号球员所在队列的最后。

2. 5 号球员快速转身到封盖区或者稍微偏向外侧。防守球员 X5 绕前防守 5 号球员。

3. 5 号球员用身体将防守球员 X5 往外挤开一步左右，但不要让防守球员 X5 移动到其后面。

4. 5 号球员转身面对底线，用右臂抵住防守球员 X5 的下背部，5 号球员的上臂应与下臂成 90 度。5 号球员将左臂举过头顶，给 3 号球员一个过顶传球的信号。5 号球员原地等待，直到 3 号球员将球传到 5 号球员的头顶，然后 5 号球员朝篮筐向前跨一步，接住球，同时不带球向下移动，接着直接起跳，将球投进。

5. 3 号球员使用过顶传球将球传给 5 号球员。传球应该比 5 号球员的接球手的接球范围更远一步。

6. 如果 5 号球员需要更换步法，那么他可以把球向下带，接着做投篮假动作，然后带球上篮。

7. 当球从防守球员 X5 的头顶投出时，他要朝着篮筐的方向起跳。由于防守球员 X5 在进攻球员的后面，所以必须把握跳起的时机，这样才能阻挡进攻球员上篮得分。防守球员 X5 不要犯规。

### ➡ 教学要点

1. 确保合理地将传球投出，所传之球应该是半吊球，稍微超出防守球员的弹跳高度。

2. 进攻球员应该面向边线，迈步时应先迈引导脚（图中为左脚）。

3. 进攻球员不能将球带到下面，而应该接住传球，把球高高举起，然后投进篮筐。

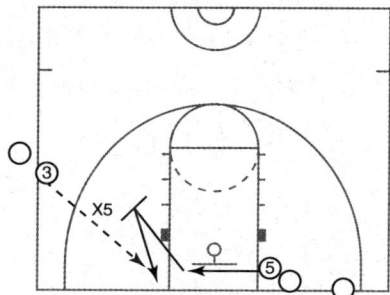

*相关训练：96、97、99~103、114~121*

**99**

# 绕前两步卡位训练
## 球队训练或个人训练 /5 分钟

➲ **技巧训练要点** 三威胁姿势（9）、前后移步假动作（11）、双手交叉变向运球（13、29）、转身（反向）运球（14、30）、前转身（35）、后转身（36）、跳步急停（37）、闪切（56）、内线步法（96、114~121）、投篮假动作（96）、假投之后变向运球（96）、背身单打（96）、低位转身（96、114）、上仰（96）、滑步运球（97）、绕前两步防守

**有一定基础的球员**

1. 球员站位如下页图所示。攻防轮换是从进攻的 5 号球员到防守的 X5 球员，再到 1 号球员，再到 3 号球员，最后轮到队列最后的球员。

2. 5 号球员快速转身到封盖区。由于球在 1 号球员手里，所以防守球员 X5 绕到 5 号球员的前面进行防守。

3. 1 号球员传球给 3 号球员，5 号球员绕前两步卡住防守球员 X5 的位置。5 号球员的前脚（图中为右脚）应该与防守球员 X5 的右脚对齐或者在其前侧。防守球员 X5 的右脚和半个身位要在进攻 5 号球员的身前，左脚在 5 号球员身体稍靠后，这是正规比赛的对抗脚步，进攻球员和防守球员都不使用手和手臂。

4. 当 1 号球员传球给 3 号球员时，防守球员 X5 抬起左脚，直接挡在 5 号球员的身体前面。当 3 号球员将球接住时，防守球员 X5 应该抬起右脚，并放在稍微落后于 5 号球员的身体的位置。X5 球员在 5 号球员身体前面大概有半个身位的距离。5 号球员现在应该尝试将左脚移动到防守球员 X5 的左脚对齐的位置，用前臂挤出一个适合背身单打的位置。

5. 开始训练时，5 号球员原地不动，防守球员 X5 只用绕前一步。在训练绕前两步卡位技巧时，1 号球员和 3 号球员每次传球的时间大约是 2 秒。接着 5 号球员可以跑动，再做同样的训练。

→ **备选训练**

　　防守球员不做绕前两步防守训练，每次只绕前一步防守。1 号球员将球传给 3 号球员时，防守球员 X5 抬起左脚挡在 5 号球员的身体前面。防守球员 X5 的肩膀现在应该与 1 号球员与 3 号球员之间的传球线平行。防守球员 X5 保持双手向下，去感受 5 号球员的进攻路线。防守球员 X5 此时处于绕前防守的位置，而不是 3/4 绕前防守位置，防守球员 X5 可使用绕前一步防守技巧。当球在 1 号球员手中时，防守球员 X5 使用 3/4 绕前防守技巧，而当球在 3 号球员手中时，防守球员 X5 使用绕前防守技巧。

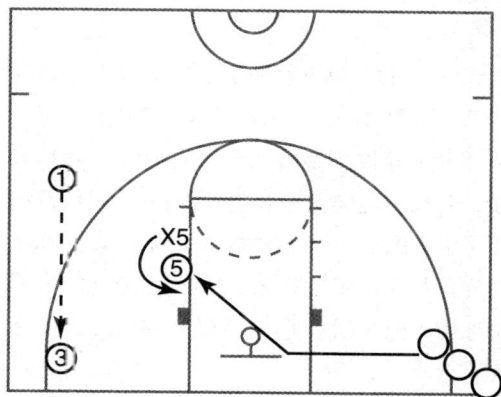

*相关训练：96~98、100~103、114~121*

## 100 转身步法
### 球队训练或个人训练 /5 分钟

➡ **技巧训练要点** 三威胁姿势（9）、前后移步假动作（11）、双手交叉变向运球（13、29）、转身（反向）运球（14、30）、前转身（35）、后转身（36）、跳步急停（37）、内线步法（96、114~121）、假投之后变向运球（96、117）、背身单打（96）、低位转身（96、114）、上仰（96）、滑步运球（97）、绕前防守（98）、绕前两步防守（99）、内线进攻转身步法

### 经验丰富的球员

1. 球员站位和训练 99 一样（见下页图 1），攻防轮换也和训练 99 相同。
2. 当 1 号球员传球给 3 号球员时，5 号球员不要阻止内线防守球员绕前，要让防守球员在无干扰的情况下绕前两步（或绕前一步）（注：无论是绕前一步还是绕前两步，每次只能绕前一步）。当防守球员绕前时，进攻球员转身面对防守球员（见下页图 2）。当 3 号球员接到 1 号球员的传球时，5 号球员后转身。现在防守球员无法跟进防守。3 号球员将球回传给 1 号球员，这样就给 1 号球员将球传入内线创造了一个绝佳的机会，此时 5 号球员已经准备就绪，等待进攻上篮。

➡ **备选训练**
　　让防守球员和进攻球员一对一训练，这样他们就可以分析场上情况的变化并做出相应的动作。

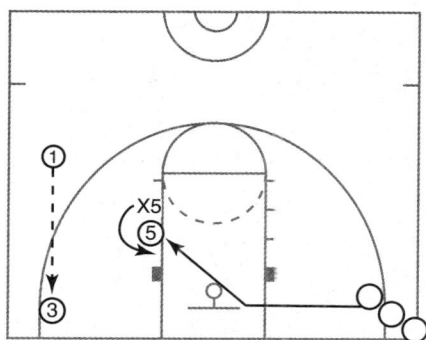

❶

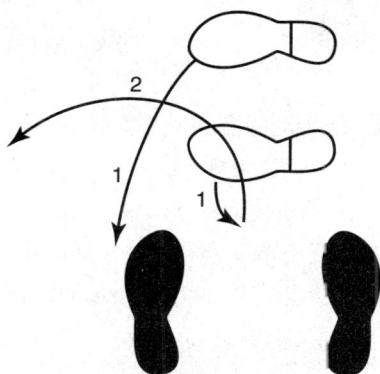

❷ 难以防守的转身。当 1 号球员将球传给 3 号球员时，防守球员绕前两步或者一步进行防守。当防守球员完成动作时，3 号球员做 180 度后转身。第 1 步是进攻球员的脚（右脚）远离防守球员，第 2 步是后转身。3 号球员快速将球回传给1 号球员，此时内线防守球员无法阻止 1 号球员将球传给内线进攻球员

相关训练：96~99、101~103、114~121

# 3/4 绕前防守训练
**球队训练或个人训练 /5 分钟**

➡ **技巧训练要点** 三威胁姿势（9）、前后移步假动作（11）、双手交叉变向运球（13、29）、转身（反向）运球（14、30）、前转身（35）、后转身（36）、跳步急停（37）、内线步法（96、114~121）、投篮假动作（96）假投之后变向运球（96）、背身单打（96）、低位转身（96、114）、上仰（96）、滑步运球（97）、绕前防守（98）、绕前两步防守（99）、内线进攻转身步法（100）

### 有一定基础的球员

1. 球员站位如右下图所示。攻防轮换：5 号球员从进攻球员成为防守球员 X5，接着成为 3 号球员，然后跑到队列的最后。

2. 5 号球员快速转身朝向教练。防守球员 X5 进行 3/4 绕前防守。

3. 5 号球员尝试将右脚放在防守球员 X5 的前面，防守球员 X5 尝试将右脚放在 5 号球员的前面。两个球员都在尝试争抢这个位置。当二者互相争抢几次之后，5 号球员已经向外侧移动了好几步，这时防守球员 X5 立即后撤来到 5 号球员的身后进行防守。5 号球员尝试用滑步回到 3 秒区的边线。

4. 5 号球员持续使用滑步直到防守球员 X5 出现失误。如果防守球员 X5 成功撤到 5 号球员的后面，那么 5 号球员应该降低身体重心（就像坐在椅子上一样），去接住教练的传球，并做出进攻动作。

5. 如果在合理的时间内双方都没有犯错，那么教练就把球传给 3 号球员。5 号球员尝试将防守球员 X5 甩在身后。3 号球员传球给 5 号球员，让他带球上篮。5 号球员可能必须使用投篮假动作和滑步运球来保持平衡。

➡ **备选训练**

1. 用 1 号球员代替教练。让训练变成激烈的一对一内线对抗训练。

2. 在内线进行一对一对抗训练的同时，防守球员 X1 和 X3 尝试去阻止外线进攻球员进行快速传球。

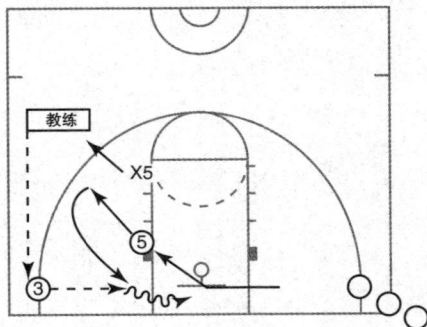

*相关训练：96~100、102、103、114~121*

**102** 高低位传球

球队训练 /6 分钟

⊙ **技巧训练要点** 三威胁姿势（9）、前后移步假动作（11）、双手交叉变向运球（13、29）、转身（反向）运球（14、30）、前转身（35）、后转身（36）、跳步急停（37）、击地传球（44）、过顶传球（44）、快速转身（54）、内线步法（96、114~121）、投篮假动作（96）、假投之后变向运球（96）、背身单打（96）、低位转身（96、114）、上仰（96）、滑步运球（97）、绕前防守（98）

**有一定基础的球员**

1. 球员站位如右下图所示。攻防轮换：4号球员从进攻球员成为防守球员 X4，接着成为5号球员，再成为防守球员 X5，然后跑到队列的最后。

2. 4号球员快速转身到罚球线位置，防守球员 X4 对其进行防守。如果防守球员 X4 成功阻断传球路线，那么4号球员应做背切接住教练传出的高吊球。如果4号球员成功完成闪切，教练就会将球传给4号球员，并开始高低位传球训练。

3. 当4号球员在高位接到传球时，他会前转身并做三威胁姿势。

4. 5号球员立即降低身体重心与防守球员 X5 抢占3秒区的边线位置。

5. 4号球员和5号球员必须观察分析防守球员 X4 和 X5 的防守程度，以进行下一次传球。如果防守球员 X5 在5号球员后面，那么4号球员可击地传给5号球员，5号球员使用内线步法或者行进间运球。如果防守球员 X5 绕前防守5号球员，那么4号球员可过顶传高吊球给5号球员，然后5号球员带球上篮。如果成功卡住防守球员 X5 的位置，4号球员可以向右侧迈步，同时击地传球给5号球员。

6. 一开始在没有防守压力的情况下进行训练。经过几个来回的训练之后，开始真正地进行防守训练。

**经验丰富的球员**

一个外线球员在底角（或边线）和5号球员同侧。当5号球员卡住防守球员 X5 的位置时，4号球员可以传给底角的球员，他可以完美地将球传给5号球员。

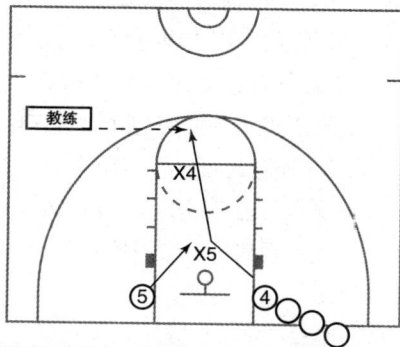

**相关训练：** *96~101、103、114~121*

# 低位掩护

**球队训练 / 每个阶段训练 10 分钟**

➡ **技巧训练要点** 三威胁姿势（9）、前后移步假动作（11）、双手交叉变向运球（13、29）、转身（反向）运球（14、30）、前转身（35）、后转身（36）、跳步急停（37）、击地传球（44）、过顶传球（44）、快速转身（56）、掩护（71）、内线步法（96）、投篮假动作（96、117）、假投之后变向运球（96）、背身单打（96）、低位转身（96、114）、上仰（96）、滑步运球（97）、绕前防守（98）、绕前两步防守（99）、3/4 绕前防守（101）、高低位传球（102）

### 有一定基础的球员

1. 本项训练包括两个阶段：对外线球员进行低位掩护（见下页图 1）和对内线球员进行低位掩护（见下页图 2）。

2. 第 1 阶段：球员站位如图 1 所示，攻防轮换是从 1 到 X1，从 3 到 X3，从 5 到 X5 再回到 1，一定要让每个球员在每个点位上都进行训练。

3. 5 号球员给 3 号球员或者 1 号球员做掩护。3 号球员和 1 号球员必须给他们的防守球员设置掩护。在图 1 中，1 号球员要过掉防守球员 X1，此时 5 号球员上前一步给 1 号球员做掩护。记住，当 5 号球员做掩护时，5 号球员必须喊出 1 号球员的名字，并且 5 号球员要么掩护之后回身去接传球，要么掩护之后向篮下后撤。在图中这种情况下，5 号球员可在掩护之后回身接球。教练观察针对掩护的防守情况，并将球传给合适的主接球员。

### 经验丰富的球员

1. 第 2 阶段：球员站位如下页图 2 所示，攻前轮换是从 4 到 5，然后回到队列的最后（图中没有展示防守球员）；一个内线球员给另一个内线球员做掩护，掩护球员回到高位，形成高低位传球的内线进攻。

2. 要想进行合适的防守，防守球员 X4 必须始终在掩护球员的上方。防守球员 X5 补防封盖区直到防守球员 X4 跑到这个位置。然后防守球员 X5 回防 5 号球员。防守球员 X5 在回防 5 号球员之前可以稍微合理冲撞 4 号球员。

3. 教练观察针对掩护的防守情况，并将球传给合适的主接球员。

1. 教练不要传球，让一个进攻球员在那个位置训练观察掩护和传球情况。

2. 当外线球员（如图 2 中的 5 号球员）尝试从高位传球时，4 号球员可以尝试卡防守球员 X4 的位置。现在教练可以开展高低位传球训练，让一个外线球员协助将球传到内线。

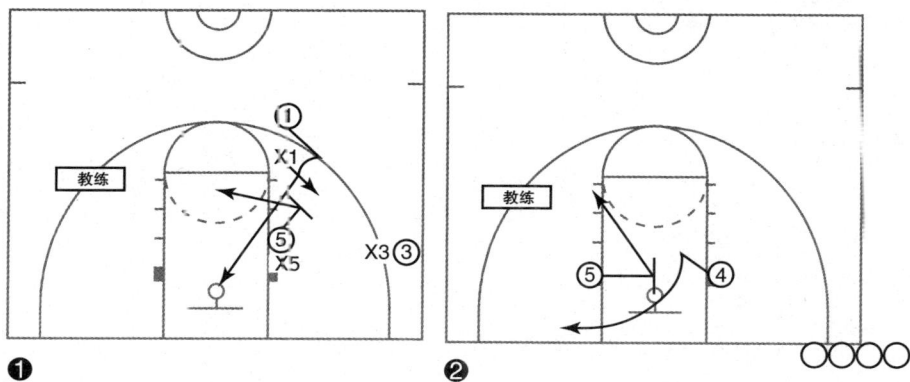

**❶**

**❷**

# 第 12 章

# 外线进攻

现在球员在没有防守球员的情况下已经可以熟练地进行一对一的外线跑位了，之后我们将增加一个防守球员进行训练。这将使球员不仅知道如何跑位，而且知道何时跑位。训练需要耐心（对教练和球员而言都是如此），因为球员在成为出色的一对一球员之前会犯很多错误。一旦开发了球员的潜力，那么他们将带动队伍中的其他球员变得更加优秀。

科比·布莱恩特在很小的时候就努力训练，让自己的一对一步法趋于完美。所以他成了篮球界最出色的球员之一，他既可以给自己创造投篮机会，也可以将球传给队友，从而使队友发挥得更出色。格兰特·希尔在一对一对抗动作上非常流畅，似乎已经与篮球融为一体。格兰特来自弗吉尼亚州莱斯顿的南湖高中。因为南湖高中就在我们这一带，所以在他成名之前，我们就已经看过他打球了。他当时打球就很流畅，在经过了不间断的训练后，现在他的一对一对抗动作可以说已经趋于完美。训练 104 要求球员间距 4.5 米去进行一对一训练。这是进攻战术中球员必须保持的距离。如果球技够好，且运球 1~2 次与防守球员拉开身位，那么 4.5 米的距离就足够了。

在训练 105 中，球员要学习在一对一的对位中不要勉强出手投篮。训练 106 是一种竞争性强、趣味性十足的训练，训练从抢到篮板球开始。训练 107 迫使球员不间断地进行一对一训练。

在训练 108 中，球员在场上训练，不休息。长凳才是用来休息的，球场是用来打球的。在训练 109 中，当运球球员在一对一对抗中将防守球员过掉时，防守球员要知道如何进行协防，这是在比赛中经常出现的一种情况。

训练 110 是各项训练结束时进行的综合训练，这项训练竞争激烈，将要求球员综合运用一对一进攻和防守的所有技巧，并让球员处于积极、乐观的情绪中。在训练 111 中，防守球员要掌握如何在弱侧协防接球的进攻球员——任何比赛中都经常会出现这种情况。

训练 112 将增加外线空切的内容。球员将学习观察防守球员的防守动向，以决定使用哪种空切以及何时使用这种空切。

训练 113 将增加运球直切篮下的内容。现在外线球员应该可以熟练地进行一对一对抗、掩护、空切以及运球直切篮下了。

这些球队训练和个人训练将有助于教练完善进攻体系。

**104** 　　　**一对一训练**

➡️ **技巧训练要点**　三威胁姿势（9）、前后移步假动作（11）、单手体前变向运球（12、28）、双手交叉变向运球（13、29）、转身（反向）转身（14、30）、半转身运球（15、31）、控球（24）、防守假动作（33）、跳步急停（37）、跨步急停（38）、投篮假动作（96）、假投之后变向运球（96）、滑步运球（97）、防守球员的前脚对应进攻球员的轴心脚（129）、防守球员的前脚对应进攻球员的活动脚（130）、前滑步（137）、后撤步（137）、摇摆步（137）

### 新手球员

1. 球员站位如右下图所示。完成一次训练之后，3 号球员和防守球员 X3 攻防转换。
2. 让几个小组使用不同的篮筐同时进行训练，或者 3 个小组使用同一个篮筐进行训练，每个小组间隔 4.5 米。
3. 进攻球员必须待在 4.5 米的标线内，并且必须在 3 次运球内投篮得分。开始进攻时可以使用前后移步假动作或者任何一种行进间运球步法。
4. 在这 3 次运球的过程中，防守球员试图迫使进攻球员尽可能多地变向。
5. 进攻球员必须与防守球员拉开身位才可以跳投得分。
6. 每天训练时都要改变 4.5 米的标线位置。

➡️ **备选训练**

1. 限制进攻球员只能走一步（例如转身）或两步。
2. 防守球员可以用前脚对应进攻球员的轴心脚，对进攻球员的投篮手一侧进行防守，而不是逼迫进攻球员强行变向。
3. 防守球员必须连续两次拦住进攻球员才能进行攻防转换。
4. 进攻球员只要拉开身位，就可以投篮，不管投进与否。

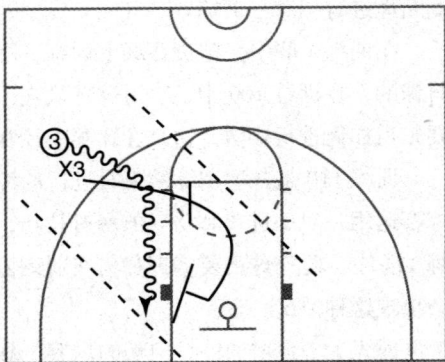

**相关训练：** *9、11~17、96、105~109、111、137~139、151~154*

# 105

## 一对一摆脱防守训练

个人训练 /4 分钟

➲ **技巧训练要点** 三威胁姿势（9）、前后移步假动作（11）、单手体前变向运球（12、28）、双手交叉变向运球（13、29）、转身（反向）运球（14、30）、半转身运球（15、31）、控球（24）、防守假动作（33）、跳步急停（37）、跨步急停（38）、胸前传球（44）、击地传球（44）、过顶传球（44）、V 形空切（53）、中切（54）、背切（55）、投篮做动作（96）、假投之后变向运球（96）滑步运球（97）、防守球员的前脚对应进攻球员的轴心脚（129）、防守球员的前脚对应进攻球员的活动脚（130）、前滑步（137）、后撤步（137）、摇摆步（137）

### 新手球员

1. 球员站位如右下图所示。攻防轮换：3 到 X3、X3 到 4、4 到 3。

2. 多组球员同时训练。

3. 进攻时，球员必须待在 4.5 米的标线内。开始进攻时可以使用前后移步假动作或者任何一种行进间运球步法。如果球员不能拉开身位去投篮，教练应告诉球员不要勉强出手。相反，他们应该传球给 4 号球员，然后做 V 形空切、中切或者背切（根据防守球员的防守动作做出相应的空切动作）。4 号球员接到 3 号球员的传球，3 号球员再次与防守球员 X3 对位，进行一对一对抗训练。

4. 每天训练时都要改变 4.5 米的标线位置。

5. 无论是防守站位还是封盖投球，防守球员必须建立一种稳固的防守状态。

➲ **备选训练**

1. 限制进攻球员只能走一步（例如转身）或两步。

2. 防守球员必须连续两次拦住进攻球员才能进行攻防轮换。

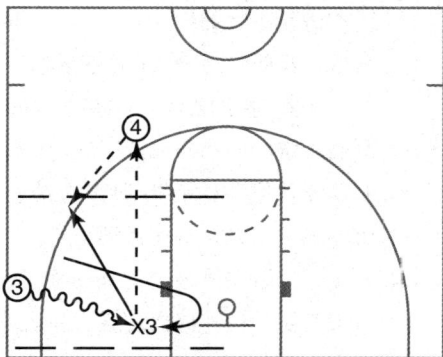

**相关训练：** 9、11~17、96、104、106~109、111、137~139、151~154

# 106 一对一小组演练

**个人训练 /2 分钟**

➡ **技巧训练要点**　三威胁姿势（9）前后移步假动作（11）、单手体前变向运球（12、28）、双手交叉变向运球（13、29）、转身（反向）运球（14、30）、半转身运球（1531）、控球（24）、防守假动作（33）、跳步急停（37）、跨步急停（38）、投篮假动作（96）、假投之后变向运球（96）、滑步运球（97）、防守球员的前脚对应进攻球员的轴心脚（129）、防守球员的前脚对应进攻球员的活动脚（130）、前滑步（137）、后撤步（137）、摇摆步（137）

## 新手球员

1. 球员站位如右下图所示。1 分钟后，攻防转换。
2. 1 号球员持球开始训练，可以使用任何想使用的假动作。
3. 教练在第 1 次展开这项训练时，先不要让 1 号球员运球，而是慢慢让他运一次球，然后运两次球。教练可以先让 1 号球员只朝一个方向进攻，然后再朝任意方向进攻。
4. 如果 1 号球员能晃开防守球员 X1，那么 1 号球员可以投篮，但不要勉强出手。
5. 开始训练时，防守球员 X1 的前脚对应进攻球员的轴心脚。
6. 1 号球员移动之后防守球员 X1 才可以移动。

➡ **备选训练**

1. 允许 1 号球员使用任何步法，包括多次运球。防守球员 X1 必须做出相应的防守动作。
2. 教练站在防守球员 X1 看不到的位置，手持提示牌号，要求进攻球员做特定的假动作或者运球动作。
3. 1 号球员第一次将右脚作为轴心脚，下一次将左脚作为轴心脚。
4. 1 号球员站在篮下，运球结束后，做投篮假动作和假投之后变向运球。

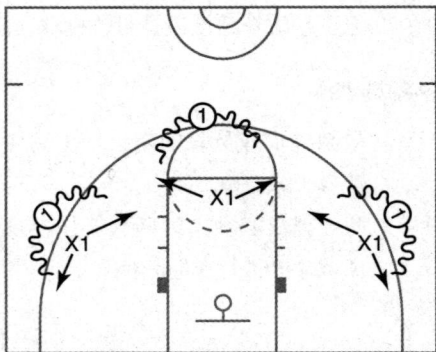

**相关训练：** 9、11~17、96、104、105、107~109、111、137~139、151~154

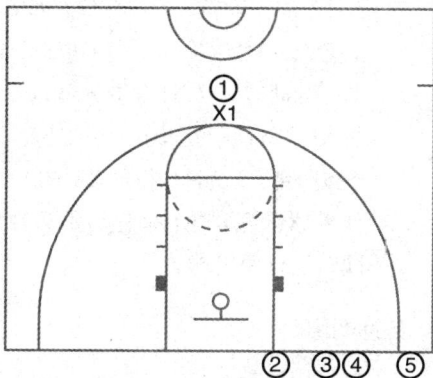

# 107 "一对一"对"一对一"训练

**球队训练/4分钟**

➡ **技巧训练要点** 三威胁姿势（9）、前后移步假动作（11）、单手体前变向运球（12、28）、双手交叉变向运球（13、29）、转身（反向）运球（14、30）、半转身运球（15、31）、控球（24）、防守假动作（33）、跳步急停（37）、跨步急停（38）、投篮假动作（96）、假投之后变向运球（96）、滑步运球（97）、防守球员的前脚对应进攻球员的轴心脚（129）、防守球员的前脚对应进攻球员的活动脚（130）、前滑步（137）、后撤步（137）、摇摆步（137）

### 新手球员

1. 球员站位如右下图所示。

2. 1号球员与防守球员X1进行一对一对抗训练，并且可以使用任何步法。

3. 如果1号球员进球得分，那么防守球员X1就走到队列的最后，同时2号球员作为新的防守球员与1号球员进行对位。如果防守球员X1成功阻止1号球员的进攻，将球抢断或者抢到篮板球，那么1号球员走到队列的最后，防守球员X1变成新的进攻球员，同时2号球员走到前面进行防守。无论是1号球员投球得分还是防守球员X1阻止1号球员进球，新的进攻球员都必须将投出的球带回三分线顶弧。新的进攻球员前转身或者后转身，确定轴心脚。

4. 当球员到达顶弧并转身时，如果防守球员还没有跑到既定位置进行防守，那么新的进攻球员可以立即尝试投篮。

5. 每一个进攻球员的进球数会被保留。第1个投进10球的球员获胜。

---

*相关训练：9、11~17、96、104~106、108、109、111、137~139、151~154*

# 全场一对一训练

**➡ 技巧训练要点** 三威胁姿势（9）、前后移步假动作（11）、单手体前变向运球（12、28）、双手交叉变向运球（13、29）、转身（反向）运球（14、30）、半转身运球（15、31）、控球（24）、防守假动作（33）、跳步急停（37）、跨步急停（38）、投篮假动作（96）、假投之后变向运球（96）、滑步运球（97）、防守球员的前脚对应进攻球员的轴心脚（129）、防守球员的前脚对应进攻球员的活动脚（130）、前滑步（137）、后撤步（137）、摇摆步（137）、体能调节

## 新手球员

1. 这项训练几乎和真的比赛一样有趣。球员站位如右下图所示。

2. 1 号球员和防守球员 X1 开始训练"抛球"，"抛球"是指球员将球抛到篮板上。两个球员随后争夺控球权。抢到球的球员进攻，而另一个球员防守。在图中，1 号球员抢到"抛球"，成为进攻球员，并进行全场一对一训练。如果可以，最好使用边框较小的篮筐。

3. 如果 1 号球员进球得分，那么 1 号球员就走到进球一侧的队列的最后。如果防守球员 X1 防住了 1 号球员的进攻，那么防守球员 X1 开始将球带到外线，然后再与 1 号球员对位，投球得分。如果 1 号球员得分，那么防守球员 X1 迅速将球抛向篮板（"抛球"）。然后防守球员 X2 走出队列与防守球员 X1 争夺控球权，防守球员 X1 和 X2 进行全场一对一训练。训练持续 5 分钟，5 分钟内得分最高的球员获胜。

4. 如果球场边上也有篮筐，那么教练可以同时训练两组球员。

**➡ 备选训练**

不要使用替补。只有 1 号球员和防守球员 X1 之间进行 2 分钟的全场一对一训练，得分高的球员获胜。然后另外两个防守球员 X1 和 X2 走上球场进行全场一对一训练。

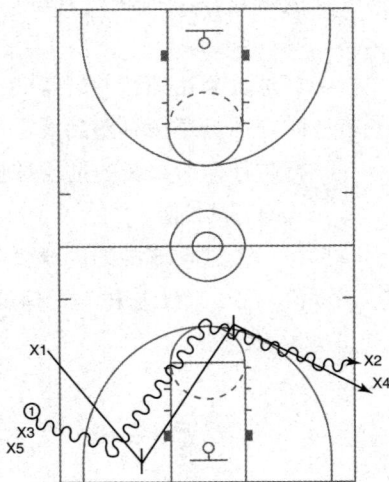

*相关训练：9、11~17、96、104~107、109、111、137~139、151~154*

**109**

# 抢球训练

## 球队训练或个人训练 /6 分钟

➡ **技巧训练要点** 三威胁姿势（9）、前后移步假动作（11）、单手体前变向运球（12、28）、双手交叉变向运球（13、29）、转身（反向）运球（14、30）、半转身运球（15、31）、控球（24）、防守假动作（33）、跳步急停（37）、跨步急停（38）、投篮假动作（96）、假投之后变向运球（96）、滑步运球（97）、防守球员的前脚对应进攻球员的轴心脚（129）、防守球员的前脚对应进攻球员的活动脚（130）、前滑步（137）、后撤步（137）、摇摆步（137）

### 新手球员

1. 球员站位如下图 1 或下图 2 所示。这是同一项训练的两种的站位方式。
2. 教练将球滚到球场中央，每次球滚动的速度不同。
3. 图 1 中的前两个（在本例中是 1 号和 2 号球员）球员跑出去追球。在图 2 中，教练喊出一个号码（在本例中是 3），左右两侧标号相同的球员跑出去追球。
4. 抢到球的球员成为进攻方，另一名球员则成为防守方，并进行一对一的训练，回撤到篮下。然后图 1 中的这两个球员走到队列的最后，图 2 中的这两个球员回到原来的位置。

➡ **备选训练**

1. 设立一定的进球数使训练具有竞争性。把后卫放在一个组，把大个子（中锋）放在另一个组；把首发放在一个组，把替补放在另一个组，依此类推。
2. 要使这项训练成为全场过渡式训练，可指定对面半场的篮筐作为抢到球之后进行一对一对抗的投篮目标。
3. 在图 1 中，放置两个圆锥物在球场上，要求圆锥物与两组的间距相等，比如放到底角，球员必须绕过圆锥物才能抢球。

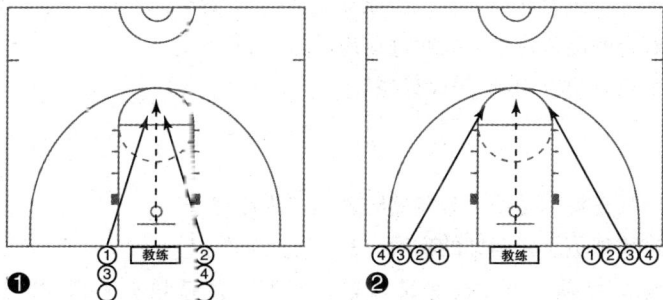

**相关训练：** 9、11~18、96、104~108、111、137~139、151~154

# 110

# 三人轮流对抗训练

### 球队训练 /3 分钟

➡ **技巧训练要点**　前后移步假动作（11）、外线步法（12~15）、变换节奏（25）、时差运球（26）、行进间运球（28~31）、前转身（35）、后转身（36）、跳步急停（37）、跨步急停（38）、进攻和防守篮板球（78~83）、跳投（84~88）、小勾手（93）、投篮假动作（96、116、117）、内线步法（114~121）

### 有一定基础的球员

1. 这是一项有趣且竞争激烈的训练。

2. 安排 3 个球员在罚球线处投篮。第 1 个投球未中的球员出局，第 2 个投球未中的球员成为第 1 个防守球员，将球投进的球员开始进攻。

3. 下页图中 1 号球员是进攻方，2 号球员是防守方，3 号球员是下一个上场的球员。

4. 1 号球员从三分线的任意位置开始进攻，2 号球员防守。只要 1 号球员进球得分，它就可以保住球权。如果 1 号球员没有得分，而 2 号球员抢到防守篮板球，那么 2 号球员成为新的进攻球员，3 号球员冲到前面防守 2 号球员。1 号球员等待下一轮训练。如果 1 号球员进球得分，无论他是在移动还是抢到了进攻篮板球，3 号球员都要冲到前面防守 1 号球员。2 号球员等待下一轮训练。

5. 如果 1 号球员得分，那么 1 号球员将球运回到三分线处。3 号球员必须跟进防守 1 号球员，否则 1 号球员就会有空位去投三分球。如果 2 号球员得分，那么 2 号球员将球运回到三分线处。3 号球员必须跟进防守 2 号球员，否则 2 号球员就会有空位去投三分球。如果 2 号球员在防守 1 号球员时犯规，那么 1 号球员可大声喊出"犯规"。1 号球员将球运回三分线处，3 号球员跑到前面进行防守。

6. 每投进一个三分球得 3 分，跳投和上篮进球都得 2 分。犯规会使防守球员失去该回合的比赛资格，同时进攻球员得 1 分。

7. 第 1 个总计获得 10 分的球员获胜。

➕ **备选训练**

1. 进攻球员在将球运回三分线处时喊出"进球得分"。

2. 限制进攻球员可以运球的次数，3 次比较合适。

3. 进攻球员必须拉开空位才能投篮，否则即使勉强出手将球投进也不作数（拉开空位是指进攻球员在投篮时，防守球员的手没有挡住球或者进攻球员的脸）。

**⊃ 教学要点**

1. 随着训练的持续进行，要确保所有球员都训练了进攻动作。

2. 纠正防守错误，为球员留出足够的空间去投篮。

3. 确保每个球员都知道什么时候投篮（在确定拉开空位的时候投篮）。如果已经拉开空位，那么这就是一次高质量的投篮。几乎每场比赛获胜的球队，其投篮质量都是最高的。

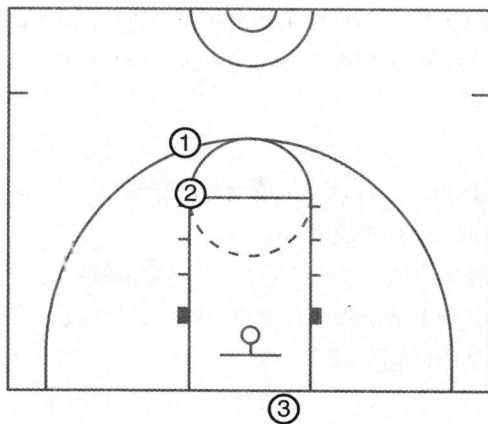

**相关训练：** *11~15、25、26、28~31、35~38、78~83、84~88、93、96、114~121*

# 111

## 上前协防

**球队训练或个人训练 /6 分钟**

**⊙ 技巧训练要点** 三威胁姿势（9）、前后移步假动作（11）、单手体前变向运球（12、28）、双手交叉变向运球（13、29）、转身（反向）运球（14、30）、半转身运球（15、31）、控球（24）、防守假动作（33）、跳步急停（37）、跨步急停（38）、投篮假动作（96）、假投之后变向运球（96）、滑步运球（97）、防守球员的前脚对应进攻球员的轴心脚（129）、防守球员的前脚对应进攻球员的活动脚（130）、前滑步（137）、后撤步（137）、摇摆步（137）、协防（149~151）

### 新手球员

1. 球员站位如下图所示。进攻球员轮换为防守球员，然后走到队列的最后。队列的首个球员成为下一个进攻球员。
2. 防守球员 X1 将球滚到 1 号球员手上，1 号球员做假动作之后运球突破。
3. 防守球员 X1 必须上前协防运球球员，并将其控制住。然后 1 号球员和防守球员 X1 进行单独对抗。

**➜ 备选训练**

防守球员 X1 将球滚到 1 号球员手上。在 1 号球员开始运球突破之前，防守球员 X1 必须接近 1 号球员并协防接球球员。

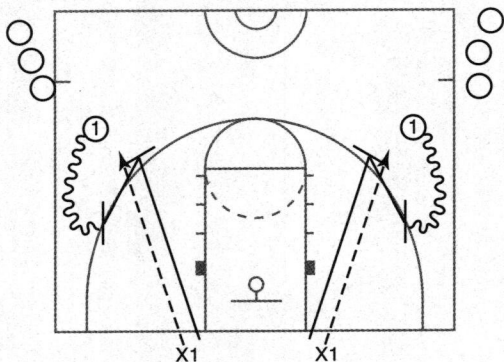

**相关训练：** *9、11~18、96、105~109、137~139、149~154*

# 112 防守球员的3种基础步法

球队训练或个人训练 /2 分钟

**⊃ 技巧训练要点** 三威胁姿势（9）、试探步（11）、试探步回拉（11）、试探步变向运球（11）、试探步之后直接运球突破（11）、行进间运球（12~15、28~31）、单手体前变向运球（12、28）、双手交叉变向运球（13、29）、转身（反向）运球（14、30）、半转身运球（15、31）、接传球（44）、V形空切（53）、中切（54）、背切（55）、进攻和防守篮板球技巧（81~83）、抢球训练（109）、上前协防（111）、拦截姿势（131）、补防（133~135）、造犯规（141）、换防（143）、协防（149~151）

## 新手球员

1. 球员站位如第 227 页图 1、图 2、图 3 所示。

2. 1 号球员持球，防守球员 X2 防守 2 号球员。防守球员 X2 是补防球员。2 号球员在边线处上下移动，直到防守球员 X2 出现失误。

3. 2 号球员分析防守球员 X2 的防守程度。如果防守球员 X2 正处于球与进攻球员（2 号球员）距离的 2/3 的位置处，那么防守球员 X2 的防守距离是较为合适的。如果防守球员 X2 向球与 2 号球员之间的直线迈出一步，那么防守球员 X2 与进攻球员的对位也是合理的。如果防守球员 X2 在防守时，距离把控不好，对位也不合理，那么 2 号球员可以利用合适的空切将防守球员 X2 过掉。

4. 图 1 显示防守球员 X2 保持了适当的间距，且对位合理，因此 2 号球员不能利用空切进攻。2 号球员使用 V 形空切摆脱防守压力，V 形空切会让防守球员 X2 疲于奔波，无法从弱侧进行补防——这是进攻体系中的一个基本规则。

5. 图 2 显示了防守球员 X2 错误的对位。防守球员 X2 不在球和进攻球员（2 号球员）之间的直线上。防守球员 X2 防守过度。2 号球员看到这种情况，可以向下移动、做中切，然后带球上篮。2 号球员向内线突破很可能迫使防守球员 X2 继续向内线移动，从而使 2 号球员在做中切的时候有更大的空间。

6. 图 3 显示了防守球员 X2 错误的对位。防守球员 X2 位置太高，不在球和进攻球员（2 号球员）之间的直线之上。防守球员 X2 必须扭头观察球和 2 号球员的位置。2 号球员见状可以向高位移动，这会迫使防守球员 X2 跟进的位置变得更高。2 号球员右脚发力，跑动起来，然后通过背切冲刺去接住传球并带球上篮（2 号球员可以握紧拳头，将其作为信号，告知传球球员他将要做背切动作）。

7. 对于新球员来说，首先要让他们体验一下上述训练内容。教练要想成功落实其进攻体系，空切是极其重要的。一旦球员明白了在哪种防守程度下应该使用哪种空切，他们就可以进入下一阶段的训练。

8. 球员攻防转换总是从 1 到 2 再到 X2，最后到 1。

## 有一定基础的球员

1. 1 号球员可以在前场上下运球，2 号球员可以在球场边线处上下移动。这会迫使防守球员 X2 不断地改变防守位置以保证自己处于从球到进攻球员的距离的 2/3 位置，并且总是在进攻球员和球之间的直线上，并保持一步的距离。

2. 一旦防守球员 X2 防守失误，2 号球员立即进行恰当的空切。如果防守球员 X2 保持合理的防守位置几秒，那么 1 号球员就可以运球突到篮下。这会迫使防守球员 X2 停止运球（见训练 143）并尝试造犯规（见训练 141）。1 号球员可以上篮或跳投，也可以传球给 2 号球员投篮。

## 经验丰富的球员

1. 训练时要保证有一个防守球员 X1 对 1 号球员进行防守。现在训练中有一个强侧防守球员和一个弱侧防守球员。1 号球员使用前后移步假动作进行行进间运球，同时 2 号球员在球场边线处上下跑动。如果 1 号球员在与防守球员 X1 的对位上取得优势，那么 1 号球员可以投篮或运球突破。如果 2 号球员准备做 V 形空切摆脱防守压力，因为防守球员 X2 的防守十分完美，这时 1 号球员可以传球给 2 号球员（见训练 113）。

2. 一旦 1 号球员传球给 2 号球员，那么 1 号球员就成了弱侧空切球员，同时 2 号球员就成了强侧持球球员。1 号球员现在在寻找机会让防守球员 X1 失误，可以让其距离或对位变得不合理。如果防守球员 X1 犯了这种错误，那么 1 号球员就可以进行合适的空切。

3. 如果防守球员 X1 或 X2 的间距不对，则 1 号和 2 号球员必须利用好这一失误。如果防守球员离球的距离比 2/3 更近，那么持球的进攻球员可将球传给另一侧的进攻球员。防守球员如果离接球球员太远，那么就不能进行合理的协防。接球球员可以做投篮假动作并运球突破，或者在防守球员到达防守位置之前投篮（关于协防的内容参见训练 149 和训练 150）。

4. 如果防守球员离接球球员太近，那么接球球员会靠近防守球员，然后做恰当的空切（中切或者背切）轻松上篮。

### ⊙ 教学要点

1. 经常观察防守球员，看他们的防守站位（拦截）、间距或对位是否有错，如果有错，教练要立即纠正。

2. 让助理教练仔细观察进攻球员是否利用了防守失误。如果没有，也必须立即纠正。

3. 这项训练可以帮助球员了解进攻球员如何在弱侧进攻（掩护或者空切）才能保证进攻战术发挥出最高水平。

4. 确保合理地传球，且将球传给空切球员。

5. 确保所有球员在一轮投篮训练后都能正确使用篮板球技巧。

6. 这项训练对于进行二对二进攻训练大有益处。由于训练球员人数较少，所以教练很容易发现和纠正错误。

7. 当防守球员把目光从进攻球员身上移开看向球时，进攻球员就可以做中切或背切。

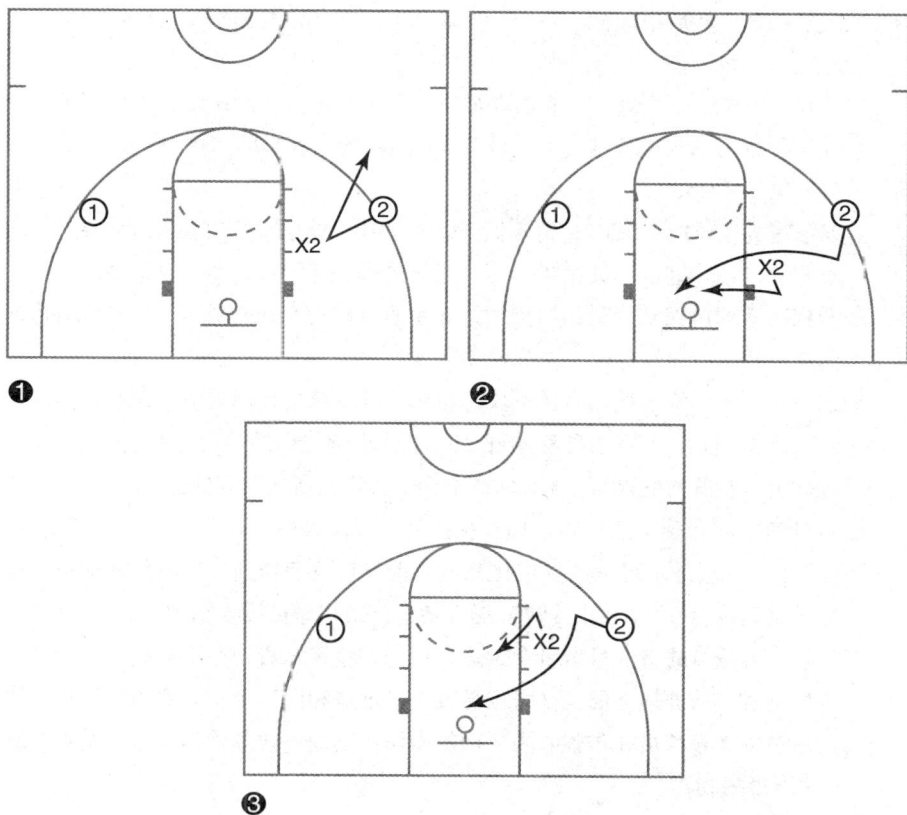

相关训练：9、11、12~15、28~31、44、53~55、81~83、104~109、111、131、133~135、141、143、149~151

# 113

# 直切篮下训练

## 球队训练 /6 分钟

➡️ **技巧训练要点**　三威胁姿势（9）、前后移步假动作（11）、行进间运球（12~15、28~31）、转身（35、36）、急停（37、38）、空切（53~56）、接传球（44）、拦截姿势（131）、缩短身位的防守姿势（132）、补防（133~135）、造犯规（141）、换防（143）、跳向有球的一侧（146）、协防（149~150）

### 有一定基础的球员

1. 球员站位如下页图所示。

2. 教练持球，然后把球传给一个进攻球员，训练开始。图中，教练传球给 1 号球员。在教练传球之前，所有球员保持不动。

3. 一旦 1 号球员拿到球，所有防守球员都必须做出必要的调整，以保证他们距球的位置为球与进攻球员之间的距离的 2/3 处。所有防守球员跳向有球的一侧（见训练 146）。

4. 1 号球员运球向右或向左切入篮下。在图中，1 号球员向右运球。图中的 2 号和 3 号无球进攻球员保持不动，直到教练示意所有人都可以移动。教练在看到防守球员找到合适的位置时，才示意其他球员可以移动。1 号球员传球给 2 号球员或 3 号球员，训练继续进行。

5. 球员在重复训练 3 次之后进行攻防转换。进攻球员转换为防守球员，然后走到队列的最后。1 号球员移动到 2 号球员队所在列的最后，2 号球员走到 3 号球员所在队列的最后，3 号球员走到 1 号球员所在队列的最后。

6. 一旦确定防守球员的位置合理，教练就可以允许防守球员做一些空切动作。在图中，2 号球员可以选择留在原地、做背切或者切到 1 号与持球球员的身后（见训练 60）。3 号球员做 V 形空切，让防守球员疲于跑动。

7. 一旦 2 号球员或者 3 号球员拿到球，他们就会运球直切篮下。剩下的两个进攻球员做与前面描述的与 2 号球员或 3 号球员相同的动作。离篮下最近的进攻球员做 2 号球员在步骤 6 中所做的动作。其他进攻球员做 3 号球员在步骤 6 中所做的动作。

➡️ **备选训练**

只允许上篮，以便进行更多的运球直切篮下训练。

## ➲ 教学要点

1. 教练在教授进攻技巧时，要将运球直切篮下加入一对一的空切和掩护技巧中。本项训练非常适合增加运球直切篮下的动作。

2. 确保防守球员保持合理的防守距离（见训练 132）。

3. 确保防守球员进行恰当的协防（见训练 149 和训练 150）。

4. 确保进攻球员进行合理的运球直切篮下，并且这个动作很容易使进攻球员上篮或者跳投（与防守球员拉开身位后），或者直接秒传给队友。进攻球员在训练进攻动作的时候不要偷懒。

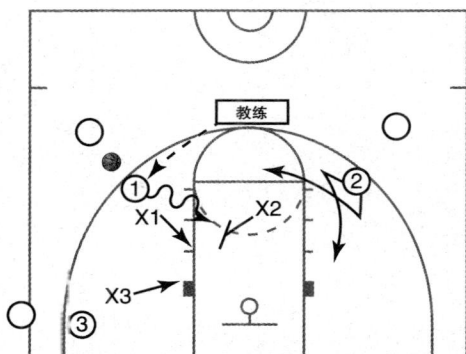

**相关训练：** *9、11~15、28~31、35~38、44、53~56、110、131~135、141、143、146、149、150*

# 第 13 章

# 内线假动作和步法

内线进攻有 6 条规则，其中一条就是：任何球员在禁区停留的时间不得超过 3 秒。这条规则是为了让内线保持开放，为球员在内线进行空切、掩护、运球突破以及背身单打创造空间。空切在第 6 章和第 7 章已经完整介绍过，第 8 章涵盖了掩护的相关内容，而运球突破是第 12 章的重点，所以以上这些技巧已经成为球员进攻战术中的一部分了。接下来唯一要讨论的是内线进攻，这是本章的主题。第 2 章的训练 10 介绍了内线进攻的基本知识。在第 10 章的训练 93 中，球员了解了在内线使用小勾手的重要性。第 11 章介绍的是有关内线站位的内容。在本章中，我们要让球员学习如何在内线击败防守球员。球员在内线有 3 秒的时间去接球。如果 3 秒内还没有接到传球，他们必须离开内线，为队友进攻留出空间。3 秒的时间足够卡住防守球员的位置并接到传球（见训练 100）。本章介绍的是球员在接到球后如何处理球。球员接到球进入封盖区，并展开进攻的时间很可能会超过 3 秒。记住进攻规则：进攻球员在内线只有 3 秒的时间。

训练 114 介绍的是内线转身的步法，包括朝底线和中间转身。训练 115 增加了更多与低位转身和半转身有关的步法。这些动作相互对抗，进攻球员使用这些动作可以在其上篮时应对防守球员的紧逼防守。训练 116 将介绍假投晃起防守球员后从其侧边上篮的动作。训练 117 介绍的是投篮假动作，它其实是一系列动作。球员不仅要学习相关动作，而且还要学习如何以及何时使用它们，以及如何将其他动作融入投篮系列假动作中。

训练 118 是一项艰难的体能调节训练，也是一项持续的内线单打训练。训练 119 是一项持续的球队训练，教练不仅要教授球员连续步法，而且要使球员集中精力，增加训练强度。球员必须时刻保持警惕，否则会在训练中出局。训练 120 结合了内线技巧、跑位、投篮和抢篮板，与常规比赛一样，只是这项训练一次只训练 4 个球员。

训练 121 能够帮助球员在教练不在身边的情况下，可以在路上、公园或者体育馆自主进行训练。球员提升自身能力的最好方式就是多练，这项训练介绍了球员如何通过自主训练来提高内线步法的水平。

# 114

# 朝底线或中间进行低位转身

**个人训练 /5 分钟**

➡️ **技巧训练要点** 平衡性、内线站姿（10）、前转身（35）、后转身（36）、跳步急停（37）、跨步急停（38）、V 形空切（53）、闪切（56）、背身单打（96）、滑步运球（97）、朝底线转身、朝中间转身

## 新手球员

1. 球员站位如下页图 1 所示。这张图展示的是 1 号球员沿底线突破到内线。每天训练时都应当改变空切角度。由于空切球员大部分都是从外线切入内线的，所以应该每天在球场上不同的位置进行这项训练。

2. 1 号球员在封盖区上方大约一步左右的距离处空切和停留，并做跳步急停动作。为什么要做跳步急停动作呢？因为跳步急停可以使进攻球员自己去选择将哪只脚作为轴心脚。在图 1 中，1 号球员从球场左侧切到球场右侧。因此，如果 1 号球员朝底线转身，那么他应该以左脚为轴心脚进行转身。如果 1 号球员朝中间转身，那么他应该以右脚为轴心脚进行转身。

3. 无论什么时候，当进攻球员朝底线转身时，他想的都是朝篮筐强势上篮（见下页图 2）。如果进攻球员朝中间转身，则该球员应该想使用小勾手（见下页图 3）。如果进攻球员还需要移动一步来保持平衡或者接近篮筐，那么该球员可以使用滑步运球（见训练 97）。

4. 在所有的内线假动作中，进攻球员都想用同样的方法来确定防守球员的位置，从而让进攻变得简单一致。进攻球员在使用这种方法的时候，首先要时刻观察底线。观察底线时，进攻球员要稍微转动头部，查看防守球员肩膀的位置。当在外线时，进攻球员要观察防守球员的脚所在的位置。

5. 如果进攻球员可以清楚地看到防守球员的肩膀，那么其就不能运球切入底线。进攻球员必须使用假动作去逼迫防守球员向球场中间移动，或者考虑使用朝中间转身的步法。内线转身之后不能绕步运球，而应该直接运球突破。新球员可以使用朝中间转身去应对朝底线转身的步法。进攻球员首先想的是朝底线转身，因为朝底线转身时没有补防的防守球员。这就是进攻球员总是首先观察底线的原因。但是如果不能朝底线转身，那么就只能朝中间转身了。

6. 教练应该把新球员训练分成两个部分：（1）切到内线禁区，进行跳步急停，球员随后走到队列的最后，下一个球员切到内线禁区，进行跳步急停；（2）加入真正的内线转身技巧。在本项训练的最后讨论了朝底线转身和朝中间转身的技巧。

7. 在进攻战术中，所有球员必须学习如何切入内线以及如何使用内线步法。教

练不要只把这些动作教给内线球员。

8. 1号球员成功学会朝底线转身之后，他会走到队列的最后，同时2号球员朝教练做空切，训练继续进行。所有球员都学会了朝底线转身之后，便开始学习朝中间转身。

9. 第2天在球场另一侧再次教球员做这两个动作（注意，现在的轴心脚正好相反）。

### 有一定基础的球员

1. 有一定基础的球员可以使用持球假动作以及通过头部和肩膀的晃动做出假动作来进一步训练内线转身步法。如果球员打算使用朝底线转身的步法向左移动，并成功完成持球假动作以及头部和肩膀的假动作，那么进攻球员的头部必须稍微转向右后方。与此同时，进攻球员看向球场中间，将球稍微抬起，越过右肩。进攻球员迅速向球场中间转动肩膀和身体，但双脚保持不动。看起来就像是进攻球员将要朝中间转身过掉防守球员。如果进攻球员看到防守球员向球场中间移动，哪怕只动了一点，进攻球员也可以抬起左脚并跨过防

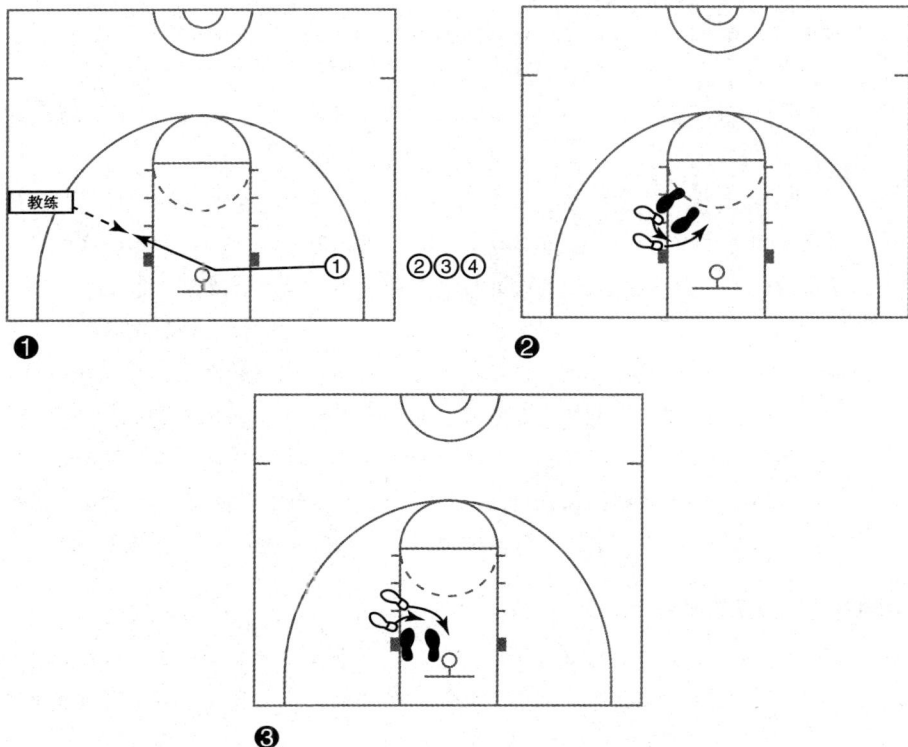

守球员的左脚，接着朝底线转身。

2. 如果教练准备教球员持球假动作以及头部和肩膀的假动作，那么你应该按照下面这个顺序分两步来进行教学。第一，先教持球假动作和头肩假动作。第二，教球员如何抬起脚，如果是在上页图1所示的球场一侧进行训练，则应抬左脚；如果在球场另一侧进行训练，则应抬起右脚并朝底线转身。

### ➡ 备选训练

1. 分3个阶段教整个动作。第1阶段教低位转身，第2阶段教持球假动作以及头部和肩膀假动作，第3阶段教投篮。如果选择教这个动作，教练可以第1天先教这3个阶段中的第一阶段，然后另找一天教球员其他两个阶段。

2. 在将投篮假动作加入这项训练之前先使用训练117教球员投篮假动作。例如，球员可以朝底线转身，接着滑步运球，做投篮假动作，然后强势带球上篮。

3. 进攻球员可以朝中间转身，滑步运球，小勾手；或者朝中间转身，滑步运球，做投篮假动作之后小勾手，并且在做投篮假动作的时候上下虚晃（如果球员掌握了该技巧）。教练可以观察球员是如何学习内线步法的。

### ➡ 朝底线进行低位转身

1. 要想朝底线转身（见上页图2），球员（P）首先要做跳步急停。

2. 在转身的时候（图中左脚为轴心脚）要尽可能地使身体保持平衡。球员P至少要将左脚跨到与防守球员左脚持平的位置（超过一些更好），然后转身与底线平行。

3. 球员P在朝篮筐强势上篮的时候，双手要保持在球上，直到球碰到篮板。球员P甚至可能将臀部向球场中间撅起，与防守球员进行合理冲撞并将防守球员挤到他的背后。球员P进行合理冲撞，这样防守球员就不能跳起来进行封盖。

4. 如果球员P在内线转身的时候离篮筐太远，那么他就会在转身之后保持这个站位然后通过滑步运球靠近篮筐。如果防守球员比球员P高，而且在球员P的背后，那么球员P应该考虑使用投篮假动作（见训练116和训练117）让防守球员失去平衡，也可以先跳到空中再投篮。球员P可以选择使用非运球手臂挤开防守球员从而保证自己的位置。如果要这样做，球员的手臂需保持伸直且有力。如果非运球手臂弯曲绕着防守球员，则很可能会出现失误。

### ➡ 朝中间进行低位转身

1. 上页图3显示了朝中间进行低位转身。如果进攻球员观察底线并且看到了防守球员的肩膀，那么进攻球员就会知道，如果强行朝底线转身，很可能会造成犯规，所以他选择朝中间进行低位转身。

2. 进攻球员在以右脚为轴心脚进行低位转身时要尽可能地使身体保持平衡。同样，如果进攻球员离篮筐太远，则可以使用滑步运球靠近篮筐，这样可以防止外线防守球员将球抢断。进攻球员可以使用技巧跳到空中，然后朝着篮筐前端进行小勾手，将球投进。

3. 如果进攻球员觉得防守球员并没有完全失去平衡，那么进攻球员就不会使用小勾手，转而使用投篮假动作，完全晃开防守球员。如果防守球员依然紧逼跟防，咬住不放，那么进攻球员就可以假装从一侧投篮然后立马从另一侧上篮（见训练116）。如果防守球员并未紧逼跟防，那么进攻球员可以考虑使用第2个投篮假动作，然后强势带球上篮。

## ➡ 教学要点

1. 确保正确训练 V 形空切或闪切。

2. 确保进攻球员使用跳步急停着地。

3. 确保进攻球员快速检查底线。

4. 确保进攻球员正确快速地进行低位转身。

5. 如果教练教的是持球假动作和头肩假动作，且球员打算朝底或转身，则要确保球员在做动作的时候看起来要朝中间转身（如果球员打算朝中间转身，则要确保球员在做动作的时候看起来要朝底线转身）。

6. 确保两种投篮方式（即强势带球上篮和小勾手）都得到正确的训练。

*相关训练：10、35~38、53、56、96~101、115~121*

# 115 低位转身和半转身

**个人训练 /6 分钟**

> ➡️ **技巧训练要点** 平衡性、内线站姿（10）、转身（反向）运球（14、30）、半转身运球（15、31）、前转身（35）、后转身（36）、跳步急停（37）、跨步急停（38）、V 形空切（53）、闪切（56）、滑步运球（97）、朝底线低位转身（114）、朝中间低位转身（114）、转身、半转身

## 有一定基础的球员

1. 球员站位如下页图 1 所示。使用同样的方式教内线步法：从低位转身到假投晃起防守球员后从其侧边上篮。这样会使教学变得简单容易。

2. 1 号球员朝教练做 V 形空切或者闪切。教练喊出球员要训练的步法。例如，教练可能会喊"朝中间低位转身"，而球员就会遵照口令训练朝中间低位转身的步法。如果教练想训练球员转身和半转身，那么教练必须喊出一些类似"朝中间进行低位转身"或者"朝中间进行半转身"的口令。

3. 1 号球员成功完成转身或者半转身之后，1 号球员走到队列的最后。2 号球员出列朝教练做空切动作。训练继续进行，直到所有球员都学会转身和半转身动作。

4. 教练要先教球员朝中间低位转身，然后教他们朝中间低位半转身。不要教球员朝底线转身或者朝底线半转身，因为球员很可能会带球出界。一旦球员训练并掌握了朝中间低位转身和半转身，教练就可以让球员面向球场中央朝底线转身和半转身了。不管球员一开始使用的是哪种低位转身，教练都要一直教朝中间转身和半转身的动作。

5. 转身和半转身是相互对立的，它们可以使进攻球员与防守球员拉开身位，也可以使防守球员失去平衡，这样进攻球员就可以跳投、强势上篮或者使用小勾手了。

6. 在教半转身之前先教转身。无论球员最初学习的是朝中间还是朝底线转身，球员都可以使用朝中间进行低位转身动作。此处将继续讨论朝中间进行低位转身动作。

7. 按照顺序教学，每一步都要训练。首先，只训练步骤 1（低位转身）。然后训练低位转身的时候增加步骤 2（见后文中的转身和下页图 1）。一开始训练速度慢，然后慢慢提高转身的频率，但是速度不要增加。频率是关键，而不是速度。

8. 在训练半转身之前，先在球场两侧训练几天转身。如果教练开始教球员半转身，那么一次只教一步。注意，第 1 步（朝中间进行低位转身）很快就可以学会。第 2 步也很容易学会，因为它只涉及转身要领的一半。球员转身时，身体与底线垂直（见后文中的半转身和第 238 页图 2）。训练第 3 步和第 4 步

时只朝另一个方向转身。球员学会这些技巧的速度会比教练预想的还要快。

9. 只在球场的一侧训练，直到球员都掌握了这两个动作，这可能需要几天时间。然后移动到球场的另一则继续训练。

### → 转身（图1）

1. 进攻球员朝中间做低位转身，但是并未完全转过去。防守球员有很好的应对。进攻球员只有在转身这掉防守球员之后才可以继续朝篮筐完全转过身去（见图1）。

2. 按照图中所展示的顺序进行训练，包括箭头上的数字和脚上的数字顺序。（防守球员的步法在图中没有显示，因为如果加上防守球员的步法会使图看起来很乱，影响球员对进攻步法的理解。想象一下，防守球员在步骤1中与进攻球员距离很近。）

3. 图1中的步骤1展示的是朝中间转身的最后一步，进攻球员可以使用滑步运球移动到相同的位置。图1中的步骤2显示的进攻球员身体转过180度，当然这是转身的步法，进攻球员现在正对着篮筐。对于进攻球员来说，重要的是要记住防守球员现在已经落后了半个身位以上，因为防守球员必须等着看清楚进攻球员是半转身回到其他方向，还是朝其他方向做转身动作。这样会使防守球员的防守动作总是慢半拍。进攻球员完成转身后会让身体与篮筐以及底线平行。

4. 如果防守球员猜对进攻球员的进攻方向并且进攻球员并没有与防守球员拉开身位，那么进攻球员就可以做投篮假动作并上下虚晃防守球员（见训练116和训练117）。

5. 同样，在进攻球员完全转身（图1中的步骤2）之前，进攻球员可以假装向左回撤，就好像以左腿为轴心做半转身动作。这会使紧逼防守的球员减慢速度。

6. 如果可以，进攻球员可以在做完转身动作之后跳步急停，因为这样进攻球员就可以将任意一只脚作为轴心脚。

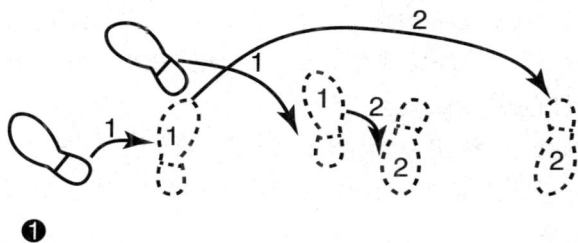

❶

### ➜ 半转身（图 2）

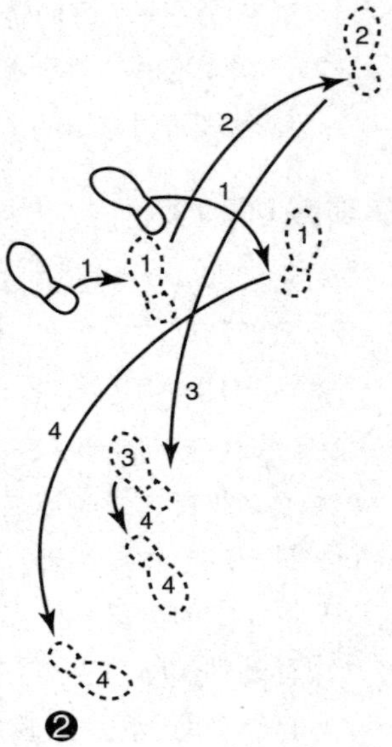


1. 此处依然不会将防守球员的步法在图中标识出来，否则图会显得很乱。
2. 图 2 中的步骤 1 显示的是朝中间进行低位转身的第 1 步。在图 2 中的步骤 2 中，进攻球员转到与篮筐垂直之后不要继续转身，而是停下来。如果进攻球员抬起左脚准备继续做转身动作，那么防守球员可能会猜测进攻球员将做转身动作。如果防守球员预料到了进攻球员的转身动作，那么进攻球员就做半转身动作，这样会与防守球员拉开两个身位。如果防守球员直接冲上来正面防守，那么进攻球员的半转身将会与防守球员拉开一个半身位。
3. 如图 2 中的步骤 3 所示，进攻球员以右脚为轴心脚转身，同时带动左脚回拉，与朝底线转身的步法很像。进攻球员在做这个动作的时候，尽可能地使身体保持平衡。
4. 如图 2 中的步骤 4 所示，进攻球员右脚转 180 度。现在，进攻球员面对篮筐，可以很轻易地跳投或大力上篮。
5. 正如大家所看到的那样，半转身的最后几步与转身的最后几步很像，只是方向相反。
6. 如果可以，进攻球员可以在做完转身动作之后跳步急停，因为这样进攻球员就可以将任意一只脚作为轴心脚。

### ➜ 教学要点

1. 进攻球员在转身的时候一定要快速转到身体与底线平行的位置。
2. 进攻球员在完成半转身的时候，脚尖的朝向一定要与篮筐垂直。
3. 完成运球之后，进攻球员的轴心脚不能离地。进攻球员在以轴心脚进行转身的时候，轴心脚不能离地。
4. 确保进攻球员已经拉开身位。如果已经拉开身位，那么进攻球员就可以投篮，这就是拉开身位的意义所在。如果没有拉开身位，那么进攻球员可以充分使用投篮假动作。
5. 确保进攻球员使用跳步急停来停止移动。
6. 如果进攻球员抬起不能离地的轴心脚，然后再放下，则会造成走步违例。

***相关训练：** 10、35~38、53、56、96~101、114、116~121*

**116** 假投晃起防守球员后从其侧边上篮

个人训练 /5 分钟

➡ **技巧训练要点**　平衡性、内线站姿（10）、转身（反向）运球（14、30）、半转身运球（15、31）、前转身（35）、后转身（36）、跳步急停（37）、跨步急停（38）、V 形空切（53）、闪切（55）、滑步运球（97）、朝底线低位转身（114）、朝中间低位转身（114）、低位转身（115）、低位半转身（115）、假投晃起防守球员后从其侧边上篮（116）、投篮假动作（117）

### 有一定基础的球员

1. 只要教练教的是内线步法，那么就可以使用训练 114 中所介绍的简单内线训练方法。球员站位如训练 114 中的图 1 所示。

2. 在球员学会了转身和半转身之后，假投晃起防守球员后从其侧边上篮就很容易学会了。假投晃起防守球员后从其侧边上篮只是在做完投篮假动作（投篮假动作是指靠近篮筐假装投篮）之后使用交叉步变向将球投出。

3. 球员在做完转身或半转身之后双脚必须同时着地。进攻球员从外线将球运到内线，在运球结束之后必须双脚着地。这样球员在运球结束之后就可以使用投篮假动作晃起防守球员之后从其侧边将球投出。

4. 在训练 114 的图 1 中，1 号球员朝教练做 V 形空切或闪切。1 号球员跳步急停，双脚着地。教练传球给 1 号球员并告诉他还要向下突破多远的距离。例如，教练喊出"朝底线转身"的口令，它的意思是 1 号球员朝底线转身之后就立马停止突破，直接大力上篮。但是在教球员假投晃起防守球员后从其侧边上篮的动作时，教练应该喊一些诸如"朝底线"转身"晃起防守球员之后投篮"的口令。

5. 1 号球员在做完这个动作之后，回到队列的最后，接着 2 号球员朝教练做闪切动作，训练继续进行。

6. 第 2 天在球场的另一侧训练。

7. 将本章中介绍的所有动作分成几个部分进行教学。在训练下一个部分的时候，确保球员已将上一个部分完全掌握。

### 经验丰富的球员

1. 老球员可以不使用假投晃起防守球员后从其侧边上篮的动作，而是使用后撤步跳投技巧。

2. 球员双脚着地（跳步急停），要么做投篮假动作，要么立即后撤步跳投。这些动作都是相互对立的。

3. 如果教练打算教球员后撤步跳投技巧，那么在教这个技巧之前，教练需要先教会球员做投篮假动作晃起防守球员后从其侧边将球投出的动作。

### → 假投晃起防守球员后从其侧边上篮

1. 这个动作用在运球结束之后。既可以由内线球员使用，也可以由外线球员使用。

2. 进攻球员首先双脚落地（跳步急停）。

3. 进攻球员做投篮假动作（见训练117）。

4. 当防守球员失去平衡，向前一步阻止进攻球员跳投，或者预估投篮，提前起跳时，进攻球员只需要朝与防守球员扑过来的方向相反的方向做交叉步变向之后将球投出。在图显示了简单的交叉步。

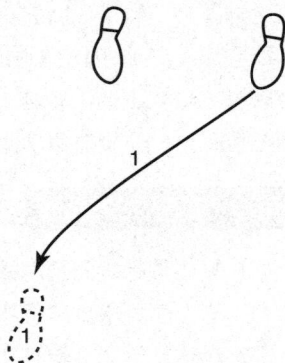

5. 进攻球员把球投进篮筐。进攻球员可以朝篮筐迈一步再投篮，但是迈步的时候轴心脚（与做交叉步的脚相对的脚）不能落地，否则就会造成走步违例。

### → 后撤步跳投

1. 当进攻球员使用朝底线转身或者朝中间转身的步法运球突破到篮下时，可以在运球结束的时候使用跳步急停。如果不使用跳步急停，那么进攻球员可以使用佩耶训练法（见训练17）中描述的后撤步跳投。佩耶训练法中的后撤步跳投与此处所说的跳步急停大致相同，唯一的不同之处就在于此处所说的跳步急停要求球员靠近篮筐。技巧是相同的，但佩耶训练法中的运球更灵活，进攻球员在投篮之前左脚可以后撤一步。

2. 防守球员带动右脚稍微向后跃起。如果进攻球员在右脚落地之前没有结束运球，那么他很可能会用左脚做后撤步，就像佩耶训练法中所描述的那样。这使得进攻球员即使在距离篮筐很近的时候投篮也能获得很好的平衡。

3. 进攻球员跳投。

4. 这是一种很难掌握的投篮方式，需要球员勤加训练。

5. 进攻球员既要学会后撤步跳投，也要学会假投晃起防守球员后从其侧边将球投出的动作。这两个动作互相对立。想象你是一个防守球员，你的防守任务是防守一个刚刚完成转身并且双手将球举起的进攻球员。你觉得进攻球员是会后撤步跳投？还是会假投将你晃起之后从你的侧边上篮？无从得知，也无法阻止——作为一名防守球员，这是你能得出的全部结论。

## ➲ 教学要点

1. 确保进攻球员使用跳步急停结束运球。

2. 确保投篮假动作看起来像真的要跳投一样（详见训练 117 以了解正确的投篮假动作）。

3. 确保球员在做完交叉步后，轴心脚不着地。使用交叉步上篮要看起来和其他上篮方式一样。

**相关训练：** *10、35~38、53、56、96~101、114、115、117~121*

# 投篮假动作

### 球队训练或个人训练 /2 分钟

➡ **技巧训练要点**　平衡性、内线站姿（10）、跳步急停（37）、内线步法（96~103、114~116）、投篮假动作（96、116、117）、滑步（137）

### 有一定基础的球员

1. 如下页图所示，每个篮筐下站两个球员。

2. 在每个封盖区放一个篮球。

3. 1 号球员在其中一个封盖区将球举起，做投篮假动作，然后强势上篮。1 号球员立即滑步到对面的封盖区，然后捡起对面的球，做投篮假动作，然后强势上篮。

4. 1 号球员投篮之后，2 号球员抢到篮板球并放回原位。

5. 1 号球员训练 30 秒，然后 1 号球员和 2 号球员换位。重复进行 1 分钟的训练。

➡ **备选训练**

1. 不要把篮球放到一个封盖区，1 号球员持一球，2 号球员持另外一球。

2. 1 号球员从外线将球运到内线或者直接使用内线步法，运球结束后可以向外迈步，但是不能超过距离篮筐 1.5 米的位置。1 号球员在跑动或者运球结束的时候做投篮假动作。接着 1 号球员晃起防守球员，然后使用交叉步从其侧边带球上篮。

3. 1 号球员抢到篮板球，运球回到外线，按上述顺序重复进行训练。

4. 2 号球员完成上述 3 个步骤之后，1 号球员重新开始训练投篮。

➡ **投篮假动作**

1. 投篮假动作出现在进攻球员从外线运球回到内线，在结束运球或者停止移动时。

2. 投篮假动作就是简单地假装投篮。

3. 要想完成投篮假动作，进攻球员需要将手臂向上举起，直到完全伸展。

4. 将球放在手上，不用投出去。

5. 在运球结束或做完内线步法的时候，进攻球员下蹲，然后迅速伸直双腿，做出起跳的动作。

6. 双肩向上移动，好像真的要起跳。但双脚不能离地，以免造成违例。

7. 进攻球员保持平衡，准备通过假投晃起防守球员之后将球投出。

## ➡ 教学要点

1. 无论是外线步法还是内线步法，教练都要确保球员的进攻步法正确无误。

2. 确保投篮假动作要和真正的投篮动作一样。

3. 确保使用交叉步时不要造成走步违例。

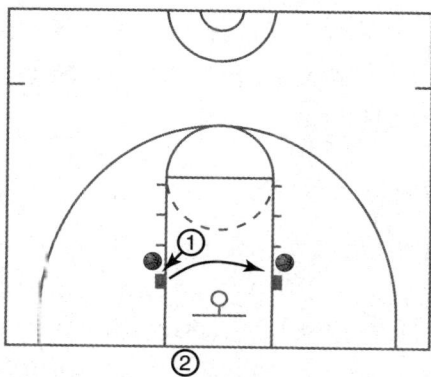

相关训练：10、37、96~103、14~116、118~121、137

# 118

# 内线"斗牛"训练

## 球队训练或个人训练 /8 分钟

➡ **技巧训练要点** 平衡性、敏捷性、体能调节、内线站姿（10）、跳步急停（37）、接传球（44）、V 形空切（53）、闪切（56）、小勾手（93）、背身单打（96）、低位转身（96~103、114）、滑步运球（97）、背身单打和转身（100）、强势上篮（114）、半转身（115）、转身（115）、假投晃起防守球员后从其侧边上篮（116）、投篮假动作（116、117）、后撤步跳投（116）

### 新手球员

1. 球员站位如下页图所示。

2. 3 号球员先上场参与"斗牛"。3 号球员接到 1 号球员的传球，使用步法，然后投篮。4 号球员抢到篮板球之后将球传给 1 号球员。3 号球员投篮之后，立刻朝 2 号球员做空切。3 号球员接到 2 号球员的传球，使用步法，然后投篮。4 号球员抢到篮板球之后将球传给 2 号球员。训练继续进行。

3. 在 3 个球员完成了全部动作后，球员轮换从 1 到 2，从 2 到 3，从 3 到 4 再到 1。

4. 内线球员在开始训练时应按以下顺序做动作。

   a. 朝底线转身之后强势上篮。

   b. 朝中间转身之后小勾手。

   c. 朝中间转身。

   d. 朝中间半转身。

   e. 朝中间转身之后假投晃起防守球员，接着再投篮。

   f. 朝底线转身之后朝中间转身。

   g. 可以在移动过程中的任何时刻增加朝底线转身，接着朝中间转身，然后做投篮假动作。

5. 在移动过程中，任何时刻都可以增加假动作。

   a. 新球员应该只做他们学过的动作，可能仅限于朝底线转身和朝中间转身这两种动作。

   b. 3 号球员训练 1 分钟之后开始轮换，这意味着每个球员训练 1 分钟，总共训练 4 分钟。然后所有球员再训练一轮，训练时长共计 8 分钟。

   c. 球员应该从球场两侧训练朝底线转身，接着训练朝中间转身，然后训练朝中间进行低位转身，依此类推。

## 有一定基础的球员

除了朝底线进行低位转身和朝中间进行低位半转身这两个动作，有一定基础的球员应该完成前文列出的所有动作。

## 经验丰富的球员

1. 老球员应该增加后撤步跳投。

2. 老球员应该把朝底线进行低位转身或半转身的动作加入朝中间进行低位转身的训练中。

### ➡ 备选训练（适合不同水平的球员）

1. 3号球员可以做前文列出的全部动作或者只做教练指定的一个动作（如果3号球员只有30秒的训练时间而不是1分钟）。只训练一个动作的目的是真正提高球员对这个动作的熟练程度。

2. 当进行选项1时，每个球员在规定的8分钟训练时间内要训练4种不同的步法。

3. 3号球员闪切的时候（在接球之前做空切），教练喊出要求球员训练的步法。这就要求3号球员集中精力进行训练，并且可以对每一个步法快速做出反应。

4. 球员已经可以非常熟练地完成步法和投篮之后，增加第5个球员去防守内线。现在的轮换顺序是1到2，从2到3，从3到4，从4到5再回到1，延长训练时间到10分钟。

### ➡ 教学要点

1. 确保球员每一次都可以十分热情地完成空切（闪切或V形空切）并且动作正确无误。

2. 确保步法正确，包括投篮假动作。

3. 确保投篮基本动作正确无误。如果步法很完美，投篮却很草率，这对球员并无益处。教练要时刻要求球员严格完成训练。

4. 确保所有步法以跳步急停开始和结束。

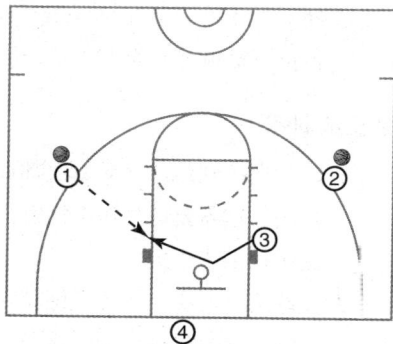

**相关训练：** *10、37、44、53、56、93、96~103、114~117、119~121*

# 119

# 三人连续内线训练
## 球队训练或个人训练 /4 分钟

**➡ 技巧训练要点** 平衡性、敏捷性、体能调节、内线站姿（10）、跳步急停（37）、接传球（44）、V 形空切（53）、闪切（56）、小勾手（93）、背身单打（96）、低位转身（96~103、114）、滑步运球（97）、背身单打和转身（100）、强势上篮（114）、半转身（115）、转身（115）、假投晃起防守球员后从其侧边上篮（116）、投篮假动作（116、117）、后撤步跳投（116）

### 有一定基础的球员

1. 3 号球员和 4 号球员持球（如下页图所示）。
2. 训练开始，5 号球员朝 4 号球员闪切（图中的移动路线 1）。4 号球员向内传球给 5 号球员。5 号球员做场上球员正在做的动作。例如，朝底线低位转身（如图所示）或类似于朝中间低位转身、转身、假投晃起防守球员后从其侧边上篮（图中未展示）这样的复合动作。5 号球员抢下篮板球，换下 4 号球员（图中的移动路线 2）。
3. 同时，4 号球员传球给 5 号球员之后朝 3 号球员做闪切（图中的移动路线 3）。3 号球员传球给 4 号球员。4 号球员做 5 号球员刚刚完成的移动步法（图中的朝底线低位转身）。4 号球员抢下篮板球，换下 3 号球员。
4. 同时，3 号球员朝 5 号球员做闪切（图中的移动路线 4，记住 5 号球员已经换下了 4 号球员）。3 号球员做 4 号球员和 5 号球员刚刚完成的步法。3 号球员抢下篮板球，换下 5 号球员。5 号球员开始做闪切。训练继续进行。

### ➡ 备选训练

1. 球员在接到传球之后每次都训练不同的步法，而不是所有球员都训练同样的步法。这需要球员集中注意力，因为直到接球的最后一秒他们才知道自己要做哪种步法。
2. 让球员自己决定将要训练哪一种动作。
3. 在外线球员传球给内线球员之前，要求内线球员使用恰当的技巧去应对假想的防守球员（见训练 10 和训练 96）。
4. 派一个防守球员去截住做空切的内线球员。如果这样做安排，那么需要进行攻防轮换；防守球员抢下篮板球，换下外线的传球球员。然后 4 个球员都处在空切阶段，同时训练步法、投篮和防守。

1. 不要让内线球员草率地完成闪切。

2. 确保所有的动作正确无误。

3. 检查步法使用是否正确。

4. 要重点强调4点：闪切、跳步急停、内线步法、投篮（强势上篮、小勾手、后撤步跳投）。

**相关训练：** *10、37、44、53、56、93、96~103、114~118、120、121*

**120** 内线球员与内线球员训练
球队训练 /4 分钟

➡️ **技巧训练要点** 平衡性、敏捷性、体能调节、内线站姿（10）、跳步急停（37）、接传球（44）、V 形空切（53）、闪切（56）、篮板球技巧（78~83）、小勾手（93）、背身单打（96）、低位转身（96~103、114）、滑步运球（97）、背身单打和转身（100）、强势上篮（114）、半转身（115）、转身（115）、假投晃起防守球员后从其侧边上篮（116）、投篮假动作（116、117）、后撤步跳投（116）

### 有一定基础的球员

1. 球员站位如下页图所示。

2. 开始训练时，1 号球员和 2 号球员前后使用大角长传几次。这样会使 4 号球员和 5 号球员去卡防守球员的位置。由于球不停地改变位置，所以防守球员 X4 和 X5 也要不停地从弱侧防守球员变为强侧防守球员。

3. 4 号和 5 号球员尝试在与防守球员对位的过程中找到合适的位置。

4. 一旦将球传给内线球员，那么该内线球员就会根据防守球员的防守动作做出相应的进攻动作。内线球员投篮，4 个球员——4、5、X4 和 X5——抢篮板。

5. 攻防轮换：1 到 4 到 X4，然后回到对面队列的最后。攻防轮换：2 到 5 到 X5，然后回到对面队列的最后。

### ➡️ 备选训练

1. 当攻防轮换时，1 号球员和 2 号球员可以空切到他们的内线位置。如果他们中的一个在空切时接到传球，那么他们立即进行低位背打。进球之后，4 号球员和 5 号球员立刻变成防守球员。

2. 允许 4 号球员和 5 号球员互相掩护，摆脱防守。

3. 1 号球员和 2 号球员可以在任何时候投篮，这样会迫使 4 个内线球员立即使用进攻篮板球技巧和防守篮板球封盖技巧（见训练 76~83）。

## ➡ 教学要点

1. 确保球员正确训练所有内线动作。确保进攻球员在与防守球员对位时找到合适的位置。确保进攻球员与防守球员拉开更大的身位。
2. 确保动作正确执行。强调训练正确的步法。
3. 确保投篮基本动作正确无误。
4. 确保在投篮时，进攻球员擦板，防守球员封盖。

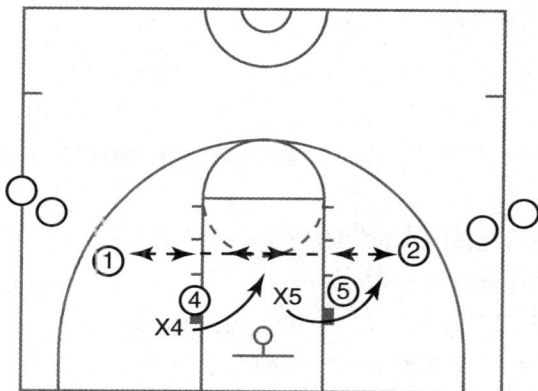

相关训练：10、37、44、53、56、78~83、93、96~103、114~119、121

# 121

# 德沃（Devoe）训练法

## 个人训练 / 无时间限制

➡ **技巧训练要点** 平衡性、敏捷性、体能调节、内线站姿（10）、跳步急停（37）、接传球（44）、V形空切（53）、闪切（56）、小勾手（93）、背身单打（96）、低位转身（96~103、114）、滑步运球（97）、背身单打和转身（100）、强势上篮（114）、半转身（115）、转身（115）、假投晃起防守球员后从其侧边上篮（116）、投篮假动作（116、117）、后撤步跳投（116）

### 所有球员

1. 球员自主训练。他们只需要一个篮球和一个有标线的内线球场或者体育馆就可以开始训练。
2. 这项训练以曾经在田纳西大学执教的教练多恩·德沃的名字命名。我们最早是跟他学习这种训练方式的。
3. 球员在穿过禁区边线时，用下旋将球向前抛出。
4. 球员跳步急停，双手将球接住，训练一个动作和一种投篮方式。
5. 球员一遍又一遍地去训练一个动作，或者按照自己的喜好去重复训练多个组合动作。

**相关训练：** *10、37、44、53、56、93、96~103、114~117、119~121*

# 第 14 章

# 团队进攻

保持 4.5 米的间距。这是教练制定的进攻战术中球员之间必须保持的距离。在一对一对抗的时候，球员不仅要让队友给自己拉开空位，还要与队友的防守球员保持距离。如果在离球员 4.5 米的距离处有一个队友，那么球员就可以选择传球给他。

每个球员在每次传球时都必须移动。这样会使进攻球员保持移动，而且更重要的是，它还可以让所有防守球员专心盯防自己的进攻球员，如此一来，球员在单打的时候就只需应对一个防守球员。

如果教练的进攻战术中只有一对一对抗，那么球队就必须遵守以上两条规则，这就和学习进攻技巧一样简单。教练可以在自己的进攻战术中添加本章中列出的任何一条或所有规则。规则越多，进攻战术就越复杂，教练也就必须在每条规则上投入更多的时间去训练球员，对方的防守球员也就越难破解进攻技术。

利用与自身对位的防守球员制造空切。进攻球员观察与他们对位的防守球员，从而决定使用哪种空切动作（见第 6 章和第 7 章）。告诉球员在空切之前，先发信号，与传球球员及时沟通。握紧拳头可能意味着背切；张开手可以表示中切。这会让传球球员明白球员的进攻意图。将这一规则加入进攻战术之后，球员现在已经学会了一对一单打和空切技巧。这足以让球员稳定地进攻。

当一个进攻球员运球朝球员走来的时候，球员必须做空切或者后撤。这样可以使球员的一对一进攻球员朝着一个队友直切篮下。如果与队友对位的防守球员过来补防，那么就可以把球传给队友。

当为队友做掩护时，需大声喊出队友的名字。这项训练可以使球员的进攻变得更有条理，球员可以掩护持球球员或者掩护无球的进攻球员。

任何球员在内线停留的时间不得超过 3 秒。这样就可以将篮下空间拉开，进攻球员可以运球、空切、掩护、转身或者低位背打。

训练 122 强调持球掩护。训练 123 强调无球掩护。训练 124 强调空切、背身单打和无球跑位。训练 125 可以让教练教授球员进攻战术中的各种动作以及组合动作。训练 126 要求球员遵循教练提出的或者已改进的进攻规则。训练 127 可以让球员展示教练制定的进攻战术规则的相关知识。

# 122

强侧（有球一侧）：掩护转身上篮、掩护后撤、传球突破

**球队训练 /10 分钟**

➡️ **技巧训练要点** 三威胁姿势（9）、前后移步假动作（11）、单手体前变向运球（12、28）、双手交叉变向运球（13、29）、转身（反向）运球（14、30）、半转身运球（15、31）、控球（24）、防守假动作（33）、跳步急停（37）、跨步急停（38）、胸前传球（44）、击地传球（44）、过顶传球（44）、接传球（44）、传球假动作（47）、V 形空切（53）、中切（54）、背切（55）、快速转身（56）、挡拆（71）、掩护转身上篮（71）、掩护后撤（71）、投篮假动作（96）、假投之后变向运球（96）、滑步运球（97）、传球突破、内线进攻（96~103）、直切篮下（113）、内线步法（114~117）、侧滑步（128）、防守球员的前脚对应进攻球员的轴心脚（129）、防守球员的前脚对应进攻球员的活动脚（130）、前滑步（137）、后撤步（137）、摇摆步（137）、跳向有球一侧（146）、拦截侧翼传球（147）、拦截快速转身（148）、协防（149、150）

### 有一定基础的球员

1. 下页图 1 展示的是 1 号球员和 5 号球员之间的掩护转身上篮。2 号球员为 4 号球员做掩护之后后撤，3 号球员空切，摆脱防守压力（为防止图中内容过于杂乱，防守球员并未在图中标识）。这是一个五对五的训练，遵循进攻规则（关于掩护上篮和掩护回撤的内容，请参见训练 71）。

2. 图 1 展示的是进攻战术中各种规则中的一种。

### 经验丰富的球员

1. 强势突破在人盯人防守中几乎难以阻挡。下页图 2 展示的是强势突破；下页图 3 展示的是步法。球员轮换从 1 号球员到 5 号球员，然后走到队列的最后，这样每位球员都可以学习在球场上的任意位置进行突破。

2. 1 号球员传给 5 号球员，5 号球员快速转到顶弧一侧，然后 1 号球员直接向下从 5 号球员的左肩一侧突到篮下。换句话说，如果 5 号球员没有转身，那么 1 号球员将直接越过 5 号球员突到篮下。1 号球员传给 5 号球员，5 号球员后转身。如果防守球员 X5 继续盯防 5 号球员，那么 5 号球员就可以将球传给 1 号球员。然后 1 号球员就可以突到篮下，带球上篮。如果防守球员 X5 换防 1 号球员，那么 5 号球员就可以运球一次，然后带球上篮。如果强势突破比较成功，那么 5 号球员就可以将防守球员 X1 甩在身后。5 号球员观察防守球员 X5 的防守动向，如果防守球员 X5 继续防守 5 号球员，那么 5 号球员应该将球传出去。如果防守球员换防其他球员，那么 5 号球员就可以运球突破，当然，只运一次球。

3. 在无人防守的情况下，进攻球员可强势上篮。接着增加防守球员，这样进攻球员就可以学习什么时候传球以及什么时候持球了。当教练学习到新的其他双人进攻战术时，可以使用此训练的训练方式将新学到的双人进攻战术添加到原有的进攻战术中。

→ **备选训练（适合不同水平的球员）**

1. 场上安排 5 个球员，将球员分布在场上的不同位置进行单独训练。例如，每次传球之后，有 2 个球员训练掩护上篮，其他 3 个球员无球掩护，传球，替换自己，以摆脱防守压力。

2. 接着进行下一步训练，2 个球员做掩护后撤，与此同时，其他 3 个球员做背切或中切。

3. 然后 2 个球员训练强势突破，另外 3 个球员训练 V 形空切或者无球掩护。这些只是众多组合训练中的 3 种训练方式。在他们没有熟练应用这些技巧的时候，不要进行任何扩展训练，教练需要教会球员的是一种真正可以执行的进攻战术。

4. 安排 5 个进攻球员，没有防守球员。球员可以训练自己想要训练的任何持球掩护方式。球员不可以投球得分（球员应更多地进行跑位，直到他们已经完全掌握了这项进攻战术）。球员要在球场上的不同位置做掩护，做掩护的时候，要大声喊出被掩护球员的名字。

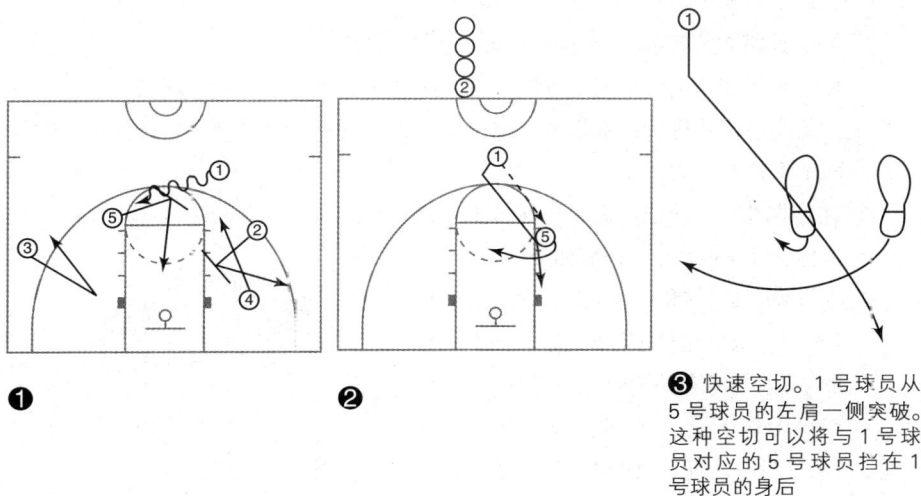

❶

❷

❸ 快速空切。1 号球员从 5 号球员的左肩一侧突破。这种空切可以将与 1 号球员对应的 5 号球员挡在 1 号球员的身后

**相关训练：** *9、11~18、71、96，104~109、111、114~121、123~130、137~139、148、151~154*

# 123 弱侧（无球一侧）：掩护替换队友
## 或换掉自己、摆脱防守压力
### 球队训练 /10 分钟

➡ **技巧训练要点**  三威胁姿势（9）、前后移步假动作（11）、单手体前变向运球（12、28）、双手交叉变向运球（13、29）、转身（反向）运球（14、30）、半转身运球（15、31）、控球（24）、防守假动作（33）、跳步急停（37）、跨步急停（38）、胸前传球（44）、击地传球（44）、过顶传球（44）、接传球（44）、传球假动作（47）、V 形空切（53）、中切（54）、背切（55）、快速转身（56）、挡拆（71）、掩护转身上篮（71）、掩护后撤（71）、投篮假动作（96）、假投之后变向运球（96）、滑步运球（97）、传球突破（122）、进攻战术（122）、侧滑步（128）、防守球员的前脚对应进攻球员的轴心脚（129）、防守球员的前脚对应进攻球员的活动脚（130）、前滑步（137）、后撤步（137）、摇摆步（137）、跳向有球一侧（146）、拦截侧翼传球（147）、拦截快速转身（148）、协防（149、150）

### 有一定基础的球员

1. 右下图展示了进攻球员做掩护和 V 形空切，以换掉自己，摆脱防守压力。为了展示得清楚，图中没有标示防守球员。不过，这应该是五对五训练。注意：图中球员开始训练的位置与训练 122 的图 1 中的训练位置相同。这样就可以看到球员在进攻中选择动作的所有可能性。

2. 在没有防守球员的情况下开始训练，然后再加上防守球员。球员不要在球场上的同一位置进行这些训练，要改变位置，否则，球员将开始选择进攻动作而不去执行进攻战术。

3. 在右图中，5 号球员为 1 号球员做掩护，以换掉自己，摆脱防守压力；在训练 122 的图 1 中，5 号球员为 1 号球员做掩护并带球上篮。在右图中，2 号球员为 1 号球员做掩护，然后带球上篮；3 号球员做 V 形空切，以换掉自己，摆脱防守压力。

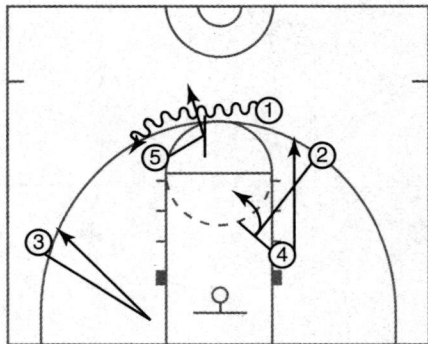

**相关训练：** 9、11~18、71、72、96、104~122、124~129、137~139、148、151~154

**124**

# 三对三不运球训练

**球队训练 /5 分钟**

➲ **技巧训练要点** 三威胁姿势（9）、前后移步假动作（11）、跳步急停（37）、跨步急停（38）、胸前传球（44）、击地传球（44）、过顶传球（44）、接传球（44）、传球假动作（47）、V 形空切（53）、中切（54）、背切（55）、快速转身（56）、挡拆（71）、掩护转身上篮（71）、掩护后撤（71）、进攻战术（122）、侧滑步（128）、防守球员的前脚对应进攻球员的轴心脚（129）、防守球员的前脚对应进攻球员的活动脚（130）、前滑步（137）、后撤步（137）、摇摆步（137）、跳向有球一侧（146）、拦截侧翼传球（147）、拦截快速转身（148）、协防（149、150）

## 新手球员

1. 开始训练时，没有防守球员。经过几次训练后，加入防守球员。本项训练的目的是在移动进攻中加入掩护和空切技巧，不运球可以迫使球员做空切和掩护。

2. 训练初期，不要让球员投篮得分。他们只需要持球几秒，然后传球。经过几次训练之后，允许传球。只要进球，攻防轮换。

3. 右下图显示的是 1 号球员传球给 2 号球员，接着 1 号球员做中切到篮下，然后再到底角。3 号球员做 V 形空切到三分线顶弧。

4. 2 号球员传球给 3 号球员，然后给 1 号球员做掩护。2 号球员转到另一侧，1 号球员绕过 2 号球员做的掩护之后进行跳投。这项训练可以让球员提高进攻能力，而上述的训练顺序只是多种训练顺序中的一种。

5. 球员在训练开始时就要遵循进攻战术规则。球员不能在没有掩护的情况下传球超过两次；否则，球员将只能传球和空切，而不能传球、空切和做掩护。

➜ **备选训练**

　　防守球员必须连续两次拦住进攻球员，才能进行攻防轮换。

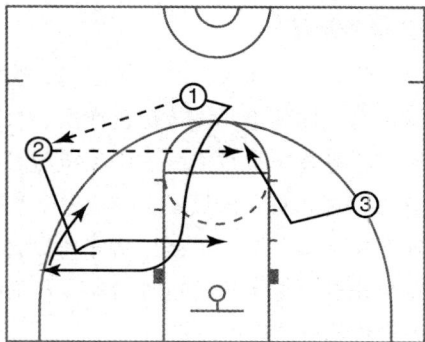

**相关训练：** 9、11、71、72、96、104~123、125~129、137~139、148、151~154

**125** **三对三喊出进攻动作之后进行跑位训练**

球队训练 /6 分钟

⊙ **技巧训练要点** 三威胁姿势（9）、前后移步假动作（11）、单手体前变向运球（12、28）、双手交叉变向运球（13、29）、转身（反向）运球（14、30）、半转身运球（15、31）、控球（24）、防守假动作（33）、跳步急停（37）、跨步急停（38）、胸前传球（44）、击地传球（44）、过顶传球（44）、接传球（44）、传球假动作（47）、V形空切（53）、中切（54）、背切（55）、快速转身（56）、挡拆（71）、掩护转身上篮（71）、掩护后撤（71）、投篮假动作（96、117）、假投之后变向运球（96、117）、滑步运球（97）、传球突破（122）、进攻战术（122）、侧滑步（128）、防守球员的前脚对应进攻球员的轴心脚（129）、防守球员的前脚对应进攻球员的活动脚（130）、前滑步（137）、后撤步（137）、摇摆步（137）、跳向有球一侧（146）、拦截侧翼传球（147）、拦截快速转身（148）、协防（149、150）

新手球员

1. 球员站位如右下图所示。进攻球员轮换为防守球员，然后走到队列的最后。
2. 让 3 个进攻球员站在一起，告诉他们在他们找到机会投篮得分之前要执行哪种进攻策略（例如掩护转身上篮）。这些进攻策略可以是空切、掩护、个人步法（例如前后移步假动作）等。
3. 在球员投篮得分之前，要求他们执行两种不同的策略。

➡ **备选训练**

在球员走到队列的最后之前，防守球员必须成功阻止进攻球员两次。教练要告诉进攻球员在得分前必须执行哪种策略。这样防守球员就会知道第 2 次应该在什么位置进行拦截，防守球员会试图阻止进攻球员执行这种策略，从而提高进攻球员的进攻质量。

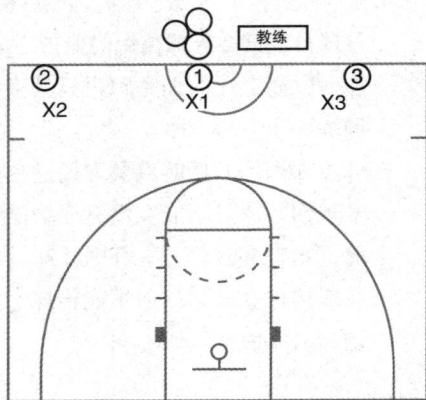

**相关训练：** 9、11、71、72、96、104~124、126~128、137~139、148、151~154

# 遵守进攻规则

## 球队训练 /9 分钟

➲ **技巧训练要点** 三威胁姿势（9）、前后移步假动作（11）、单手体前变向运球（12、28）、双手交叉变向运球（13、29）、转身（反向）运球（14、30）、半转身运球（15、31）、控球（24）、防守假动作（33）、跳步急停（37）、跨步急停（38）、胸前传球（44）、击地传球（44）、过顶传球（44）、接传球（44）、传球假动作（47）、V 形空切（53）、中切（54）、背切（55）、快速转身（56）、挡拆（71）、掩护转身上篮（71）、掩护后撤（71）、投篮假动作（96、117）、假投之后变向运球（96、117）、滑步运球（97）、传球突破（122）、进攻战术（122）、侧滑步（128）、防守球员的前脚对应进攻球员的轴心脚（129）、防守球员的前脚对应进攻球员的活动脚（130）、前滑步（137）、后撤步（137）、摇摆步（137）、跳向有球一侧（146）、拦截侧翼传球（147）、拦截快速转身（148）、协防（149、150）

### 有一定基础的球员

1. 球员站位如右下图所示。开始训练时不设防守球员，经过多次重复训练之后，增加防守球员。进攻球员轮换为防守球员，然后走到队列的最后。

2. 在黑板上按任意顺序写出进攻的 6 条规则。球员必须按照列出的顺序训练这些规则。例如，在他们开始训练规则 4 的时候，已经对规则 3 进行了多次训练。但在他们训练规则 4 之前，绝不能先训练规则 5。这项训练的目的是让球员真正学会进攻战术规则。

### 经验丰富的球员

与其列出进攻战术规则，不如列出几种不同的进攻策略。球员必须按照列出的顺序去执行这些进攻策略，并告诉他们在进攻时，在什么位置要遵守哪种进攻战术规则。

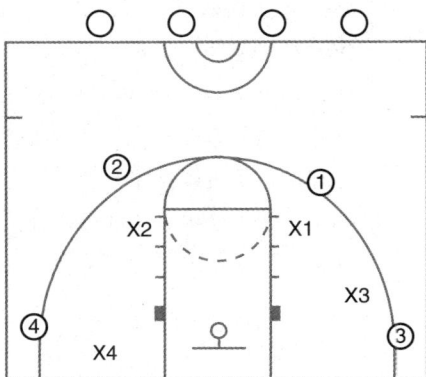

---

**相关训练：** 9、11、71、72、96、104~125、127、128、137~139、148、151~154

## 127 五对五无人防守训练

**球队训练 /6 分钟**

➡ **技巧训练要点** 三威胁姿势（9）、前后移步假动作（11）、单手体前变向运球（12、28）、双手交叉变向运球（13、29）、转身（反身）运球（14、30）、半转身运球（15、31）、控球（24）、防守假动作（33）、跳步急停（37）、跨步急停（38）、胸前传球（44）、击地传球（44）、过顶传球（44）、接传球（44）、传球假动作（47）、V 形空切（53）、中切（54）、背切（55）、快速转身（56）、挡拆（71）、掩护转身上篮（71）、掩护后撤（71）、投篮假动作（96、117）、假投之后变向运球（96、117）、滑步运球（97）、传球突破（122）、进攻战术（122）、侧滑步（128）、防守球员的前脚对应进攻球员的轴心脚（129）、防守球员的前脚对应进攻球员的活动脚（130）、前滑步（137）、后撤步（137）、摇摆步（137）、跳向有球一侧（146）、拦截侧翼传球（147）、拦截快速转身（148）、协防（149、150）

### 新手球员

1. 5 个球员开始训练时可以组成任意阵形，进行 1 分钟无投篮的进攻跑位。球员可以综合运用他们所学的技巧，并创造新的组合动作。

2. 1 分钟后，这个小组投球得分，训练完成。下一个小组上场，按照同样的程序进行训练。

3. 动作的训练顺序可能会有所不同。下页图中显示的是 1 号球员传球给 2 号球员，并为 3 号球员做无球掩护，然后回撤到底角。4 号球员掩护 5 号球员，然后转回到篮下。假设 2 号球员传球给 5 号球员（图中未显示），5 号球员快速冲到篮下。同时，4 号球员做 V 形空切，切到底角；3 号球员做 V 形空切，切到边线；1 号球员做背切或中切，切到防守球员的位置。或者在 5 号球员和 4 号球员进行高低传球时，2 号球员换掉自己，以摆脱防守压力。3 号球员仍然可以做 V 形空切到球场侧翼，1 号球员也可以做背切或中切。

4. 训练持续 1 分钟。让球员在开始训练时组成不同的阵形。该图以 1-3-1 阵形开始。下一个阵形可以是 2-1-2，然后是 1-2-2，接着是 1-4，依此类推。

　　给 5 个进攻球员安排 5 个防守球员。可以从口述防守口令开始，进攻球员可以分析防守球员的空切和其他进攻战术，然后进行五对五真实对抗训练。当五对五真实对抗训练时，防守球员必须连续 2 次拦住进攻球员，才可以进行攻防轮换。

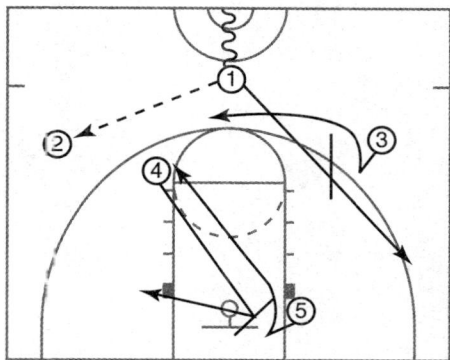

**相关训练:** 9、11、71、72、96、104~126、128、137~139、148、151~154

# 防守

## 技巧与训练

# 第 15 章

# 站姿和步法

　　如果防守球员可以让他盯防的进攻球员拿不到球，那么这个进攻球员就不能从球员手上得分。在本章中，训练 128 可以帮助球员训练这条非常重要的规则。

　　当防守球员的任务是仓断时，如果防守球员可以预测进攻球员的去向，那么防守球员就有机会狙止进攻球员得分。训练 129 可以让防守球员将进攻球员逼到他想让进攻球员去的位置。训练 130 与训练 129 的目的一致，不同之处在于训练 130 允许防守球员以不同的防守姿势开始。

　　但球员只盯着与自身对位的进攻球员是不够的，他们还必须帮助队友防守与队友对位的进攻球员。训练 131 可以让球员执行团队防守中重要的个人防守观则。训练 132 将介绍如何将压力从一只脚转移到另一只脚上，这样防守球员就可以在进攻球员运球突破的时候缩短身位，帮助队友控制对方的持球球员，完成控球任务。

　　训练 133 将介绍一个补防球员在防守时必须识别和调整的各种变化情况。使用一些必要的技巧和策略去应对进攻球员的运球直切篮下，可以使球队的人盯人防守变成"铜墙铁壁"。

　　训练 134 将介绍补防球员必须同时完成 2~3 种基本技巧。训练 135 将之前所训练的技巧和战术融入一项训练中。最后，训练 136 是一项有趣的训练，球员喜欢将它来作为结束一天训练的最后项目。

　　把通过本章学到的个人防守基础知识加入阻止运球球员的内容（第 16 章）中，会让球队具备成为一支出色的一对一防守队伍所需的所有要素。

# 侧滑步

## 球队训练或个人训练 /1 分钟

➡ **技巧训练要点** 三威胁姿势（9）、前后移步假动作（11）、侧滑步（128）、防守球员的前脚对应进攻球员的轴心脚（129）、防守球员的前脚对应进攻球员的活动脚（130）、前滑步（137）、后撤步（137）、摇摆步（137）、体能调节

### 新手球员

1. 球员站位如下页图 1 所示。轮换：训练过的球员走到队列的最后，5 个球员上前继续训练。

2. 球员用侧滑步在球场上来回移动。让球员先从球场左侧开始，再从球场右侧开始。

### 有一定基础的球员

1. 下页图 2 显示了球员从球场侧翼进行训练。防守球员处于阻止进攻球员做侧滑步的位置。1 号球员使用 V 形空切摆脱防守压力。一旦 1 号球员接到传球，那么他可以前转身或者后转身并做出三威胁姿势，然后传球给教练。

2. 一旦 1 号球员接到传球，那么进攻球员可以做前后移步假动作，迫使防守球员 X1 使用后撤步、前滑步和摇摆步。

### 经验丰富的球员

在下页图 2 中，1 号球员做三威胁姿势与防守球员 X1 进行一对一对抗训练。

➡ **教学要点**

1. 假设右侧是上方，球员的右脚应该直指前方，且正好在右肩下方；左脚要与右脚垂直，双脚的脚跟在同一条直线上。要做出这个正确的姿势，球员应该把脚跟并拢，彼此成 90 度角，然后用右脚迈出完整的一步。现在球员正处于侧滑步姿势。

2. 右脚向前迈出第 1 步，约 60 厘米的距离，然后把左脚的脚跟抬起并靠近右脚脚跟，接着使用滑步。

3. 防守球员的耳朵应该位于假想的进攻球员的胸前。

4. 如果防守球员的右脚向前，那么他的右臂应向前伸出，高度可以略高或者略低于右肩。

5. 手掌应该朝外，拇指指向地板。

6. 就好像图 2 中 1 号球员和防守球员 X1 之间有一根紧绷的绳子一样。当 1 号球员朝防守球员 X1 迈进时，这根绳子就会变得松一些。这时防守球员 X1 应该立刻后撤让绳子保持紧绷。

7. 一旦将侧滑步用于一对一对抗训练，那么教练就需要观察进攻球员的三威胁姿势、前后移步假动作等，同时也要注意观察防守球员的前滑步、后撤步（137）等防守动作。

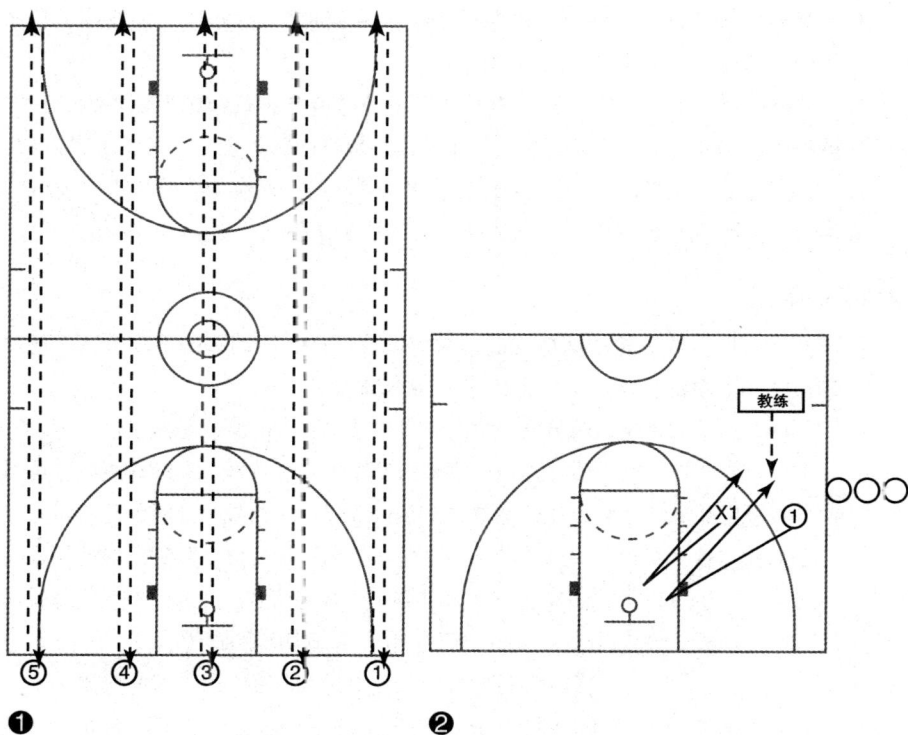

❶

❷

相关训练：*145、149、151*

**球队训练或个人训练 /3 分钟**

➡ **技巧训练要点** 三威胁姿势（9）、前后移步假动作（11）、后转身（36）、防守球员的前脚对应进攻球员的轴心脚（129）、防守球员的前脚对应进攻球员的活动脚（130）、前滑步（137）、后撤步（137）、摇摆步（137）、滑步（137）

### 有一定基础的球员

1. 球员站位如下页图 1 所示。教练要很容易观察到球员的步法。进攻球员轮换为防守球员，然后走到队列的最后。

2. 1 号球员突破到罚球线位置。教练告诉 1 号球员将哪只脚作为轴心脚。防守球员 X1 将球滚到 1 号球员手上，并且其必须将前脚靠近 1 号球员的轴心脚。

3. 1 号球员使用试探步，接着变向运球，然后后转身。观察防守球员 X1 的步法。

4. 尽可能多地重复训练步法，以使球员的步法趋于完美。

➡ **教学要点**

1. 下页图 2 展示的是防守球员的前脚对应进攻球员的活动脚的正确步法。进攻球员使用简单的变向运球就可以过掉防守球员。

2. 下页图 3 展示的是防守球员的前脚对应进攻球员的轴心脚的正确步法。进攻球员在做试探步的时候，防守球员不需要做反应。当进攻球员向前靠近防守球员时，靠近的距离已经足以让防守球员封盖进攻球员的跳投，此时的防守球员早已做后撤步拉开距离了。进攻球员做试探步变向运球，此时防守球员使用摆动步去应对。进攻球员无法投篮，因为身体侧面对着篮筐（肩膀没有正对篮筐），并且进攻球员无法让自己的前脚迈到防守球员做摇摆步的脚的前面。

3. 下页图 4 展示了后转身的正确步法。注意防守球员开始时使用摇摆步（下页图 4 中的数字 1），然后其将左脚对应进攻球员的轴心脚（下页图 4 中的数字 2）。

4. 在任何情况下，防守球员都不能让前脚对应进攻球员的活动脚，进攻球员只需使用试探步和投篮就可以拉开身位，因为防守球员将不得不后退一步，或者进攻球员可以做试探步之后突到篮下。

5. 使用前脚对应进攻球员的轴心脚的步法也给了防守球员额外的优势——可以防守进攻球员的投篮肩。进攻球员要朝轴心脚运球突破，因为这是唯一的可以使进攻球员获得优势的方法。

6. 持球进攻球员可以做 3 件事：朝远离轴心脚的方向运球，朝轴心脚运球或者跳投。防守球员的前脚对应进攻球员的轴心脚可以打消进攻球员跳投或者朝远离轴心脚的方向运球的想法，因为无论使用这两种步法中的哪一种都很难从防守球员手上占到便宜。防守球员可以向进攻球员口述他们可以做什么动作。

7. 防守球员下蹲，膝盖弯曲，几乎和坐着无异，应该能用手掌接触到地面，头部与地面垂直，笔直向上，且在进攻球员的腋窝位置。随后，防守球员腰部微微弯曲，身体略徵前倾，手臂应该向身体两侧伸出，阻止进攻球员朝任何方向进行进攻。

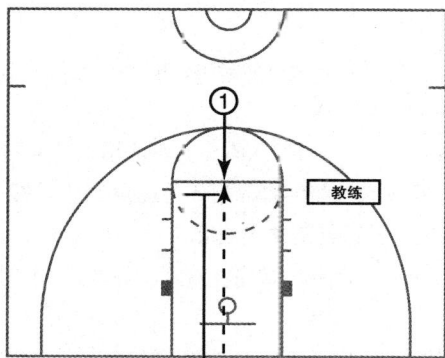

❶

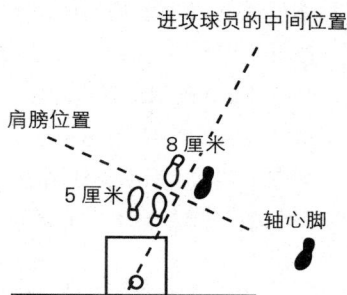

❷ 防守球员的前脚对应进攻球员的轴心脚。如果进攻球员使用试探步之后变向运球，那么防守球员就无法回到防守位置

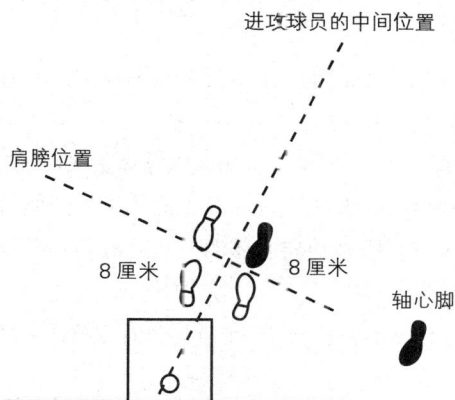

❸ 防守球员的前脚对应进攻球员的轴心脚的站位可以打消进攻球员进行跳投的想法（因为防守球员距离进攻球员太近）。它也能阻止试探步（因为防守球员已经后撤）

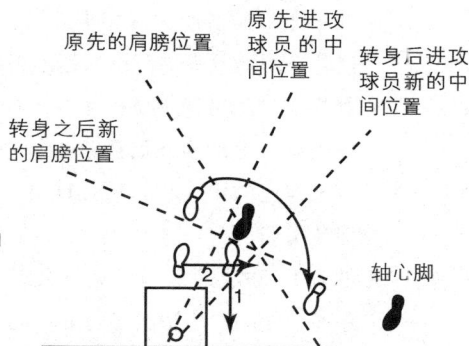

❹ 进攻球员后转身。防守球员快速向前两步就可以回到防守位置。进攻球员必须将球放在地板上，然后防守球员可以对进攻球员的投篮臂进行防守。在运球开始之前，防守球员恢复其前脚对应进攻球员的轴心脚的站位

相关训练：11、17、130、137~139、144、145、148、149、151、152

## 130 防守球员的前脚对应进攻球员的活动脚

### 个人训练 /3分钟

➡ **技巧训练要点** 三威胁姿势（9）、前后移步假动作（11）、后转身（36）、防守球员的前脚对应进攻球员的轴心脚（129）、防守球员的前脚对应进攻球员的活动脚（130）、平行站姿、前滑步（137）、后撤步（137）、摇摆步（137）、滑步（137）

### 新手球员

1. 球员站位如训练129中的图1所示。教练要很容易观察到球员的步法。进攻球员轮换为防守球员，然后走到队列的最后。

2. 1号球员突破到罚球线位置。教练告诉1号球员将哪只脚作为轴心脚。防守球员X1将球滚到1号球员手上，防守并且其必须将前脚靠近1号球员的活动脚，并在1号球员活动脚外侧超出半个身位——这就是紧逼防守（见下页图1）。

3. 1号球员使用试探步，接着进行试探步回拉，然后后转身。观察防守球员X1的步法。

   a. 1号球员要想使用试探步，那么他就必须将活动脚放在紧逼防守的防守球员的外侧，或者防守球员X1不做应对。如果1号球员的活动脚在紧逼防守的防守球员X1的外侧，那么1号球员必须采用迂回战术进行运球。防守球员可能需要稍微做一下摇摆步。

   b. 如果1号球员使用试探步后撤，那么防守球员X1不需要做出反应。在紧逼防守的情况下进行跳投是不可取的。

   c. 如果1号球员使用试探步变向运球（见下页图2），那么防守球员X1应该稍微做一下滑步和后撤步。防守球员X1要在进攻球员迈出第1步的同时迈出自己的第1步。防守球员X1将右脚稍稍向右移动，然后滑动左脚以保持平衡。

   d. 如果1号球员后转身（见下页图3），那么防守球员X1应稍微向后滑动一段距离，使用的步法与步骤c相同。

4. 尽可能多地重复训练步法，以使球员的步法趋于完美。

### ➡ 防守球员的前脚对应进攻球员的活动脚

1. 在进攻球员开始运球之前，防守球员有3种防守方式，防守球员的前脚对应进攻球员的活动脚是最简单的步法。下页图1显示了防守球员的前脚对应进攻球员的活动脚的初始姿势。如果进攻球员已经跳步急停，那么该进攻球员就可以任意选择一只脚作为轴心脚。此时防守球员可以用与进攻球员平行的站姿或者

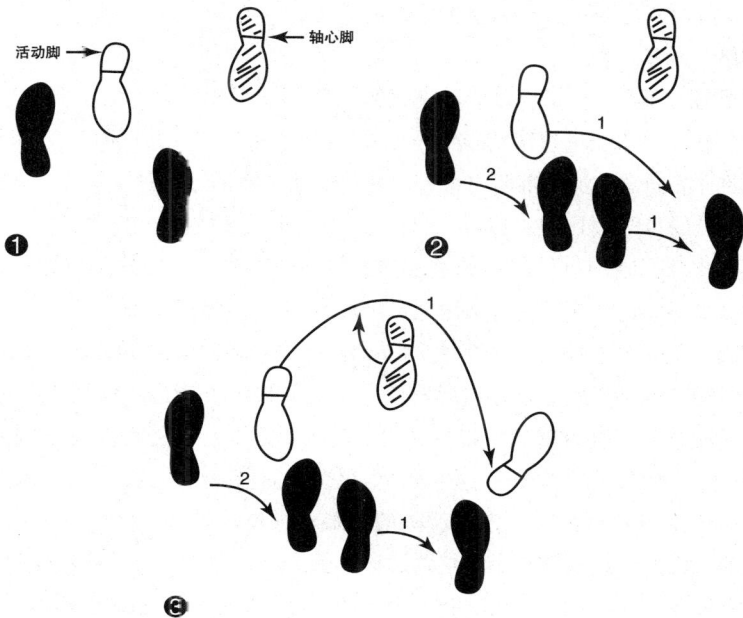

稍微紧逼防守来应对进攻球员的跳步急停，从而逼迫进攻球员选择轴心脚。最好是对惯用右手的进攻球员逼防右侧，对惯用左手的球员逼防左侧。

2. 一个有效的初始防守姿势必须迫使进攻球员选择使用 3 种进攻方式中的一种，这 3 种进攻方式分别是向右运球、向左运球或者投篮。防守姿势必须切断进攻球员的两种进攻方式。为了有效进行训练，防守球员必须口述动作。

3. 对防守球员的前脚对应进攻球员的活动脚这种姿势唯一有效的防守姿势就是逼防进攻球员的活动脚一侧。

4. 记住训练 17 中的进攻规则：进攻球员应该始终攻击防守球员的前脚。所以如果防守球员没有紧逼防守，那么就会发生以下情况。

   a. 如果防守球员的前脚与进攻球员的活动脚和轴心脚持平，且防守球员的前脚在进攻球员的活动脚一侧，那么进攻球员可以轻易地直接运球突到篮下然后带球上篮。这种进球很难防守。

   b. 如果防守球员试图逼防进攻球员的轴心脚一侧，进攻球员就可以直接运球突到篮下。这种进攻也很难防守。

   c. 如果防守球员的防守较松，前脚在进攻球员的活动脚一侧，那么进攻球员可以直接投篮。在这种情况下，就算防守球员的前脚对应进攻球员的活动脚，如果没有进行逼防，也很难将进攻球员防下。

5. 因此，当使用前脚对应进攻球员的活动脚这种防守姿势时，唯一可以将进攻球员拦下的方式只有紧逼防守进攻球员的活动脚一侧。这种防守方式逻辑严密、合情合理。

6. 严密防守可以打消进攻球员投篮的念头。防守球员如果紧逼防守进攻球员半个身位，那么进攻球员就无法从他的右侧突破（见上页图1）。因此，紧逼防守和防守球员的前脚对应进攻球员的活动脚的这两种防守方式达到了防守球员的目的：让进攻球员的3种进攻方式中的2种失效了。

7. 进攻球员唯一可以使用的进攻方式是向左突破，进攻球员可以通过使用试探步变向运球或后转身来做到。进攻球员可以抬起活动脚（图1中为右脚），试着把它放在防守球员的右脚外侧。但是防守球员简单的滑步加上轻微的后撤步就可以防止这种情况发生（见上页图2）。而进攻球员侧面对着篮筐，无法投篮。进攻球员可以后转身（见上页图3）。现在防守球员什么也不需要做。如果进攻球员完全转身，他就会背对篮筐，也无法投篮。防守球员只需滑半步就可以阻止进攻球员的突破。进攻球员背对篮筐——几乎无法投篮。因此，进攻球员必须继续运球才能进攻，但无论是试探步变向运球还是后转身都无法使其获得优势，因为防守球员的右脚已经回撤到远离进攻球员的位置了。这就是为什么这是最简单的初始防守姿势。即使是新球员，理解和使用这种姿势也没有困难。

8. 进攻球员将不得不继续运球去寻找进攻机会。

9. 这种防守姿势最大的难点就在于防守球员必须把控适当的防守程度。过于严密的防守导致进攻球员将活动脚放在防守球员的前脚外侧，并且可以直接运球突到篮下，这样就很难防守了。防守程度太松会导致进攻球员可以轻松跳投。

⊙ **教学要点**

1. 防守球员下蹲，膝盖弯曲，几乎和坐着无异，应该能用手掌接触到地面，头部与地面垂直，笔直向上，且在进攻球员的腋窝位置。随后，防守球员的腰部微微弯曲，身体略微前倾，手臂应该向身体两侧伸出，阻止进攻球员朝任何方向进行进攻。

2. 教练需要找一个合适的位置观察防守球员在应对试探步、试探步回拉、试探步变向运球以及后转身时的步法。确保防守球员正确训练每一种防守技巧。

3. 确保防守球员的防守姿势始终正确。如果防守球员需要稍微使用一下滑步，那么教练必须确保防守球员的头保持不动。防守球员的头要始终保持水平状态，仿佛头上顶着一碗水。

**相关训练：** 11、17、137~139、144、145、148、149、151、152

# 131

## 拦截姿势

球队训练或个人训练 /3 分钟

➡ **技巧训练要点** 前转身（35）、背切（55）、侧滑步（128）、拦截姿势

### 新手球员

1. 球员站位如图 1 所示。攻防轮换：1 到 X2 到 2，然后回到队列的最后。

2. 2 号球员使用 V 形空切应对防守球员 X2 的侧滑步。

3. 1 号球员传球给 2 号球员。防守球员 X2 以前脚为轴心脚进行转身，并且将传球拦截。

### 有一定基础的球员

2 号球员可以做背切，这样会迫使防守球员 X2 使用其他的拦截姿势——抬起前脚应对进攻球员的背切。

➡ **教学要点**

1. 防守球员给前脚施压并且使用侧滑步，简单的前转身就可以让防守球员将球截下（见图 2）。

2. 通过对前脚施压并使用侧滑步，防守球员可以抬起后脚，2 号球员做背切的时候可使用滑步。

3. 由于防守球员使用侧滑步的姿势，所以 2 号球员不能朝防守球员 X2 迈步，并且做中切也无法奏效。

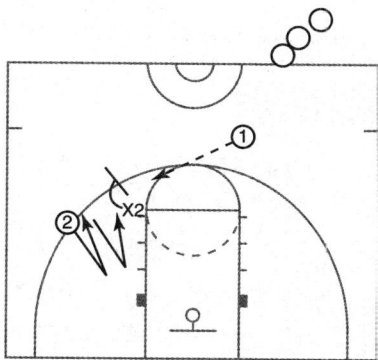

❶

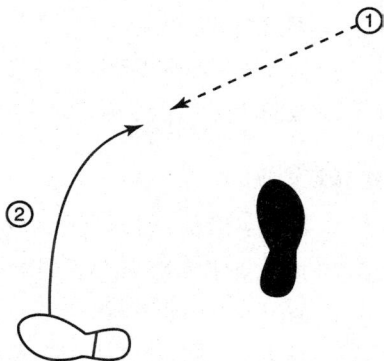

❷ 拦截姿势。向前脚施压（图中为黑色脚）可以使防守球员通过前转身拦截传球。如果 2 号球员选择用背切，那么给前脚施压可以让防守球员使用侧滑步阻止进攻球员接到传球

---

**相关训练：** 35、44、46、55、128、140~144、146~151

# 132

# 缩短身位的防守姿势
### 球队训练或个人训练 /3 分钟

➡️ **技巧训练要点** 前转身（35）、侧滑步（128）、拦截姿势（131）、缩短身位（132）、球－你－盯防球员（133）、滑步（137）、造犯规（141）、跳向有球一侧（146）、拦截侧翼传球（147）

## 新手球员

1. 球员站位如下页图 1 所示。场上队员分成若干组，每组 3 个球员，每个球员都有一个球。

2. 防守球员 X1 防守 1 号球员。1 号球员传球给 2 号球员，空切 3 步。防守球员 X1 必须重新调整位置才能同时看到 1 号球员和球（2 号球员持球）。球－你－盯防球员规则在此处生效（见训练 133）。

3. 如果 1 号球员决定在球场上下移动几步（1~2 米的距离），打算去接 1 号球员的传球，那么防守球员 X1 可以使用侧滑步，做拦截姿势。

4. 在接到球 2 秒后，2 号球员向 1 号球员的方向运球，那么此时防守球员 X1 必须缩短与进攻球员的身位。

5. 攻防轮换由 1 到 X1，从 X1 到 2，从 2 再回到 1，训练持续 3 分钟。

➡️ **备选训练**

1. 教练可以在 1 号球员空切 3 步之前，让 2 号球员将球回传给 1 号球员。这会使防守球员 X1 通过使用滑步技巧不断地改变教练与球和其他进攻球员的位置，并且也会不断地改变拦截侧翼传球的防守程度。然后可以让 1 号球员传球给 2 号球员，并让其朝篮筐的方向迈 3 步。

2. 此时 2 号球员持球，在 2 号球员运球突破之前，2 号球员可以尝试将球回传给 1 号球员。防守球员 X1 可以使用拦截侧翼传球的技巧。

3. 2 号球员持球，他可以继续运球突破直到防守球员 X1 造犯规。

➡️ **教学要点**

1. 检查确保防守球员 X1 与 2 号球员保持 2/3 的距离，与 1 号球员保持 2/3 的距离。防守球员 X1 应该与 1 号球员和 2 号球员组成一个平面三角形，这样防守球员 X1 能够在不移动头部的情况下看到球和另一个进攻球员（见训练 133）。

2. 确保防守球员 X1 处于拦截姿势，对离球最近的脚施压。防守球员 X1 不仅可以拦截草率回传给 1 号球员的传球，而且如果 1 号球员跑位去接 2 号球员回传的球，防守球员 X1 还可以使用侧滑步更快速地移动，从而将传球拦截。

3. 防守球员 X1 看见 2 号球员开始运球突破之后，其可以从原先向靠近球一侧的脚施压变成向靠近 1 号球员的前脚施压（见图 2）。防守球员 X1 可以拉开空间直接转身朝 2 号球员的突破路线拦截，这就叫作缩短身位。1 号球员和 2 号球员之间的开放空间（间距）已经缩小。如果 2 号球员继续运球，那么防守球员 X1 就可以造对手犯规。

4. 注意：拦截姿势和缩短身位的姿势之间的区别仅仅是防守球员为了更快地移动而向不同的脚施加压力。

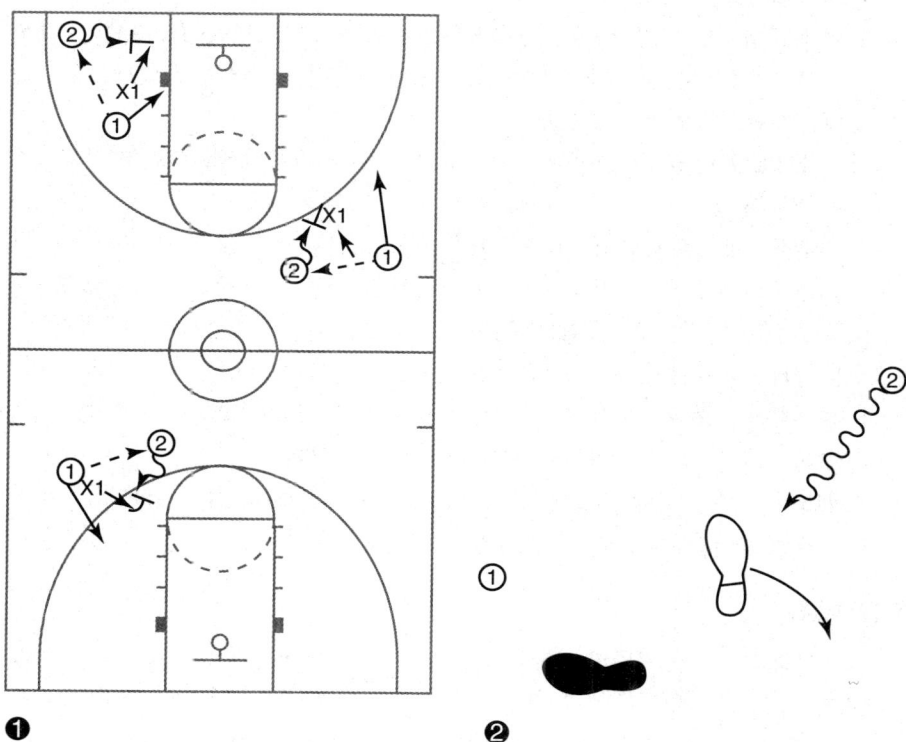

相关训练：35、128、131~136、141~144、145~154

# 133

# 补防训练

### 球队训练或个人训练 /2 分钟

⊃ **技巧训练要点** 侧滑步（128）、防守球员的前脚对应进攻球员的轴心脚（129）、防守球员的前脚对应进攻球员的活动脚（130）、拦截姿势（131）、球－你－盯防球员（134）、平面三角形（134）、补防技巧（134、135）、换防（143）、跳向有球一侧（146）

## 新手球员

1. 球员站位如下页图所示。
2. 训练开始，1 号球员持球。防守球员在强侧（有球一侧）的合适站位：防守球员的前脚对应进攻球员的轴心脚，防守球员的前脚对应进攻球员的活动脚，或者两人双脚平行站立。
3. 1 号球员大角传球给 2 号球员。防守球员 X1 不再是强侧的防守球员，而是一个补防球员。作为一个补防球员，防守球员 X1 必须在不晃头（用余光）的情况下能时刻看到盯防球员和球的位置。
4. 当进攻球员传球时，防守球员 X1 首先要朝球起跳。正确的距离是与球之间为 2/3 的距离和与盯防球员之间为 1/3 的距离。
5. 防守球员以拦截姿势与另外两个进攻球员形成平面三角形。
6. 在 2 号球员接到球并持球 2 秒后，1 号球员可以开始在球场上下移动。这迫使防守球员 X1 不断调整所在的平面三角形的位置。
7. 训练 10 秒后，轮换从 1 到 2，从 2 到 X1，从 X1 再回到 1。继续训练，直到 3 个球员已经在 3 个位置来回训练了好几遍。

### ➦ 备选训练

1. 2 号球员可以在球场边线处上下运球，防守球员 X1 必须随着球的移动调整所在的平面三角形的位置。
2. 可以采用这两种移动方式：1 号球员可以在球场上下移动，2 号球员可以在边线处上下运球。
3. 为了让防守球员 X1 真正地训练补防，教练可以安排 1 号球员与防守球员 X1 进行一对一对抗。

## 有一定基础的球员

1. 2 号球员可以突到篮下，迫使防守球员 X1 激活换防训练（见训练 143）。

2. 教练可以让 2 号球员突到篮下，并迫使防守球员 X1 造犯规（见训练 141）。

### ➜ 平面三角形

1. 在 1 号球员和 2 号球员之间画一条线。

2. 将防守球员 X1 安排在 1 号球员和 2 号球员之间的直线上，且其与 2 号球员之间的距离为 1 号球员和 2 号球员之间的距离的 2/3。

3. 防守球员离开这条直线，向后撤一步。现在在 1 号球员和防守球员 X1 之间画一条线，在 2 号球员和防守球员 X1 之间画一条线，这样就形成了一个平面三角形。防守球员 X1 离 1 号球员和 2 号球员之间的直线只有一步，离球 2/3 的距离（2 号球员）。

### ➜ 球－你－盯防球员

1. 假设你是这个防守球员（图中的防守球员 X1），球就在 1 号球员的位置，盯防球员就是 1 号球员所在的位置。你一定要能看到球，也一定要能看到盯防球员。

2. 如果 3 个球员组成一个平面三角形，那么这就是"球－你－盯防球员"模式。

### ➜ 教学要点

1. 检查防守球员 X1 的初始姿势。

2. 当 1 号球员传球给 2 号球员时（球在空中），确保防守球员 X1 滑步进入平面三角形的位置，即从球到 1 号球员之间 2/3 距离处。

3. 确保防守球员 X1 处于拦截姿势。

4. 当 1 号球员开始在边线处上下移动时，确保防守球员 X1 使用侧滑步。

5. 确保防守球员 X1 既不正眼看球，也不正眼看 1 号球员。防守球员 X1 必须用余光看球和 1 号球员。

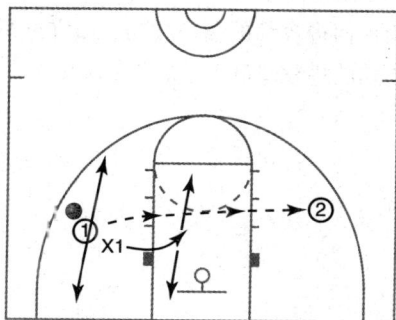

**相关训练：** *128~132、134、135、143、145~154*

# 134

# 双重补防训练

## 球队训练或个人训练 /3 分钟

➡ **技巧训练要点** 侧滑步（128）、拦截站姿（131）、球－你－盯防球员（133）、平面三角形（133）、补防技巧（134、135）、造犯规（141）、换防（143）、跳向有球一侧（146）

### 新手球员

1. 球员站位如下页图所示。

2. 开始训练，教练持两球。教练使用高吊传球将第 1 个球传到外线，防守球员 X1 必须拦下这个传球（帮助在外线的假想防守球员）。

3. 教练将第 2 个球沿着底线传给 2 号球员。2 号球员接球之后立即突向篮下。2 号球员已经过掉了防守球员（图中没有体现，突破防守也不是训练内容之一，可以假定一个防守球员），并且沿着底线突破。防守球员 X1 必须赶快下防，找到位置造犯规。

4. 补防的意思就是：防守球员必须帮助任何可能在强侧得分的情况。在这里，防守球员 X1 补防了两次（双重补防）：向外线高吊传球的补防和通过造犯规补防突向篮下的进攻球员。

### 有一定基础的球员

1. 一旦防守球员知道如何轮换，教练就可以在罚球线的延伸部分增加一个弱侧进攻球员，并进行换防训练（见训练 143）。

2. 教练可以要求 1 号球员在边线处上下移动，这样会迫使防守球员 X1 不断调整位置，以保持一个平面三角形。

3. 1 号球员可以使用任何进攻性的空切技巧，防守球员 X1 要知道如何防守一个从弱侧向强侧空切的进攻球员（见训练 148）。

## ➲ 教学要点

1. 这是一项非常紧凑的训练，需要防守球员不断地调整和执行至少两种（双重）补防技巧。

2. 教练要重点关注弱侧补防球员的双重任务，但也要确保所有的站姿和技巧都是基本正确的。

3. 确保球 – 你 – 盯防球员成平面三角形并且拦截姿势要完美，这是人盯人防守中补防的核心所在。

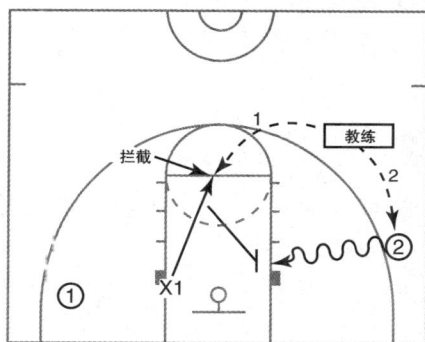

**相关训练：** *128~133、135、143、145~154*

# 135

# 帮助补防球员

## 球队训练或个人训练 /6 分钟

➲ **技巧训练要点** 三威胁姿势（9）、前后移步假动作（11）、单手体前变向运球（12、28）、双手交叉变向运球（13、29）、转身（反向）运球（14、30）、半转身运球（15、31）、防守假动作（33）、跳步急停（37）、跨步急停（38）、接传球（44）、进攻和防守篮板球（78~81）、侧滑步（128）、防守步法（129~131、137~144）、拦截姿势（131）、缩短身位（132）、球－你－盯防球员（133）、平面三角形（133）、补防（133、134）、造犯规（141）、补防和回防（142）、换防（143）、跳向有球一侧（146）、拦截侧翼传球（147）

## 有一定基础的球员

1. 球员站位如下页图所示。训练开始，1 号球员在防守球员盯防的情况下将球带到前场。

2. 训练分几个阶段进行。第 1 阶段：让 1 号、2 号和 3 号球员互相传球，每个球员在传球前持球 2 秒。这就需要防守球员 X1、X2 和 X3 不断变换位置，以处于合适的防守位置——拦截姿势、球－你－盯防球员、平面三角形。

3. 第 2 阶段：防守球员 X2 和 X3 使用拦截姿势和侧滑步来阻止 2 号和 3 号球员接球。这就需要防守球员 X2 和 X3 使用拦截侧翼传球和侧滑步技巧。

4. 第 3 阶段：当 2 号或 3 号球员接到传球时，则要求该球员运球到球场中央，这样会迫使防守球员缩短身位，并可能激活换防训练。图中，2 号球员运球到球场中央，迫使防守球员 X1 使用补防技巧来缩短身位（见训练 132）。这是第 1 道防线，防守球员 X1 并不能将球全部防下。有时 2 号球员会突破到防守球员 X1 和 X2 之间，迫使防守球员 X3 进行换防（见训练 143）。在换防训练中，防守球员 X3 必须拦下这个球（2 号球员运球）。如果 2 号球员继续运球，防守球员 X3 就会造犯规。如果不造犯规，球就进了，所以必须拦下这个球。然后防守球员 X1 将向下防守 3 号球员，防止其沿底线空切（关于换防、训练的更多内容，参见训练 143）。

5. 当 2 号球员将球回传给 1 号球员时，防守球员 X3 必须帮助补防球员。（在 1 号球员突破或投篮之前，防守球员 X3 帮助防守球员 X1 回防 1 号球员。）防守球员 X3 通过向 1 号球员靠拢并后撤（补防和恢复防守位置）来补防防守球员 X3 的盯防球员——3 号球员。

6. 攻防轮换。1 号球员和防守球员在这个位置完成训练之后，他们必须去球场侧翼进行训练。攻防轮换顺序是从 1 到 2 再到 3，以及从 X1 到 X2 到 X3 再到 1。这样所有的进攻球员和防守球员就都可以在这个位置和球场侧翼进行训练了。

### 经验丰富的球员

1. 2 号球员可以移动，也可以沿底线运球突破或者投篮，但不能将球运到球场中间。

2. 如果 2 号球员沿底线突破，那么防守球员就必须换防。

3. 如果 2 号球员投篮，那么所有球员都必须使用进攻和防守篮板球技巧。

### ➡ 教学要点

1. 第 1 阶段：确保所有防守球员都朝着球的方向起跳，最后落地的位置，是距离自己本来的站位和球之间 1/3 的距离。防守球员的站位应形成平面三角形，并使用拦截姿势。

2. 第 2 阶段：确保防守球员 X2 和 X3 使用侧滑步来拦截侧翼传球；防守球员 X1 应该在 1 号球员接球后，通过对 1 号球员施压将球拦下。

3. 第 3 阶段：此时防守球员 X1 必须缩短与进攻球员的身位；当 2 号球员拿起球并回传给 1 号球员时，防守球员 X3 必须进行拦截和恢复防守位置；教练要确保这些技巧可以得到正确的训练。

4. 如果球员已经训练好换防且 2 号球员在防守球员 X2 防守的情况下可以沿底线突破，那么就要确保防守球员 X3 换防并停止阻止 2 号球员进行突破。同时，确保防守球员 X1 向下防守 3 号球员，3 号球员此时很可能会空切到篮下抢篮板或者传球给 2 号球员。

5. 注意：只要 2 号球员持球，那么防守球员 X3 就要去补防；只要 3 号球员持球，那么防守球员 X2 就要去补防。

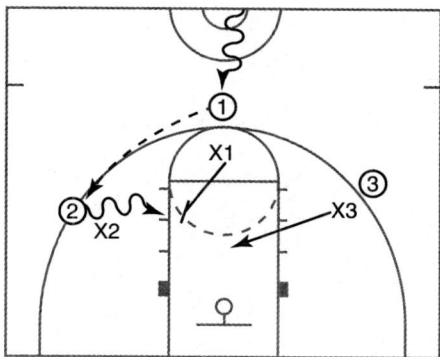

***相关训练：*** *78~81、129~134、137~144、146~154*

# 防守圆锥物训练

个人训练 /1 分钟

➡ **技巧训练要点** 三威胁姿势（9）、前后移步假动作（11）、行进间运球（12~15、28~31）、快速运球（23）、控球（24）、变换节奏（25）、时差运球（26）、运球后撤（27）、初始防守姿势（128~130）、运球前防守步法（137）、运球时防守步法（137）

## 新手球员

1. 球员站位如下页图所示。1 号球员从侧翼开始，2 号球员从底角开始。

2. 这是一项有趣的训练，竞争性很强。

3. 这项训练使用了进攻球员和防守球员的所有一对一对抗技巧。

4. 训练开始时，让 1 号球员和 2 号球员各持一球，各自灵活运球。

5. 训练目的：1 号球员运球过掉圆锥物轻松投篮，防守球员 X1 阻止 1 号球员运球过掉圆锥物；如果可能，防守球员 X1 可拦下 1 号球员并造犯规。球员有 3 秒的时间达到他们的目的。2 号球员和防守球员 X2 开始进行相同顺序的训练直到 1 号球员和防守球员 X1 完成训练。

6. 球员在罚球圈的中间站成一排。让这些球员计数，从而给参加训练的球员增加压力。让其他球员大声为防守球员加油，这会加强球队的防守精神。

7. 这项训练可以让防守球员意识到，他们只有控制进攻球员 3 秒，才能真正帮助到球队。这一动作会迫使防守球员集中精力，增加训练强度。

8. 球员要从进攻转到防守再到罚球线中间。不要让 1 号球员和 2 号球员同时跑动，让 1 号球员先移动，当攻防轮换发生时，再让 2 号球员移动。

9. 训练继续进行，直到所有球员都完成了进攻和防守训练。用这项训练来结束球员一天的训练是个不错的选择。

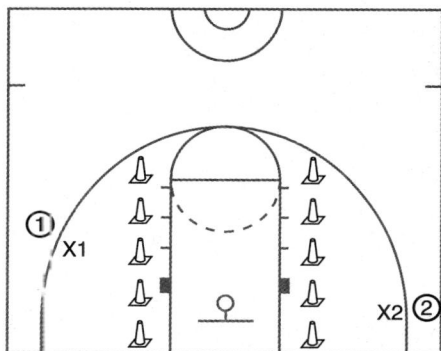

相关训练：9、11~15、23~27、28~31、104~113、128~130、137

# 第 16 章

# 个人步法

防守球员一开始用前脚对应进攻球员的轴心脚，这种姿势可以决定进攻球员的进攻位置。然而防守球员的前脚对应进攻球员的轴心脚并不是一对一防守进攻球员的唯一姿势。防守球员的站位可以与进攻球员平行，也可以用前脚对应进攻球员的活动脚，对其进行紧逼防守。这只是无数种防守方式中的 3 种。不管防守球员的初始站位如何，所有的教练都认为防守球员必须在进攻球员运球之前掌握 3 种步法来控制进攻球员。这 3 种步法是前滑步、后撤步和摇摆步，将在训练 137 中详细介绍。这些重要步法中的每一项步法训练都有多项演变训练。掌握这些步法对于球员个人进一步提高技巧来说十分重要。

一旦防守球员迫使进攻球员运球，那么其就需要使用其他步法来控制持球球员。防守球员需要训练滑步，将在训练 137 中详细介绍，并且需要决定是使用平行滑步还是逼防滑步，这两种步法将在训练 138 中详细介绍。

出于教学目的，所有这些不同程度的防守步法将合并到一项防守训练中（见训练 139）。球员在训练中需要向盯防队友口述防守步法，即使队友是新球员，他们也可以很容易掌握这些步法。但是如果防守球员想让进攻球员按照他的意愿去进攻，那么其就必须掌握口述动作，这就需要球员具有团队精神了。

比如一个防守球员已经控制了他的盯防球员，那么进攻球员的队友会做什么呢？防守球员必须帮助他们的队友。毕竟，人盯人防守是一种团队防守体系，只有最弱的防守球员变强，团队防守才能变强。帮助队友防守在本章的后半部分有所涉及。

训练 140 将介绍个人跳前换防技巧。跳前换防将控制持球掩护进攻战术。训练 141 将教球员如何造犯规。

训练 142~144 将球场分成两部分。在一个篮筐到另一个篮筐之间画一条线，这样就把球场分成两部分了。这些训练只使用一个球，有球的一侧称为强侧（有球一侧），另一侧称为弱侧（离球一侧）。

训练 142~144 是关于弱侧的训练。弱侧进攻球员不能轻易得分，因为他们没有球。训练 142 是补防和四防训练。训练 143 是换防训练。训练 144 将介绍 4 种个人防守技巧，重点在弱侧防守上。

# 防守步法

**个人训练 /1 分钟**

⊙ **技巧训练要点** 前后移步假动作（11）、防守球员的前脚对应进攻球员的轴心脚（129）、防守球员的前脚对应进攻球员的活动脚（130）、前滑步、后撤步、摇摆步、滑步

**新手球员**

➜ **前滑步**

1. 球员站在中场线：进攻球员在一侧，防守球员在另一侧。

2. 30 秒后，攻防轮换。

3. 进攻球员选择轴心脚——右脚为轴心脚 15 秒，左脚为轴心脚 15 秒。

4. 进攻球员前脚向前迈一大步，防守球员的前脚对应进攻球员的轴心脚并后撤半步左右。进攻球员将前脚拉回半步（中线会体现出来）。轴心脚应在线的一侧，活动脚应在另一侧。防守球员使用前滑步后撤会形成前脚对应进攻球员的轴心脚的姿势。

5. 进攻球员再次向前迈一大步，就好像在做试探步；重复前 3 个步骤。

➜ **后撤步**

1. 按照前滑步的步骤 1 和步骤 2 进行训练。

2. 防守球员的前脚对应进攻球员的轴心脚。进攻球员做试探步，跨步幅度比正常幅度更大一些。

3. 防守球员必须后撤一步来应对试探步。

➜ **摇摆步**

1. 按照前滑步的步骤 1 和步骤 2 进行训练。

2. 开始训练时，防守球员的前脚对应进攻球员轴心脚。进攻球员做后转身，防守球员用面对一打二战术时的摇摆步应对。

➜ **滑步**

1. 球员站位如下页图所示。球员沿着图中的箭头在球场上训练滑步。

2. 每滑一步，球员用手掌拍击地板一次。球员始终面对球场中央。第 1 天训练从球场一侧开始，第 2 天从球场另一侧开始。随着比赛的进行，球员可能需要绕着球场滑步两圈，这样他们的状态会变得更好。

## ➡️ 备选训练

1. 当进攻球员使用后撤步进入投篮位置时，进攻球员可以投篮。防守球员必须抬起一只胳膊和一只手来阻止这次投篮。

2. 进攻球员不要直接跳投，而是先做投篮假动作再投篮。防守球员不可以对假动作做出反应，但必须拦截跳投。

3. 进攻球员可能会使用前后移步假动作中的所有动作，防守球员也必须灵活使用防守步法来应对。

4. 进攻球员做试探步，1秒后，再朝做试探步的方向运球。防守球员此时必须造犯规。

5. 进攻球员可以通过运几步球来观察防守球员是否在背后紧逼防守（或者平行防守）。

6. 进攻球员可以运几步球，然后进行跳投。如果位置正确，防守球员应该在进攻球员的投篮肩膀一侧。

7. 如果教练教的是防守球员的前脚对应进攻球员的活动脚而不是轴心脚，那么进攻球员应该使用前后移步假动作来应对。

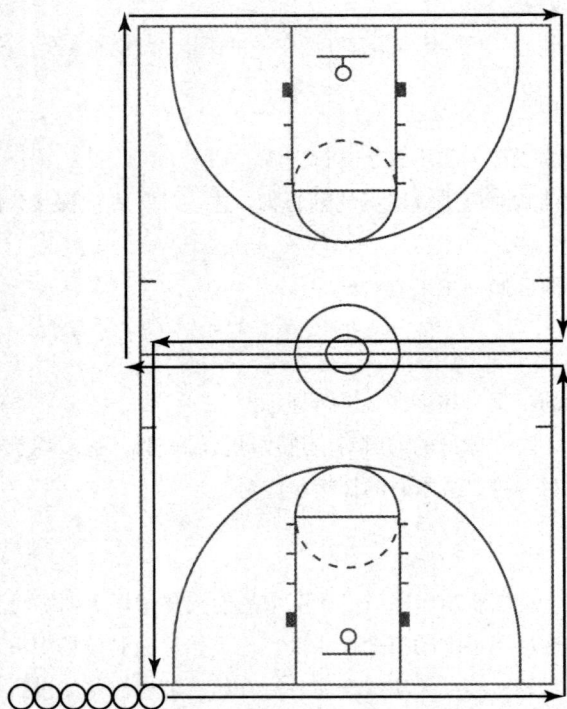

**◉ 教学要点**

1. 开始训练时，防守球员的前脚对应进攻球员的轴心脚，接着防守球员起跳脚后撤，撤到稍微超过肩膀的位置。防守球员与前脚相对应的手臂和手应该高高举起，以阻止进攻球员跳投。防守球员双脚不会离地直到他的盯防球员跳到空中进行跳投，然后防守球员将一只手放在投篮球员的双臂之间，径直朝球盖去。如果很难跳起将球盖掉，那么防守球员可以试图用一只手遮住投篮球员的主眼（惯用右手的投篮球员的主眼通常是右眼）。

2. 在后撤步中，防守球员起跳脚后撤半步左右，前脚跟着后撤以保持平衡。如果进攻球员的试探步不是在轴心脚的正前方，那么防守球员的后退步也要尽量和进攻球员的试探步方向保持一致。防守球员降低身体重心，将一只手伸向做假动作的方向。这就完成了后撤步。

3. 当进攻球员转身时，防守球员做摇摆步，且用前脚迈出第1步。这一步应该在进攻球员转身完成一半的时候迈出，并且步子要比平常大一些。防守球员的步伐也应该稍微向后一点，因为防守球员要创造一个新的姿势——防守球员的前脚对应进攻球员的轴心脚。第2步，将先前的起跳脚上拉到进攻球员的轴心脚位置，稍微偏向进攻球员另一只脚的一侧。当防守球员使用摇摆步时，进攻球员不能投篮，因为进攻球员这时是侧面对着篮筐的。这就完成了摇摆步。

**相关训练：** *129、130、139、151~154*

# 138

# 紧逼防守步法

个人训练 / 2 分钟

**⟳ 技巧训练要点** 单手体前变向运球（12、28）、双手交叉变向运球（13、29）、转身（反向）运球（14、30）、半转身运球（15、31）、控球（24）、防守假动作（33）、滑步（46、137）、紧逼防守

## 新手球员

1. 球员站位如下页图所示。进攻球员运球到前场篮下和后场，然后攻防轮换。
2. 进攻球员必须沿着他们的进攻路线往返。把运球技术最好的球员安排在中间那条进攻路线上，进攻路线的界线是左右两条边线以及罚球线延伸到全场的那条线路。
3. 防守球员每半场必须让进攻球员变向 3 次。
4. 进攻球员可以使用全部的 4 种运球动作，或者只训练一两种特定的动作，比如变向运球和转身。
5. 开始训练时，持球员移动得非常缓慢。在多次训练之后，持球员可以尝试运球过掉防守球员。
6. 运球结束时，进攻球员必须双手持球。当防守球员看到进攻球员双手持球时，其就会紧跟进攻球员。

**⟳ 备选训练**

防守球员将手臂放在背后，这样手臂和手就无法使用了，然后步法就成了关键。

**⟳ 教学要点**

1. 防守球员的鼻子与球持平，几乎贴着球（防守球员在紧逼防守）。持球球员从侧面将球运出，此时防守球员的鼻子正好与球所在的位置持平。因此，紧逼防守的是持球球员的半个身子。
2. 防守球员的头应该在持球球员的腋下，头部不要上下晃动，应该像头上顶着一碗水一样移动。
3. 防守球员的眼睛应该注视着持球球员的腰部。相对于其他动作而言，此时头部的移动很少。
4. 防守球员应使用滑步，前脚应该稍微靠后一点，与起跳脚平行。

5. 防守球员的手臂和手应该向外侧伸出，并不断地向运球方向"掏去"。掏球应该像蛇发动攻击时一样迅速，快入快出。

6. 如果持球球员继续运球到执行紧逼防守的球员身前，那么防守球员应该造犯规。

7. 防守球员的手应该向下放低，这样防守球员就可以将这个变向运球截断。

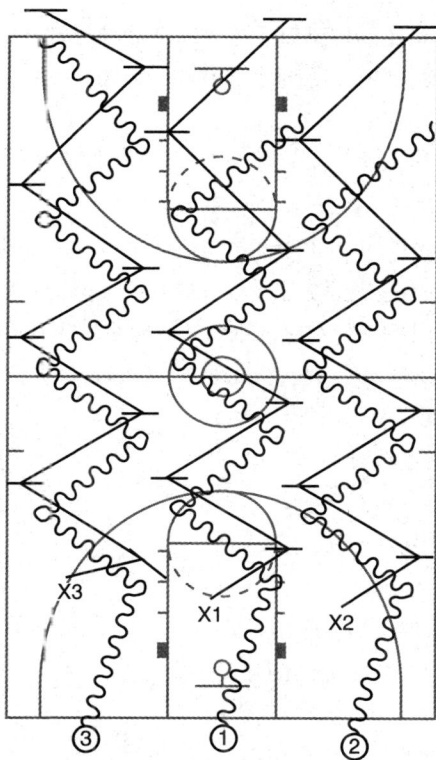

相关训练：139、145、148、150~154

# 139

# 一对一平行移动对抗训练
## 球队训练或个人训练 /2 分钟

➡ **技巧训练要点**　三威胁姿势（9）、单手体前变向运球（12、28）、双手交叉变向运球（13、29）、转身（反向）运球（14、30）、半转身运球（15、31）、控球（24）、滑步（46、137）、防守球员的前脚对应进攻球员的轴心脚（129）、防守球员的前脚对应进攻球员的活动脚（130）、前滑步（137）、后撤步（137）、摇摆步（137）、紧逼防守（138）

### 新手球员

1. 球员站位如右下图所示，进攻球员与底线平行并进行移动。

2. 防守球员通过使用适当的防守步法来应对进攻球员的步法。防守球员开始的姿势是：防守球员的前脚对应进攻球员的轴心脚或者活动脚。

3. 进攻球员喊出进攻动作，观察防守球员的反应。例如，进攻球员使用试探步，那么防守球员就会使用后撤步。如果防守球员要对进攻球员进行紧逼防守，那么当持球球员变向时，防守球员可以使用滑步应对，并回到合适的位置进行逼防。

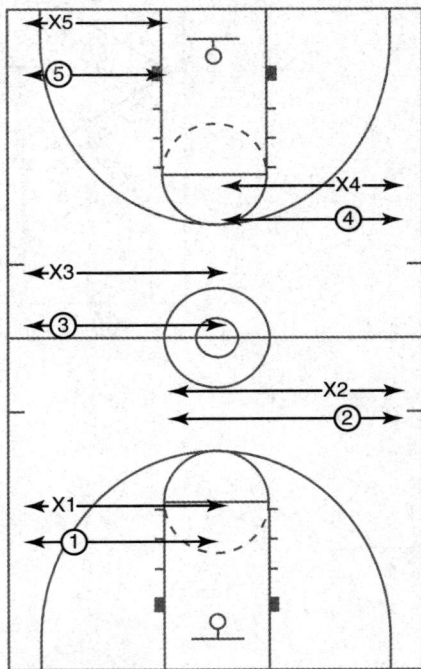

4. 训练开始，进攻球员做一个进攻动作，防守球员做一个相应的防守动作。分析讨论进攻动作与防守动作。

5. 动作可以是连续的，一个动作接着另一个动作。

➡ **备选训练**

进攻球员有选择使用进攻动作的权利。

**相关训练：** 138、145、148~154

**140**

# 跳前换防
**球队训练 /8 分钟**

➡ **技巧训练要点** 包夹（50）、掩护（71~75）、侧滑步（128）、防守步法（129~131、137~144）、拦截姿势（131）、缩短身位（132）、球－你－盯防球员（133）、平面三角形（133）、补防技巧（133~135）、跳前换防（140）、造犯规（141）、换防（143）、跳向有球一侧（146）、拦截侧翼传球（147）

## 有一定基础的球员

1. 球员站位如下图所示。每个防守球员至少进行过一次跳前换防训练之后，攻防轮换，走到队列的最后。

2. 1 号球员传球给 2 号球员，并且立即为 2 号球员做掩护。1 号球员做完掩护之后，转到另一侧篮下。

3. 防守球员 X1 主动跳前换防到 2 号球员突破的路线。防守球员 X2 必须决定是滑步通过还是从下方穿过掩护或从掩护上方进行抢位。不要同时教授这两种技巧，从其中选择一种，然后教给球队中的所有球员。

4. 防守球员 X1 可以拦住并继续防守盯防球员。教练可以将这种技巧教给球队中的所有球员。或者防守球员 X1 向 2 号球员喊出"换防"，交换盯防队友。无论在哪种情况下，防守球员 X3 都必须转到另一侧帮助内线的队友。

5. 2 号球员继续训练，走到底线，然后回到外线，这样就可以拉开侧翼的空间。现在 2 号球员可以传球给 3 号球员或者回传给 1 号球员，然后在强侧进行掩护，也可以使用跳前换防。训练继续进行。

6. 如果教练教的是跳前换防，那么可以让球员去投篮，2 号球员不能传球给 1 号球员。这样球员每分钟的训练次数会增加。

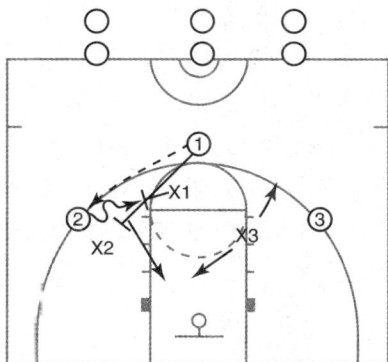

**➔ 备选训练**

1. 防守球员 X1 可以延误回防。这意味着防守球员 X1 必须跳向持球球员，就好像跳前换防（使用跳前换防技巧）至少超 2 号球员半个身位。教练想要防守球员将 2 号球员逼回掩护球员的那个方向。一旦防守球员 X1 延误 2 号球员，不超过 1 秒，防守球员 X1 就必须立马回防自己的盯防球员。在不到 1 秒的时间内，防守球员 X2 应该可以越过掩护的上方，或者滑步越过掩护球员，直接回去盯防自己的进攻球员，不进行换防。

2. 防守球员 X1 和 X2 可以包夹 2 号球员，迫使防守球员 X3 同时防守 3 号球员和 1 号球员。

3. 教练可以一直灵活进行这项训练直到 1 号球员传球给 2 号球员或者 3 号球员，这就意味着防守球员 X2 和 X3 需要使用拦截侧翼传球和侧滑步技巧。

4. 如果进攻球员要发起快攻，那么防守球员可以在任何时候进行抢断。这教给球员的是攻防的瞬时轮换。

**经验丰富的球员**

1. 2 号球员可以运球到底线，不要朝着掩护的方向运球。这会激活换防训练（见训练 143）。

2. 2 号球员可以突破防守，运球突到篮下，不能让防守球员 X1 延误回防或跳前换防。这也会激活换防训练。

**➔ 跳前换防**

1. 要想对强侧掩护进行跳前换防，那么防守球员 X1 必须超过 2 号球员至少一个身位；要想阻拦 2 号球员的运球路线，那么防守球员 X1 必须完全超过 2 号球员一个身位。防守球员 X1 的目的是迫使 2 号球员把球进一步往外运，或者将 2 号球员逼回掩护球员身边。

2. 就在 2 号球员变向运球，突破防守球员，开始朝篮下突破时，防守球员 X1 已经完全恢复正常的防守位置（防守 2 号球员）。防守球员 X1 必须预估 2 号球员的这一步。2 号球员甚至可以向外线后撤，拉开身位，突破两个防守球员的包夹。防守球员 X1 必须预测和恢复正常的防守位置。

3. 防守球员 X2 更换盯防球员，并拦截 1 号球员，然后转向篮下。

4. 补防球员 X3 必须在回防自己的盯防球员之前，去补防 1 号球员。防守球员 X3 要激活补防战术。

## ➡ 教学要点

1. 确保掩护正确（见训练 72 ）。

2. 确保跳前换防具有攻击性并且基本动作正确。

3. 确保掩护之后转向另一方的动作基本正确；1 号球员要盯着 2 号球员（见训练 72 ）。

4. 确保补防球员进行补防，这需要正确使用平面三角形阵形、球－你－盯防球员技巧和拦截姿势（见训练 131 和训练 133 ）。

5. 如果可以对强侧掩护进行包夹，那么务必确保包夹正确显示以及正确使用拦截技巧（见训练 50 ）。

**相关训练：** 50、71~75、128~135、141、143、145~147、155~160

**141**

# 造犯规
## 球队训练或个人训练 /2 分钟

➲ **技巧训练要点** 前后移步假动作（11）、拦截姿势（131）、缩短身位的防守姿势（132）、球－你－盯防球员（133）、平面三角形（133）、补防技巧（133~135）、滑步（137）、造犯规（141）

### 有一定基础的球员

1. 球员站位如下页图所示。每次造犯规之后，攻防轮换顺序是从 2 号球员到 1 号球员到 3 号球员，再走到队列的最后。

2. 2 号球员将球传给 1 号球员。

3. 2 号球员立即出来找到合适的补防位置：使用球－你－盯防球员和平面三角形技巧。

4. 1 号球员接到球时，可以做前后移步假动作中的一个动作，接着直接运球突破到篮下。

5. 2 号球员通过滑步去造犯规。

➲ **造犯规**

1. 要想造犯规，2 号球员必须在 1 号球员带球上篮之前使用滑步将其拦下。

2. 2 号球员在与 1 号球员碰撞之前就提前站好位置，双脚不要动。2 号球员双臂挡在身前，这样在发生碰撞时可以保护自己。2 号球员臀部着地。

3. 2 号球员侧翻在地，抬起上方的那条腿。

4. 这个动作可以防止受伤。

**➲ 教学要点**

1. 确保正确使用前后移步假动作，不要求速度，但是反应一定要敏捷。不要让球员匆忙移动，球员可以决定要使用的步法或者系列动作。

2. 确保 2 号球员在恰当的补防位置。这意味着 2 号球员需要在自己和球之间的 2/3 的位置，并且使用拦截姿势离球和盯防球员一步之远。当进攻球员开始运球时，2 号球员可以转向另一只脚施压（缩短身位的防守姿势）。

3. 确保 2 号球员成功造犯规，并将双臂放在身前，以防止受伤。

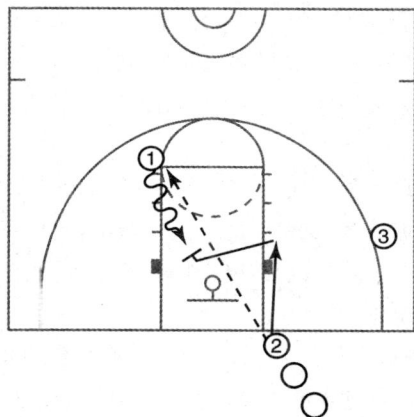

**相关训练：** *11、131~135、137~140、142~144、151~154*

**142**

# 补防和回防
## 个人训练 /2 分钟

**➡ 技巧训练要点**　前后移步假动作（11）、运球（23~27）、防守假动作（33）、接传球（44）、运球结束后做假动作（96、116、117）、球－你－盯防球员（133）、平面三角形（133）、补防（133~135）、防守步法（137）、造犯规（141）、延误（142）、补防和回防（142）、换防（143）、跳向有球一侧（146）、协防（149、150）

### 新手球员

1. 球员站位如下页图所示。攻防转换是从 X4 到 4，从 4 到 1，从 1 到 3 再到 X4。

2. 训练开始，3 号球员持球。在找到合适的防守球员 X4 的补防位置之前，3 号球员一直持球。

3. 3 号球员开始运球突破。防守球员 X4 向 3 号球员靠拢，并做防守假动作，然后立即向防守球员 X4 的盯防球员（4 号球员）靠拢。防守球员 X4 试图减慢 3 号球员的进攻速度，这样防守球员 X3（在图中为假想防守球员）就可以回到他的防守位置。

4. 3 号球员可以杀到篮下。在这种情况下，防守球员 X4 必须通过换防去造犯规。

5. 3 号球员希望可以将球传给 1 号球员，1 号球员接球之后立即传球给 4 号球员。防守球员 X4 必须正确地协防 4 号球员。

6. 4 号球员和防守球员 X4 一对一对抗，一直持续到防守球员 X4 抢到篮板球或 4 号球员进球得分。

#### ➡ 备选训练

1. 1 号球员先拿到球传给 3 号球员。这意味着防守球员 X4 开始训练时必须使用拦截姿势和侧滑步去阻止 4 号球员接到球。

2. 3 号球员接到球之后开始运球，迫使防守球员 X4 进入适当的补防位置，然后换防阻止 3 号球员突破或协防和回防 4 号球员。

#### ➡ 延误

要想延误进攻球员的进攻节奏，防守球员需要朝球的方向不断地做假动作后撤，直到补防球员已经控制了持球球员，或补防球员完全换防去拦截持球球员。

#### ➡ 补防和回防

1. 要想做到补防和回防，补防球员要不断地延误进攻球员的进攻节奏，一旦确定持球球员已经被控制住，就需要立刻回防自己的盯防球员。

2. "补防和回防"意思是补防球员帮助队友进行防守，然后在回去盯防自己的对手。"换防"意味着补防球员完全交换盯防目标，将交换后的进攻球员拦截下来（见训练 143）。

## ● 教学要点

1. 确保防守球员 X4 对 3 号球员的补防看起来和真的一样，就像是防守球员 X4 防守 3 号球员。

2. 在 3 号球员运球之前，确保防守球员 X4 处于正确的补防位置。弱侧是远离球的一侧，所以防守球员 X4 执行的是弱侧防守，即补防。强侧防守（有球一侧）需要防守球员使用拦截姿势和侧滑步。

3. 确保一对一对抗在进攻和防守中都使用了正确的基本动作。教练要让训练比实际比赛的要求更严格。

**相关训练：** 11、23~27、33、96、116、117、128~135、137~141、143~154

# 143 换防

**球队训练 /4 分钟**

➡️ **技巧训练要点** 包夹（50）、侧滑步（128）、补防（132~142、144）、拦截侧翼传球（147）、协防持球球员（149）、协防接球球员（150）、包夹持球球员（157）

### 有一定基础的球员

1. 球员站位如下页图所示。

2. 教练传球给 1 号球员，1 号球员从防守球员 X1 身旁运球突破。1 号球员可以从防守球员 X1 的另一侧运球过去，换防也是一样的。

3. 当看到 1 号球员带球突破时，防守球员 X4 滑步穿过突破路线将球截住。防守球员 X3 随即向下换防，封锁篮下。4 号球员靠近篮筐准备传球和上篮。

4. 每个进攻球员练完 1 号、3 号和 4 号位且每个防守球员练完 X1、X3 和 X4 号位后，攻防轮换。

5. 图中，防守球员 X4 负责喊出动作。如果防守球员 X4 喊出"延误"，那么就意味着防守球员 X4 觉得防守球员 X1 可以回防阻止 1 号球员突破上篮得分。在这种情况下，防守球员各自盯好自己的进攻对手。如果防守球员 X4 喊出"换防"，则球员进行换防训练。防守球员 X4 防守 1 号球员，防守球员 X3 防守 4 号球员，而防守球员 X1 防守 3 号球员。如果球队已经训练了第 19 章描述的包夹，那么防守球员 X4 可以喊"包夹"，那么防守球员 X4 和 X1 就会对持球球员进行包夹。在这种情况下，防守球员 X3 在拦截的位置上，很可能同时拦截 3 号球员和 4 号球员。防守球员 X3 应该更靠近篮下，防守 4 号球员。如果持球球员甩开包夹，成功将球传出，那么防守球员 X3 将防守接球球员，防守球员 X1 将继续防守 1 号球员，而防守球员 X4 则立即去防守空位球员。

6. 如果 1 号球员向左突破，那么防守球员 X3 需要缩短身位。如果 1 号球员仍然面对防守球员 X3 进行突破，那么 4 号球员喊出"换防"，开始进行换防训练。防守球员 X3 到篮下防守 3 号球员。

### 经验丰富的球员

1. 训练开始，防守球员 X1 可以去拦截传给 1 号球员的球。拦截防守需要防守球员使用侧滑步和拦截侧翼传球技巧。

2. 1 号球员可以和防守球员 X1 一对一对位，直到 1 号球员拉开身位并投篮，或者直到1号球员运球从防守球员X1的一侧突破过去。这更像比赛。

3. 换防成功时，球员可以进行三对三对抗。现在进攻战术和人盯人防守在各个方面已经有了成效。

## ➡ 换防

1. 在人盯人防守中，有强侧和弱侧之分。在防守强侧传球时，防守球员要使用侧滑步和拦截侧翼传球技巧；在防守弱侧传球时，防守球员要帮助其他队友将球拦下。防守球员首先要在强侧将球拦下，但有时持球球员会将防守球员过掉。此时补防球员必须将突破的持球球员拦下。离球最近的防守球员是第1补防队员，防守球员应缩短身位（见训练131和训练132）。离篮筐最近的防守球员是第2补防球员。这就叫防守转换。

2. 在罚球线中间画一条线，遵循换防的以下两条规则。

   a. 在这条线下方的补防球员要进行换防去拦截来球。

   b. 在这条线上方的补防球员要换防到篮下，以阻止传球和带球上篮。

## ➡ 教学要点

1. 确保防守转换之前球员都正确训练了所有的进攻和防守技巧。

2. 防守转换动作要快，保证球不会出界。

3. 确保防守转换正确。

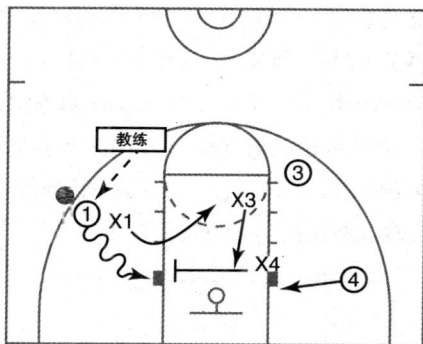

相关训练：128~142、144~154

# 球员个人防守的 4 种技巧

## 球队训练或个人训练 /10 分钟

➡ **技巧训练要点**　三威胁姿势（9）、前后移步假动作（11）、行进间运球（12~15、28~31）、控球（24）、变换节奏（25）、时差运球（26）、运球后撤（27）、前转身（35）、防守假动作（33）、后转身（36）、跳步急停（37）、跨步急停（38）、传接球（44）、V 形空切（53）、进攻和防守篮板球（78~81）、投篮假动作（96）、运球结束时的步法（116、117）、侧滑步（128）、防守步法（129~131、137~144）、缩短身位（132）、补防（133~135）、造犯规（141）、补防和回防（142）、换防（143）、拦截侧翼传球（147）、拦截快速转身（148）、协防（149、150）

1. 球员站位如下图所示。

2. 在防守球员 X1 完成整个训练之后，攻防轮换是从 X1 到 1 到 2 到 3 到 4 到 5 再到 X1。

3. 这是一项持续训练，包括 4 个部分，在换防之前，防守球员 X1 需要进行 2 分钟的防守训练。这几个部分如下。

   a. 1 号球员和防守球员 X1 进行一对一对抗。1 号球员可以在运球前使用假动作，接着只能运 3 次球去拉开身位。1 号球员投篮之后这一阶段的训练结束；当球员 1 没有拉开身位，或者防守球员 X1 抢到篮板球时，这个阶段的训练结束。无论最后谁抢到球都将球传给 2 号球员，这时第 2 阶段的训练开始。1 号球员和防守球员 X1 回到原来的位置。

   b. 2 号球员可以执行以下 3 种策略中的任意一种。首先，2 号球员可以尝试在边线下跑动将球传给 1 号球员。防守球员 X1 使用侧滑步拦截侧翼传球。其次，2 号球员可以运球从防守球员 X1 的一侧突破，这就要求防守球员 X1 使用缩短身位的技巧。最后，2 号球员可以投篮，促使 1 号球员和防守球员 X1 使用进攻和防守技巧去争抢篮板球。

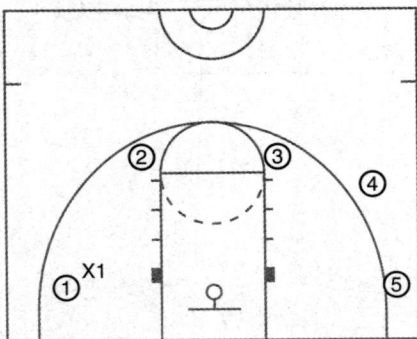

c. 无论谁抢到球都将球传给 3 号球员。1 号球员和防守球员 X1 已经回到原来的位置。当 3 号球员持球时，1 号球员和防守球员 X1 已经归位，且防守球员 X1 在弱侧。防守球员 X1 必须立即使用补防技巧。防守球员 X1 必须使用平面三角形和球 – 你 – 盯防球员的技巧。3 号球员有以下 3 个选择：（1）传球给 4 号球员，迫使防守球员 X1 调整补防位置；（2）如刚才所述，将球回传给 2 号球员并激活 b 阶段训练；（3）投篮，结束这一阶段的训练。现在 1 号球员和防守球员 X1 争抢篮板球。

d. 抢到篮板球的球员传球给 4 号球员。1 号球员和防守球员 X1 已经回到原来的位置。防守球员 X1 必须找到正确的协防位置。4 号球员有以下 4 个选择：（1）投篮，让防守球员 X1 和 1 号球员去抢篮板；（2）运球几次，传给 1 号球员，需要防守球员 X1 去协防接球球员；（3）1 号球员闪切去接传球，要求防守球员 X1 将闪切拦下；（4）传球给 5 号球员，其沿底线运球，要求防守球员 X1 换防和造犯规。

## 新手球员

1. 让球员从 a、b 和 c 阶段中进行选择（3 个阶段中的每个阶段只能选择一个选项）。
2. 球员不必告诉防守球员选择了哪一个选项。这就要求防守球员运用悟性去做出正确的回应并且动作要基本正确。

## 有一定基础的球员

1. 球员必须从每个阶段中选择一个选项。
2. 这要求防守球员连续 4 次进行防守。

## 经验丰富的球员

1. 2 号、3 号、4 号和 5 号球员可以选择他们打算使用的技巧。
2. 这就要求防守球员在每个阶段都要使用多种防守技巧。

### ➡ 备选训练（适合不同水平的球员）

1. 在进行每个阶段的训练时，进攻球员技巧的选择取决于防守球员是怎样进行防守的。
2. 可以将每个阶段限制为只有一个选项或两个选项。
3. 可以将计划使用的技巧选项组合起来。例如，让 1 号球员和防守球员 X1 一对一对抗（a 阶段），然后 2 号球员投篮（b 阶段），接着 3 号球员传球给 4

号球员（c阶段），防守球员过来对4号球员进行协防，最后5号球员沿底线运球突破（d阶段）。下次可以这样训练：1号球员和防守球员X1一对一对抗（a阶段），然后2号球员迫使防守球员X1去拦截侧翼传球（b阶段），接着3号球员投篮（c阶段），最后4号球员迫使防守球员X1在5号球员沿底线运球突破之前延误回防（d阶段）。有各种各样的技巧可供选择，但防守球员X1至少训练4种个人的防守技巧。

4. 教练可以选一个训练阶段，将这种技巧运用到训练中。例如，如果只选择d阶段，那么这将激活d阶段的4种技巧。防守球员必须使用防守篮板球技巧、协防技巧、防守快速转身技巧，以及所有一对一的防守技巧。

### ◆ 教学要点

1. 确保防守球员正确训练防守动作，这取决于教练在哪个阶段选择哪种技巧。

2. 在训练初期，当球员未能正确训练动作时，教练应该停止训练。在训练后期，教练可以让球员继续训练完这4个阶段，然后和防守球员讨论错误动作。

3. 只有球队最弱的防守球员变强，球队整体才可以变强，所以要确保每个球员都正确掌握训练中的所有技巧。

*相关训练：* 9、11~15、28~31、24~27、35~38、44、53、78~81、96、110、112~117、128~135、141~143、147~152

# 第17章

# 团队步法

团队防守步法经常在球移动（传球），持球球员移动（运球），或者一个球员的防守目标移动（通过空切移动）的时候使用。因此，防守球员必须了解前脚对应进攻球员的轴心脚，前脚对应进攻球员的活动脚，以及平行防守的姿势，以此来逼迫他们的对手（所要防守的进攻球员）运球。他们也必须知道如何对他们的盯防球员进行紧逼防守才能阻止进攻球员运球。第15章和第16章讨论了这些情况。本章的训练145也将讲解有关这些情况的个人步法。

但是防守球员必须知道的知识远不止这些，他们还必须能够阻止进攻球员通过空切和掩护来获得优势，这种空切和掩护可以发生在球场的强侧，也可以发生在弱侧，防守球员必须始终知道球的位置。同时，球队中的所有球员都必须知道球队的人盯人防守规则。在学习了这些团队防守技巧之后，球员在防守上可以效仿的肖恩·巴蒂尔，他在杜克大学打球的时候，创造了美国大学生篮球联赛（NCAA）的各项防守纪录。球员需像巴蒂尔一样学会预测对手的进攻方向，将球拦截，并多次造成对手犯规。

防守的第1步是允许盯防球员背切，但不允许中切。球员可以通过跳向有球一侧来做到这一点（见训练146）。他们应该总是在离球2/3的距离处，离自己盯防球员1/3的距离处。他们也应该在盯防球员和球之间有一步之远（教练要告诉球员"球－你－盯防球员"战术）。

防守球员在强侧不允许进攻球员直切篮下去传球，所以他们必须防住任何垂直传球（见训练147）。防守球员在弱侧希望在守住自己的盯防球员的同时向队友提供帮助，以防止进攻球员直接空切去接球（见训练148）。犀利的进攻会合理利用弱侧位置。进攻球员试图让队友的防守球员过来阻拦他们运球突破，这样进攻球员就会获得空位，使他可以进行投篮。因此，防守球员必须学会对带球突破的进攻球员（见训练149）以及接球球员（见训练150）进行协防。

球员要对所有的个人进攻和防守技巧进行训练，使这些动作成为球员的本能（见训练151）。然后他们将准备训练团队防守。

训练152介绍的是一些基本的个人防守技巧，包括从传球到侧翼，从补防到不同程度的低位防守。这项训练可以很好地检测球员的个人防守能力。

# 145

# "波浪式"滑步训练

## 球队训练或个人训练 /1 分钟

➲ **技巧训练要点** 防守假动作（33）、滑步（46、137）、拦截姿势（50、131）、侧滑步（128）、防守球员的前脚对应进攻球员的轴心脚（129）、防守球员的前脚对应进攻球员的活动脚（130）、前滑步（137）、后撤步（137）、摇摆步（137）、跳向有球一侧（146）、拦截侧翼传球（147）

### 新手球员

1. 球员站位如下页图所示。球员在前场交错排列并且要确保所有球员都可以看见教练。

2. 教练决定球员将哪一只脚作为轴心脚，当然轴心脚要一天一换。

3. 所有防守球员要训练正确的防守姿势——防守球员的前脚对应进攻球员的轴心脚、防守球员的前脚对应进攻球员的活动脚或者平行站姿。

4. 教练做试探步，防守球员做后撤步作为回应；教练做试探步回拉，防守球员做前滑步作为回应；教练做试探步交叉运球，防守球员做摇摆步作为回应；教练转身，防守球员快速地做一二步，并重新将前脚对应进攻球员的轴心脚、将前脚对应进攻球员的活动脚或者与进攻球员平行站立。

5. 训练开始，教练朝一个方向运一次球。球员对运球进行紧逼防守，以此作为回应。教练改变运球方向，球员起跳脚应该后撤一步，快速转到另一个方向进行紧逼防守。

6. 教练将球拿起。当防守球员看到教练双手持球时，他们应该用前滑步和紧逼防守作为回应。

7. 教练可能会让球员在前场集合，然后再次进行训练。

**→ 备选训练**

　　教练要告诉球员他们正处于弱侧。现在教练需要一个助理教练来协助展开训练。第 1 阶段，教练站位与球员平行，把球传给助理教练，防守球员向有球一侧起跳。第 2 阶段，让助理教练移动到前场篮下，球员要去拦截助理教练的球（侧滑步姿势）。第 3 阶段，助理教练向弱侧移动，现在进行大角长传，防守球员对这一传球进行协防。最后一个阶段，进攻球员突破分球，防守球员做拦截姿势，将球拦下。

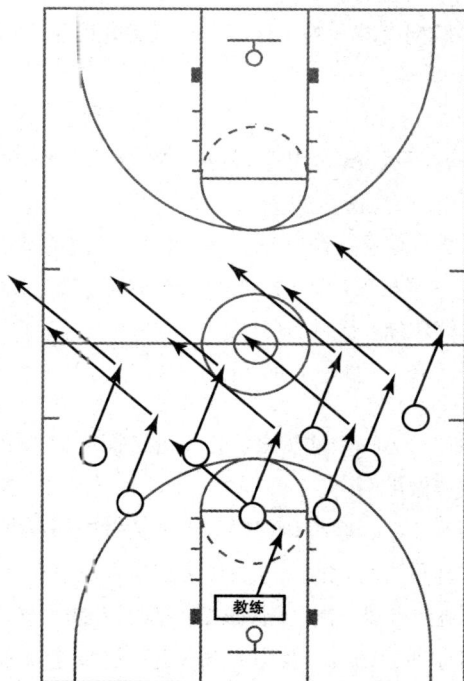

**相关训练：** *128~139、146~154*

# 146

# 跳向有球一侧

**球队训练 /5 分钟**

➡ **技巧训练要点** 三威胁姿势（9）、前后移步假动作（11）、单手体前变向运球（12、28）、双手交叉变向运球（13、29）、转身（反向）运球（14、30）、半转身运球（15、31）、前转身（35）、后转身（36）、跳步急停（37）、跨步急停（38）、胸前传球（44）、击地传球（44）、V 形空切（53）、背切（54）、投篮假动作（96）、假投之后变向运球（96）、侧滑步（128）、防守球员的前脚对应进攻球员的轴心脚（129）、防守球员的前脚对应进攻球员的活动脚（130）、前滑步（137）、后撤步（137）、摇摆步（137）、跳向有球一侧（146）、拦截侧翼传球（147）

## 新手球员

1. 球员站位如下页图所示。球员攻防轮换，然后走到队列的最后；每一列的下一名球员走到前面成为新的进攻球员。

2. 1 号球员传球给 2 号球员，防守球员 X1 和 X2 跳向有球一侧；2 号球员传球给 1 号球员，防守球员 X1 和 X2 再次跳向有球一侧。在攻防轮换之前，多次进行这样的连续传球。

➡ **备选训练**

1. 持球球员在将球传给另一个球员之前，先做试探步和试探步变向运球。防守球员用合适的技巧做出回应。

2. 经过几次传球训练之后，教练让弱侧进攻球员做中切或背切到强侧边线，现在在边线的防守球员进行拦截。进攻球员在球场侧翼空切直到拉出空位，然后外线进攻球员跳向有球一侧。侧翼的持球球员和防守球员进行一对一对位。

3. 在进行了多次传球训练之后，教练把没有进行过传球训练的接球球员安排到对面的角落，现在这个球员就是补防球员了。该补防球员遵照球 – 你 – 盯防球员的规则与盯防球员和持球球员的站位形成平面三角形。进攻球员可以带球突破，激活换防训练。或者教练可以让持球球员大角长传将球传给角落的球员，现在补防球员必须去协防接球球员。

## ➋ 教学要点

1. 当每一个防守球员跳向有球一侧时，该球员的前脚对应进攻球员的活动脚、前脚对应进攻球员的活动脚或者与进攻球员平行站立。无球球员做拦截姿势。

2. 当球飞到空中时，防守球员再去拦截；当进攻球员做传球假动作时，防守球员不要跳向有球一侧。

3. "跳向有球一侧"并不意味着跳到空中、脱离地面，而是防守球员脚趾抓地，快速地朝球滑行 1~2 步。

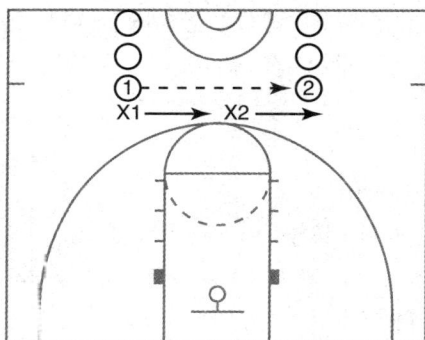

*相关训练：128~145、147~154*

# 拦截侧翼传球

**球队训练 /4 分钟**

◉ **技巧训练要点** 三威胁姿势（9）、前后移步假动作（11）、单手体前变向运球（12、28）、双手交叉变向运球（13、29）、转身（反向）运球（14、30）、半转身运球（15、31）、前转身（35）、后转身（36）、跳步急停（37）、跨步急停（38）、胸前传球（44）、击地传球（44）、V 形空切（53）、背切（54）、投篮假动作（96）、假投之后变向运球（96）、侧滑步（128）、防守球员的前脚对应进攻球员的轴心脚（129）、防守球员前脚对应进攻球员的活动脚（130）、前滑步（137）、后撤步（137）、摇摆步（137）、拦截侧翼传球（147）

## 新手球员

1. 球员站位如右下图所示。
2. 攻防轮换：1 到 3 再到 X3，然后回到队列的最后。
3. 3 号球员做 V 形空切，防守球员 X3 拦截传给 3 号球员的球。如果奏效的话，3 号球员可以选择做背切。
4. 一旦 3 号球员接到传球，那么他就可以前转身（或者后转身）做出三威胁姿势，然后将球回传给 1 号球员，攻防轮换。

## 有一定基础的球员

当 3 号球员接到传球时，他就会前转身做出三威胁姿势。然后两个球员进行一对一对抗。

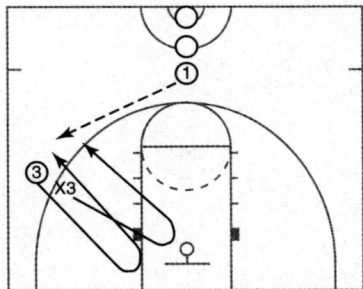

◉ **教学要点**

防守球员 X3 使用侧滑步阻止 3 号球员接球。防守球员 X3 离持球的 3 号球员一步远，但是要在 3 号球员和球之间的直线上。换句话说，防守球员 X3 要时刻关注 3 号球员的动作。防守球员 X3 将手伸向 1 号球员和 3 号球员之间的传球路线上。防守球员 X3 将手掌朝向 1 号球员，拇指朝下。防守球员 X3 不能拿弱侧手去推搡 3 号球员。防守球员 X3 的弱侧手应该伸到 3 号球员的进攻路线上。当 3 号球员与防守球员 X3 发生身体碰撞时，防守球员 X3 要强硬起来，不能让 3 号球员全速将自己过掉。防守球员 X3 不能主动去撞 3 号球员。

---

**相关训练：** *9、11~15、28~31、35~38、44、53、55、96、128~130、137~139、148~154*

# 148 拦截快速转身

**球队训练 /4 分钟**

⊙ **技巧训练要点** 三威胁姿势（9）、前后移步假动作（11）、单手体前变向运球（12、28）、双手交叉变向运球（13、29）、转身（反向）运球（14、30）、半转身运球（15、31）、前转身（35）、后转身（36）、跳步急停（37）、跨步急停（38）、胸前传球（44）、击地传球（44）、过顶传球（44）、V 形空切（53）、背切（54）、投篮假动作（96）、假投之后变向运球（96）、侧滑步（128）、防守球员的前脚对应进攻球员的轴心脚（129）、防守球员的前脚对应进攻球员的活动脚（130）、前滑步（137）、后撤步（137）、摇摆步（137）、拦截快速转身（148）

### 新手球员

1. 球员站位如右下图所示。
2. 攻防轮换：1 到 X5 再到 5，然后走到队列的最后。
3. 5 号球员闪切到外线，防守球员 X5 试图将其拦截。1 号球员将球传给 5 号球员，5 号球员背切，1 号球员过顶传球。
4. 一旦 5 号球员接到传球，那么他就可以前转身（或者后转身）做出三威胁姿势，然后传球给 1 号球员，攻防轮换。

### 有一定基础的球员

当 5 号球员接到传球时，他就可以前转身做出三威胁姿势。5 号球员和防守球员 X5 进行一对一对抗。

⊙ **教学要点**

当 5 号球员空切穿过进攻路线时，防守球员 X5 首先必须去观察 5 号球员。5 号球员和防守球员 X5 进行正面对抗。防守和进攻都可以在这个位置上，而且防守球员必须先到达这个位置。当 5 号球员空切到这个位置时，防守球员 X5 应使用训练 147 中介绍的拦截侧翼传球技巧。

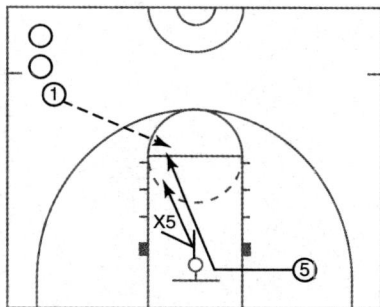

**相关训练：** 9、11~15、28~31、35~38、44、53、55、96、128~130、137~139、147、149、150~154

# 协防持球球员

球队训练或个人训练 /1 分钟

➡ **技巧训练要点**　快速运球（23）、控球（24）、协防持球球员（149）

### 新手球员

1. 球员站位如下页图所示，防守球员控制持球球员带球进攻。
2. 防守球员拦截持球球员，并将其控制。
3. 持球球员运几步球再开始训练。

### 有一定基础的球员

持球球员快速运球，防守球员仍然要阻拦并控制持球球员。

### 经验丰富的球员

训练在半场开始，防守球员靠近罚球线。当持球球员被锁住时，两个球员在篮下进行一对一对抗。

**➲ 教学要点**

1. 防守球员朝持球球员滑行几步，逼防进攻球员半个身位，这样持球球员就必须同时变向运球或者转身来改变进攻方向。

2. 防守球员使用摇摆步和滑步尝试回到另一个紧逼防守的位置，总之，要始终保证持球球员在防守球员身后。

3. 这种防守技巧可以用于防守自己的盯防球员或者帮助队友去防守带球突破的持球球员（已经过掉防守球员）。

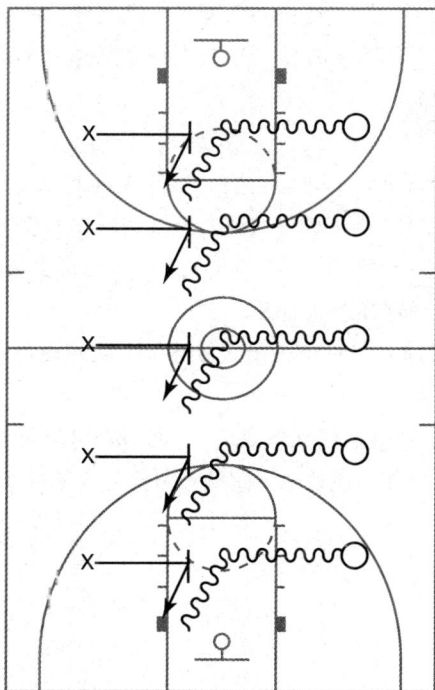

**相关训练：** *12~15、23、24、28~31、46、96、137~139、147、148、150~154*

# 150

# 大角传球和协防

球队训练 /6 分钟

➡ **技巧训练要点**  三威胁姿势（9）、前后移步假动作（11）、单手体前变向运球（12、28）、双手交叉变向运球（13、29）、转身（反向）运球（14、30）、半转身运球（15、31）、前转身（35）、后转身（36）、跳步急停（37）、跨步急停（38）、胸前传球（44），击地传球（44）、拦截姿势（50、131）、V 形空切（53）、背切（54）、投篮假动作（96）、假投之后变向运球（96）、侧滑步（128）、防守球员的前脚对应进攻球员的轴心脚（129）、防守球员的前脚对应进攻球员的活动脚（130）、前滑步（137）、后撤步（137）、摇摆步（137）、大角传球和协防（150）

## 有一定基础的球员

1. 球员站位如下页图所示。攻防轮换：1 到 X3 再到 3，然后回到队列的最后。

2. 开始训练时，1 号球员将球平直地传给 3 号球员。防守球员 X3 必须使用拦截姿势将球拦下，并将球回传给 1 号球员。1 号球员可以多次重复这项训练，让防守球员 X3 得到真正的训练。

3. 1 号球员使用过顶高吊将球传给 3 号球员。防守球员 X1 必须上前协防并控制持球球员。

4. 在 3 号球员干净利落地接到球之后，3 号球员和防守球员 X3 进行一对一对抗。3 号球员可以在边线处上下跑动，迫使防守球员 X3 不断调整防守位置。

## ⊙ 教学要点

1. 防守球员 X3 在 1 号球员和 3 号球员之间的 1/3 位置。

2. 防守球员 X3 处于拦截姿势，距离 1 号球员与 3 号球员之间的直线有一步之远。防守球员 X3 必须能同时看到 1 号球员和 3 号球员，并且必须拦截任何直接传给 3 号球员的球。

3. 要想对接球球员进行协防，防守球员要直接跑向接球球员，快接近接球球员时用滑步控制住。然后防守球员使用滑步防守接球球员，逼防接球球员的活动脚一侧，迫使接球球员朝轴心脚一侧变向运球或转身（速度比直接运球突破要慢）。防守球员使用摇摆步（见训练 129）则可能将持球球员控制住。当接住球时，防守球员必须对接球球员进行防守。

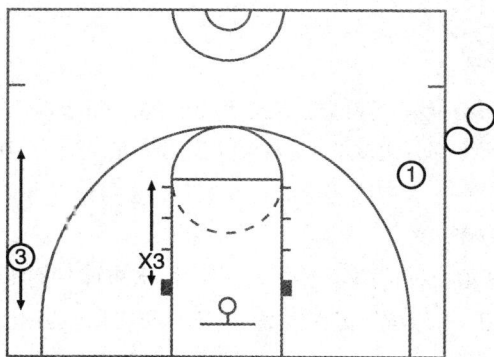

相关训练：9、11~15、28~31、35~38、44、53、55、96、128~130、137~139、147、149、151~154

# 151

# 八部分防守训练

## 球队训练或个人训练 /10 分钟

➜ **技巧训练要点** 三威胁姿势（9）、前后移步假动作（11）、单手体前变向运球（12、28）、双手交叉变向运球（13、29）、转身（反向）运球（14、30）、半转身运球（15、31）、前转身（35）、后转身（36）、跳步急停（37）、跨步急停（38）、胸前传球（44）、击地传球（44）、拦截姿势（50、131）、V 形空切（53）、背切（54）、投篮假动作（96）、假投之后变向运球（96）、侧滑步（128）、防守球员的前脚对应进攻球员的轴心脚（129）、防守球员的前脚对应进攻球员的活动脚（130）、前滑步（137）、后撤步（137）、摇摆步（137）、跳向有球一侧（146）、拦截快速转身（148）、协防持球球员（149）、大角传球和协防（150）

### 经验丰富的球员

1. 球员站位如图 1 所示。攻防轮换：1 到 X1，然后走到队列的最后。

2. 这是一项由 8 个部分组成的训练：4 种强侧防守（图 1）和 4 种弱侧防守（图 2）。球员可以在一天内练完全部 8 种防守，也可以一天训练强侧防守，另一天训练弱侧防守。

3. 1 号球员传球给教练。防守球员 X1 必须跳向有球一侧（第 1 部分），迫使 1 号球员做背切。1 号球员留在内线，防守球员 X1 进行内线防守（第 2 部分）。如果教练传球给 1 号球员，那么 1 号球员和防守球员 X1 将在内线进行一对一对抗。如果是这样，1 号球员和防守球员 X1 需要回到内线继续进行这 8 个部分的训练。1 号球员突破到底角，防守球员 X1 到底角进行拦截（第 3 部分）。如果防守球员 X1 成功拦住 1 号球员，则 1 号球员可以做背切。1 号球员得到球之后做三威胁姿势，并且与防守球员 X1 进行一对一对抗（第 4 部分）。这就构成了 4 种强侧防守。

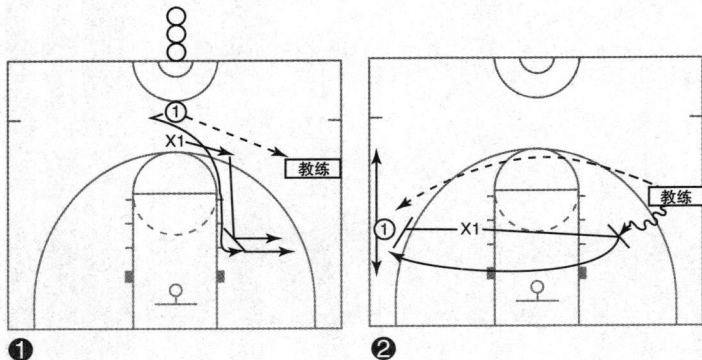

❶　　　　　❷

4. 训练完强侧防守后或者当1号球员开始空切时，两个球员再次结束在内线的对抗。从此时开始，1号球员突破到弱侧，那么弱侧防守的训练正式开始。1号球员可以在边线处上下移动，移动距离为1米，保证防守球员X1进行不同程度的防守训练。首先防守球员X1必须做出拦截姿势（第1部分）。防守球员X1必须与教练保持2/3的距离，与1号球员保持1/3的距离。防守球员X1也必须离1号球员和球（教练）之间的直线一步之远。教练将球传给1号球员，防守球员X1必须转身将这个传球拦截下来。防守球员X1将球回传给教练，教练开始运球到底线或球场中间。防守球员X1对带球突破球员进行协防（第2部分）。然后教练将球高吊传给1号球员，防守球员X1对接球球员进行防守（第3部分）。1号球员做三威胁姿势，与防守球员X1进行一对一对抗。完成对抗之后，将球抛给教练，1号球员快速转身。防守球员X1必须拦截这个传球（第4部分），如果防守球员X1成功将球拦截，那么1号球员可以做背切。当1号球员拿到球时，防守球员X1和1号球员进行一对一对抗。

**相关训练：** 9、11~15、28~31、35~38、44、53、55、96、128~130、137~139、147、149、150、152~154

## 152 一对一多种技巧训练

### 球队训练或个人训练 /6 分钟

➡ **技巧训练要点**　防守假动作（33）、防守篮板球（79）、绕前防守（98）、绕前两步防守（99）、3/4 绕前防守（101）、防守球员的前脚对应进攻球员的轴心脚（129）、防守球员的前脚对应进攻球员的活动脚（130）、拦截姿势（131）、球 - 你 - 盯防球员（133）、平面三角形（133）、补防技巧（133~135）、前滑步（137）、后撤步（137）、摇摆步（137）、滑步（137）、紧逼防守（138）、造犯规（141）、换防（143）、跳向有球一侧（146）、拦截快速转身（148）、协防（149、150）

### 有一定基础的球员

1. 球员站位如下页图 1 所示。这项训练将教给球员所有的补防和内线防守技巧。

2. 1 号球员可以传球给 2 号球员，进行图 1 所示的 A、B、C 3 种不同程度的防守训练。

3. 接着训练下页图 2 中 A、B 的防守训练。

4. 然后教给球员下页图 3 中的内线防守技巧。

5. 严格进行训练，在进攻球员与防守球员重新形成平面三角形时停止训练。

6. 攻防轮换：1 到 2 再到 3，然后回到队列的最后。队列中的第 1 个球员成为新的 1 号球员。

7. 图 1 展示了 3 种训练。（A）1 号球员传球给 2 号球员，防守球员 X1 必须跳向有球一侧，并阻止 1 号球员进行中切，1 号球员向远离球的一侧做背切。（B）现在防守球员 X1 是补防球员。防守球员 X1 必须遵照平面三角形和球 - 你 - 盯防球员的规则。（C）2 号球员传球给 3 号球员，防守球员 X1 必须调整防守位置，3 号球员直接运球突破到篮下，防守球员 X1 换防。如果 3 号球员继续运球，那么防守球员 X1 就可以造对手犯规。

8. 图 2 继续在球员在图 1 中结束训练的位置进行训练。3 号球员不要杀到篮下，而是运球回到底角，然后传球给 2 号球员。防守球员 X1 重新成为协防球员。（A）2 号球员大角传球给 1 号球员，防守球员 X1 协防接球球员（见训练 150），1 号球员和防守球员 X1 进行一对一对抗。防守球员 X1 必须使用训练 129~131 和训练 137 中的所有防守步法。如果 1 号球员能够拉开空位并投篮，那么防守球员 X1 和 1 号球员将争夺篮板球。（B）1 号球员或者防守球员 X1 抢到篮板球之后，传球给 2 号球员（如果需要，1 号球员可以在一对一对抗时直接传球给 2 号球员）。然后 1 号球员回到弱侧并进行闪切，防守球员 X1 必须阻拦 1 号球员做闪切。如果 1 号球员可以将球传到内线并快速转身，那么 1 号球员和防守球员 X1 将再次进行一对一对抗。

9. 图 3 展示了训练的最后一部分。防守球员 X1 在内线尝试卡位之前，1 号球员回到禁区边线的中间。此时防守球员 X1 要么绕前防守，进行两步上前的训练，要么做 3/4 绕前防守（教练应该向新球员传授其中一种技巧，向有一定基础的球员和老球员传授两种或更多技巧）。2 号和 3 号球员多次进行来回传球直到其中一个或另一个可以向内线传球。防守技巧见训练 98~101。然后 1 号球员使用第 13 章所描述的内线进攻步法，而防守球员 X1 则进行内线防守。

## ⊙ 教学要点

1. 确保一对一的进攻动作是由基础扎实的基本动作组成的。这些动作包括前后移步假动作（见训练 11）和行进间运球（见训练 12~15 和训练 28~31）。

2. 确保所有的一对一防守（从对进攻球员在未开始运球时的初始防守到对进攻球员运球投篮时的防守）技巧基本正确。

3. 在整个训练过程中，确保所有防守姿势始终正确。

❶ ❷

❸

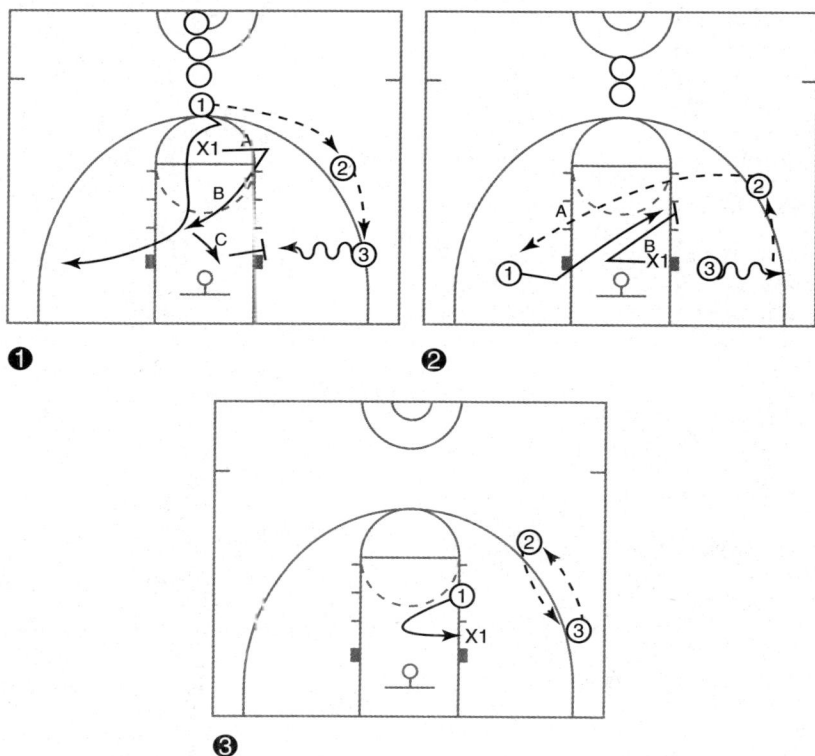

相关训练：33、79、96、98~101、128~130、137~139、147~154

# 第 18 章

# 团队防守

一支球队的防守能力取决于团队中防守能力最弱的那个球员。这就是为什么教练要花费大量的时间来培养个人防守能力。站姿是防守中最重要的因素。所有球员必须熟练使用侧滑步（见训练 128）。如果防守球员的前脚没有对应进攻球员的轴心脚（见训练 129），或者前脚没有对应进攻球员的活动脚（见训练 130），那么防守球员永远不能支配进攻球员的进攻方向。弱侧防守姿势和拦截姿势也必须进行训练（见训练 131）。在还没有掌握站姿之前，永远不要去学习步法。

提醒球员球场有两侧：强侧（有球一侧）和弱侧（远离球的一侧）。训练131~135 介绍了弱侧防守训练。不要忽视弱侧防守，因为它对球队的整体防守非常重要。

持球球员将对防守球员使用前后移步假动作。因此，防守球员需要学习前滑步、后撤步、摇摆步以及滑步（见训练 137）。这些步法会迫使进攻球员运球。防守球员也必须学会紧逼防守，这种防守可以阻止进攻球员运球。在运球突破的情况下，防守球员如果想要控制和支配进攻球员，就必须学会紧逼防守。

一旦球员掌握了适当的强侧防守，那么他们就可以帮助队友将球拦截下来。拦截下来规则如下所示。

1. 跳向有球一侧（见训练 146）。

2. 拦截侧翼传球（见训练 147）。

3. 拦截快速转身（见训练 148）。

4. 协防持球球员（见训练 149）——需要球队进行换防（见训练 143）。

5. 协防接球球员（见训练 150）。

6. 缩短身位（见训练 132）。

训练 153 被分成 10 个部分。教练可以单独训练每个部分，或者允许 4 个进攻球员随机移动，防守球员针对不同的进攻球员选择不同的应对动作。然后教练需要进行五对五对抗训练（见训练 154），激活个人技巧（前面提到的 6 条规则）和换防训练（见训练 143）。

# 整体防守训练
### 球队训练/10 分钟

⊙ **技巧训练要点** 三威胁姿势（9）、前后移步假动作（11）、单手体前变向运球（12、28）、双手交叉变向运球（13、29）、转身（反向）运球（14、30）、半转身运球（15、31）、前转身（35）、后转身（36）、跳步急停（37）、跨步急停（38）、胸前传球（44）、击地传球（44）、拦截姿势（50、131）、V 形空切（53）、中切（54）、背切（55）、投篮假动作（96）、假投之后变向运球（96）、侧滑步（128）、防守球员的前脚对应进攻球员的轴心脚（129）、防守球员的前脚对应进攻球员的活动脚（130）、缩短身位的防守姿势（132）、补防（133~135）、前滑步（137）、后撤步（137）、摇摆步（137）、造犯规（141）、换防（143）、跳向有球一侧（146）、拦截快速转身（148）、协防持球球员（149）、大角传球和协防（150）

### 经验丰富的球员

1. 球员排成任意阵形：4 个进攻球员和 4 个防守球员。教练需要每天改变阵形——可以选择 2-2、1-3、1-2-1 阵形等，并针对下一组的阵形进行相应的阵型训练。训练 2 分钟左右，攻防轮换：1、2、X1 和 X2 到 3、4、X3 和 X4。所有球员都可以在内线和侧翼（底角）进行防守训练。5 分钟后攻防轮换，或者要求防守球员在攻防轮换之前拦截进攻球员的两次进攻。

2. 对换防训练的要求要更加严格（见训练 143）。下页图 1 展示了沿底线运球，下页图 2 展示的是一个运球突到内线的经典案例。两者都使用相同的防守规则进行防守：弱侧内线防守球员 X4，大声喊出"换防"并拦截带球突破的进攻球员。弱侧外线防守球员 X2 下到篮筐进行篮下防守。原先防守带球突破的防守球员现在去换防出现空位的进攻球员。在图 1 中，防守球员 X3 应该拦截传给 3 号球员的球，而在图 2 中，防守球员 X2 应该缩短与持球球员的身位。在持球球员直切篮下之前，这两个防守球员均出现错误。两个防守球员在持球球员带球突破之前，都没有控制住他们的盯防球员。但篮球运动就是这样：这一系列失误，有些是出色的假动作造成的，有些是注意力不集中造成的。这就是换防战术如此重要的原因——它可以让防守球员有最后一次拦截的机会并且有一次纠正之前的防守失误的机会。

3. 位置。1 号、2 号、3 号和 4 号球员传球，如果他们愿意，可以使用大角传球。在传球训练的时候，每个球员持球 3 秒。当球传出去的时候，防守球员 X1、X2、X3 和 X4 跳向有球一侧。补防球员要遵照球－你－盯防球员的规则与其他进攻球员组成平面三角形。

4. 缩短身位。1 号、2 号、3 号和 4 号球员轮流运球到篮下，防守球员 X1、X2、X3 和 X4 必须去补防持球球员，然后回防自己的盯防球员。离持球球员最近的防守球员应该率先进行补防，防守持球球员进一步突破。如果防守球员所处的位置比较适合跳向有球一侧，那么这是很容易完成的。记住，防守球员在使用缩短身位的防守姿势（见训练132）之前，先使用的是拦截姿势（见训练131）。

5. 拦截传到内线的球。无论是将球传到侧翼、外线还是内线，最靠近接球球员的外线防守球员必须扑向有球的位置，迫使进攻球员将球回传到外线。

6. 拦截快速转身。1号球员传球给3号球员，4号球员快速转身，防守球员X3应该拦截传给内线3号球员的球。但是现在防守球员X4必须防止将球传给正在快速转身的4号球员。防守球员X2和X1下到内线帮助防守球员X4补防4号球员。在球回传到外线之前，防守球员X4和4号球员进行一对一对抗。

7. 防守空切球员。每次传球时，传球球员都会空切到另一个位置。防守球员必须跳向有球一侧，进攻球员不能中切。其他进攻球员做V形空切并保持4.5米的间距。

8. 掩护。任何一个将球传出的球员都会为其他队友做掩护。这两个球员可以采用以下3种掩护方式、掩护转身、掩护后撤或者掩护替换。传球球员必须能读懂防守球员的战术：他们会换防吗？他们会继续防守自己的盯防球员吗？这些信息会使传球球员确定他们的主要目标和次要目标。

9. 掩护持球球员。任何一个传球给队友的球员都可以为队友做掩护，他们可以进行掩护转身、掩护后撤或者掩护替换。远离球的一侧的防守球员应该跳向有球一侧。这些补防球员应该更进一步下到内线去帮助防守进攻球员，破解掩护战术。防守球员应该使用训练140的跳前换防去防守被掩护的持球球员。

10. 内线整体防守训练。激活内线防守！你要3/4绕前防守吗？你想要完全绕前防守吗？你想在为线进行后侧防守吗？当球传进内线时，所有外线防守球员都应该向球扑去，以此去帮助内线的防守球员。

11. 两种或两种以上的防守技巧组合。这项训练的美妙之处在于，可以创造出任何想要的防守技巧组合。例如，假设今天只训练第4部分和第7部分。这意味着持球球员会尽可能地运球直切篮下，并且进攻球员在传球的时候，其他进攻球员可以进行空切。使用这种组合可以让球员解决很多问题。教练甚至可以一次组合3种技巧来进行训练。

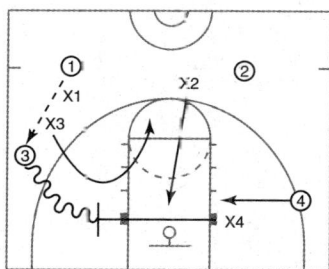

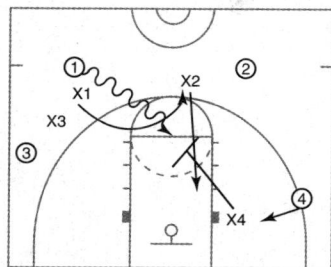

❶ ❷

**相关训练：** 9、11~15、28~31、35~38、44、53、55、96、128~131、132~135、137、138、140~144、147~152、154

## 154 五对五对抗训练

**球队训练 / 根据需要而定**

➡ **技巧训练要点** 训练所有学到的技巧、进攻战术规则、团队防守规则

**新手球员**

1. 球员排成某种阵形，每天训练时都要改变阵形，复习进攻战术规则和团队防守规则。教练根据球员的水平去给规则加以限定，如果球员只能运用 3 条进攻战术规则，那就只用 3 条，防守规则也一样。

2. 在每次得分后攻防轮换。

➡ **备选训练**

1. 防守球员必须连续几次阻止进攻球员的进攻才可以进行攻防轮换。

2. 给进攻球员 10 次发球权，记录其进球得分多少次。现在攻防轮换，重新给进攻球员 10 次发球权。得分最高的小组获胜。

3. 限制进攻得分的方式。球员可能会使用多种技巧，比如空切、运球和掩护持球球员。但球员一旦被限定只能使用某几种技巧，就不允许使用其他技巧。

4. 如果教练告诉进攻球员只有某一个球员可以进球得分，球员就会注意到强力的掩护可以让进攻球员摆脱防守球员，而不是只有一对一对抗才可以摆脱防守球员。

5. 告诉进攻球员，距离篮筐 1.5 米以内的任何进球都可以得分。注意球员是如何努力传球、运球和抢篮板的。

**相关训练：** 全部

# 第 19 章

# 团队防守绝技

不管球队有多强，总有在比赛中落后，必须奋起直追的时候。球员需要加大防守压力迫使对手出现一两次失误，这样才能重新掌握比赛节奏。

此外，一些进攻对手的进攻效率高到令人难以置信，这就需要球员改变自己的防守节奏来扰乱对手的进攻节奏。

这两个目标是本章的主题。只有球员将人盯人团队防守的所有基本技巧掌握之后，教练才能开始教授这些防守绝技。训练 155 将介绍教练应如何在防守计划中加入两人、三人跃进防守。在这项训练中，球员还将学习延误回防技巧，以此来支配持球球员的进攻方向。

训练 156 是跃进包夹训练。这种包夹要两人或三人跃进包夹才有效。该项训练还讨论了安全包夹和全面包夹。

当持球球员穿过半场时，训练 157 将会介绍包夹持球球员。训练 158 将介绍包夹首次传球，对于没有包夹经验的球员来说，跃进包夹可能有些困难，但是包夹持球球员和包夹传球都很简单，即使是新球员也可以使用。

这 4 种包夹技巧足够逼迫场上的对手失误一两次或者打乱进攻效率较高的对手的进攻节奏。这 4 项训练都是由两种阵形组成的：偶数突前防守和奇数突前防守，教练会很容易明白自己应该如何教球员。

训练 159 增加了一种个人引导进攻方向的防守技巧。最后，训练 160 将包夹球员加入综合训练中来进行训练。

# 155

# 跃进防守

## 球队训练或个人训练 /10 分钟

➡ **技巧训练要点**　防守假动作（33）、包夹（50）、侧滑步（128）、补防（133~135）、滑步（137）、拦截侧翼传球（147）、基本团队防守（153、154）、双人跃进防守（155）、三人跃进防守（155）、延误回防（155）

### 有一定基础的球员

1. 球员站位如下页图 1 所示。

2. 1 号球员运球到前场，防守球员 X1 控制 1 号球员。当 1 号球员运球过了半场线时，防守球员 X1 要立即站到 1 号球员前面。防守球员 X1 的紧逼防守将迫使 1 号球员变向，转身运球。这种防守的关键就是防守球员 X1 的队友开始进行跃进防守。

3. 防守球员 X3 必须拦截传给 3 号球员的球，防守球员 X5 必须拦截传给 5 号球员的球。

4. 在图 1 中，当 1 号球员转身（或者变向运球）突破防守球员时，防守球员 X2 对 1 号球员进行跃进防守，防守球员 X1 立即换防 2 号球员。防守球员 X4 遵照平面三角形和球－你－盯防球员的规则去合理补防 2 号球员和 4 号球员。"习惯性"传球给 2 号球员，因为 2 号球员的位置会立马出现空位。

5. 下页图 2 展示了 3 个球员进行跃进防守。防守球员 X3 和 X5 仍然会拦截传给他们的盯防球员的球。在 1 号球员转身的时候，防守球员 X2 进行跃进防守。防守球员 X4 在防守球员 X2 移动的时候移动。防守球员 X4 插到中间将"习惯性"传球抢断。防守球员 X1 知道三人跃进防守有效，所以防守球员 X1 会换防 4 号球员。

6. 在下页图 3 中，防守球员 X2 展示了延误回防技巧。在 1 号球员转身的时候，防守球员 X2 开始使用跃进防守技巧。但这一次，防守球员 X2 在回防自己的盯防球员之前，朝 1 号球员走了几步。通常情况下，1 号球员将会口述这种情况为跃进防守或者跃进包夹（见训练 156），并开始运球，尤其是当 1 号球员连续面对跃进防守或者跃进包夹时，如果 1 号球员持球，那么所有的防守球员都应防守各自的盯防球员，防止 1 号球员传球给他们的盯防球员。这就叫作外线紧逼大个队员，逼其突破或停球。一次训练时间为 5 秒。

7. 这次训练会训练 3 种防守技巧。要让 1 号球员去预测，这样目的就达到了。球员要么迫使对方的进攻球员失误，要么打断进攻球员的高效进攻节奏。

8. 更换防守球员，直到所有防守球员都在所有位置上完成训练。攻防轮换：从 X1 到 X2 到 X3 到 X4 到 X5 到 X1。所有防守球员都可以训练跃进防守。攻防轮换，继续训练。

### ➡ 跃进防守

1. 防守球员 X1 必须控制 1 号球员。防守球员可能需要朝持球球员多走半步。当 1 号球员穿过半场线时，防守球员 X1 要站到 1 号球员前面。如果 1 号球员继续 运球进攻，那么防守球员 X1 可以造犯规。1 号球员将改变运球方向，希望背对 跃进防守球员 X2。防守球员 X1 离开 1 号球员，同时防守球员 X2 换防 1 号球员。
2. 防守球员 X2 直接跑到 1 号球员和 2 号球员之间的传球路线上。防守球员 X2 伸出手臂，来回晃动。防守球员 X2 现在必须控制 1 号球员。

### ➡ 延误回防

1. 防守球员 X2 使用跃进防守技巧与 1 号球员对位，不过其稍微拦截一下 1 号 球员就要立马回去防守自己的盯防球员，待在传球给 2 号球员的路线上。
2. 延误回防的目的是让 1 号球员猜测这是跃进防守、跃进包夹还是延误回防。

### ➡ 教学要点

1. 确保所有球员基本都能正确训练在前文中介绍过的人盯人防守的所有防守 技巧。
2. 确保正确训练跃进防守技巧。

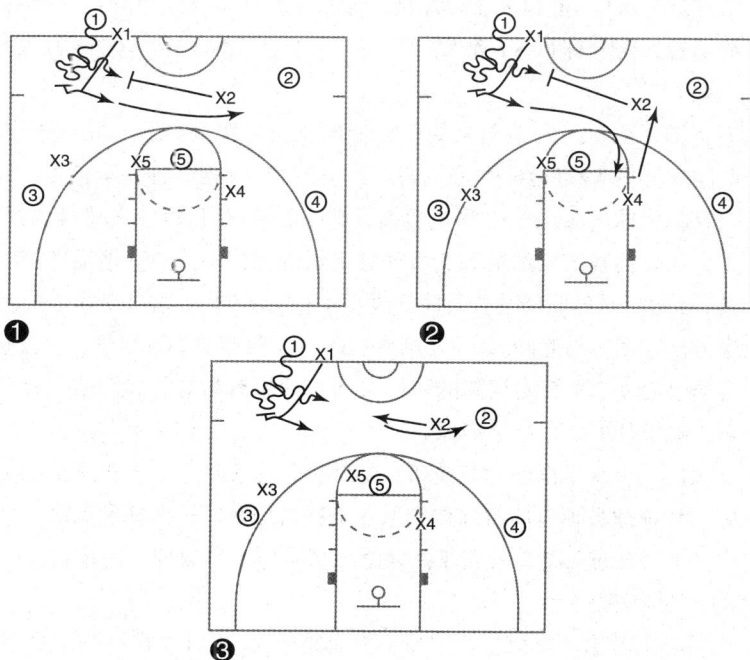

❶

❷

❸

**相关训练：** *153、154、156~160*

# 156

## 跃进包夹

### 球队训练或个人训练 /7 分钟

**▶ 技巧训练要点** 防守假动作（33）、包夹（50）、侧滑步（128）、补防（133~135）、滑步（137）、拦截侧翼传球（147）、基本团队防守（153、154）、双人跃进防守（155）、三人跃进防守（155）、延误回防（155）、跃进包夹（156）、全面拦截（156）、拦截安全传球（156）

### 有一定基础的球员

1. 本项训练要用另一种阵形（是训练 155 中的 1-3-1 阵形而不是 2-1-2 阵形）去展示跃进包夹。原因何在？你可以从篮球比赛中最流行的两种阵形中看到跃进防守和跃进包夹技巧：偶数突前防守和奇数突前防守。

2. 在攻防轮换之前，确保所有防守球员都在所有的位置完成训练。攻防轮换：从 X1 到 X2 到 X3 到 X4 到 X5 到 X1，然后继续训练。

3. 跃进防守和跃进包夹的所有技巧都是相同的。唯一的区别是防守球员 X2 和防守球员 X1 一起包夹 1 号球员。如果 1 号球员继续运球，那么只要 1 号球员运球，防守球员 X1 和 X2 就会一起包夹 1 号球员。球员要调整位置尝试拦截。

4. 下页图 1 展示了安全包夹的拦截传球技巧。注意 4 号球员离篮筐最近，因此防守球员 X4 不参与拦截传球。防守球员 X4 保持在安全位置，保护篮下。一旦防守球员 X1 和 X2 形成包夹，那么防守球员 X3 就不去参与拦截 1 号球员，而是插在 3 号球员和 5 号球员之间进行拦截。防守球员 X3 观察 1 号球员，1 号球员的眼睛会告诉防守球员 X3 传球方向，防守球员 X3 就会朝着那个方向移动。与此同时，防守球员 X5 在 2 号球员和 5 号球员之间进行拦截，与防守球员 X3 使用相同的防守技巧。如果有机会拦截，那么防守球员 X4 可以截下任何一个高吊传球。

5. 下页图 2 显示了全面拦截技巧。要对 3 个最靠近传球球员的进攻球员严密防守。传球球员不可能将球传给这 3 个进攻球员。远离球的球员，也就是图 2 中的 4 号球员，被单独留下。防守球员希望 1 号球员无法找到 4 号球员。一次训练时间为 5 秒。

6. 球员必须喊出"全面拦截"或"安全防守"，也可以在整个比赛中使用安全防守策略，但是球员必须选择想要进行全面拦截的位置。时间和分数有助于球员决定使用哪种技巧。

## ➡️ 安全包夹

1. 为了使月安全技巧去拦截传球，2 个防守队员需要在最靠近接球球员的 3 个传球球员之间进行防守。这 2 个防守球员挡住了传球球员的视线，如果传球球员转身背对其中一个接球球员，那么这 2 个打算拦截的防守球员必须更加严密地防守另外 2 个接球球员。
2. 离篮筐最近的防守球员保护篮下，确保安全。

## ➡️ 全面拦截

1. 3 个防守球员从包夹位置散开，转而防守最靠近球的 3 个进攻球员，并拦截传球。
2. 离球最远的进攻球员周围出现空位。

## ➡️ 教学要点

1. 确保合理进行包夹，伸出双手进行拦截。
2. 无论是安全防守还是全面拦截技巧，都要确保对传球路线进行防守。

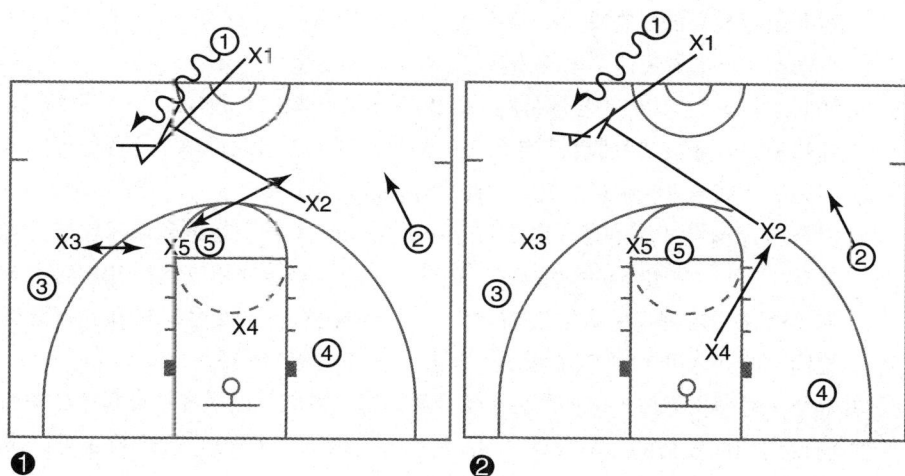

❶      ❷

**相关训练：** *153~155、157~160*

# 157

# 包夹持球球员

**球队训练或个人训练 / 5 分钟**

➡ **技巧训练要点**　防守假动作（33）、包夹（50）、侧滑步（128）、补防（133~135）、拦截侧翼传球（147）、全面拦截（156）、安全拦截（156）

## 新手球员

1. 球员站位如下页图所示。

2. 在攻防轮换之前，确保所有防守球员在每一个位置都进行了训练。攻防轮换：从 X1 到 X2 到 X3 到 X4 到 X5 到 X1。

3. 要想包夹持球球员，防守球员 X1 就必须在迫使持球球员变向之前向球场中央移动，并在中线附近就进行变向。向防守队友发出信号，让他们开始滑步进行包夹持球球员训练。

4. 在进行包夹训练之前，防守球员 X3 必须拦截传给 3 号球员的球。当防守球员 X3 开始移动进行包夹时，防守球员 X3 仍然要插在 1 号球员和 3 号球员之间的传球路线上，传球给 3 号球员会立即破坏包夹。防守球员 X5 和 X2 也要阻拦各自的盯防球员，防止他们去接球。防守球员 X4 防守 4 号球员并且观察 1 号球员任何草率的传球。

5. 防守球员 X3 直接向 1 号球员跑去，但要待在传球给 3 号球员的传球路线上。这迫使 1 号球员"习惯性"传球——高吊传球或者击地传球。这两种传球方式是所有传球方式中最慢的，因此更容易被拦截。

6. 只要持球球员开始运球，那么防守球员 X3 和 X1 就一起包夹持球球员。防守球员 X2、X4 和 X5 调整位置。在图中，防守球员使用安全拦截技巧去应对 1-3-1 进攻阵形（奇数突前防守）。防守球员 X2 在 2 号球员和 5 号球员之间，防守球员 X5 使用拦截技巧插在 3 号球员和 5 号球员之间。

7. 如果 1 号球员运球到球场的另一侧开始训练，教练可以很容易看到球员是如何使用相同技巧的。防守球员 X2 成了包夹球员，防守球员 X5 在 2 号球员和 5 号球员之间，防守球员 X3 在 3 号球员和 5 号球员之间。

## ➡ 教学要点

1. 确保合理进行包夹，伸出双手进行拦截。

2. 无论是安全防守还是全面拦截技巧，都要确保对传球路线进行防守。

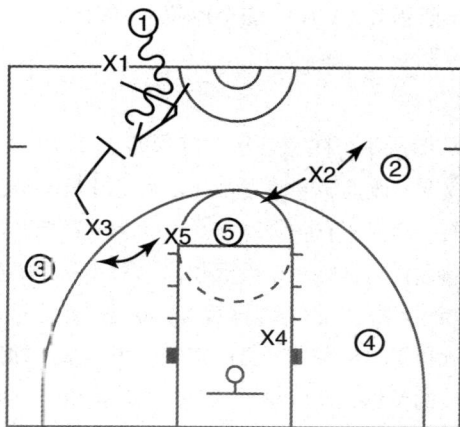

相关训练: 153~156、158~160

# 包夹传球球员

## 球队训练或个人训练 /7 分钟

➡ **技巧训练要点** 防守假动作（33）、包夹（50）、侧滑步（128）、补防（133~135）、拦截侧翼传球（147）、全面拦截（156）、安全拦截（156）

新手球员

1. 球员站位如下页图所示。注意这次的阵形是 1-3-1（奇数突前防守）。无论进攻阵形如何改变，改变防守阵形都只是为了球员了解包夹的有效性。

2. 在攻防轮换之前，确保所有防守球员在每一个位置都进行了训练。

3. 本项训练的训练方式与训练 157 大致相同，只有一处需要调整，即防守球员 X3 不去拦截侧翼传球，因为防守球员 X3 希望持球球员可以看到将球传到侧翼的路线，也就是传球给 3 号球员的路线。事实上，即使持球球员无法看到传球给 3 号球员的路线，防守球员 X3 也可以使用延误回防去诱导 1 号球员传球给 3 号球员。

4. 一旦传球成功，防守球员 X1 和 X3 就去包夹接球球员。球员可以使用全面拦截技巧或安全防守策略。该图显示了安全防守策略。防守球员 X2 防守 1 号球员和 2 号球员，插到他们中间，观察传球球员的眼神。1 号球员要想传球给 2 号球员，就必须使用高吊传球，而这种传球很容易被拦截。因此，防守球员 X2 需要对 1 号球员采取更强硬的防守方式。防守球员 X5 防守 5 号球员并且补防 1 号球员。防守球员 X4 安全防守 4 号球员和篮下。

1. 确保合理进行包夹，伸出双手进行拦截。

2. 无论是安全防守还是全面拦截技巧，都要确保对传球路线进行防守。

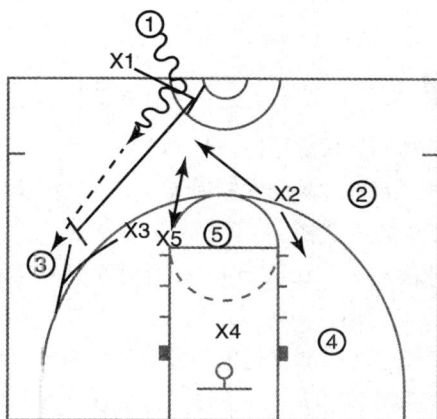

# 159 引导进攻方向的技巧

个人训练 / 4 分钟

**→ 技巧训练要点** 防守假动作（33）、滑步（137）、协防持球球员（149）、引导进攻方向（159）

## 有一定基础的球员

1. 球员站位如下页图所示。攻防轮换：从 1 到 X1，然后回到队列的最后。

2. 把球队分成两组。一组在球场的左侧训练，另一组在球场的右侧训练。每个球员训练两次之后，左右交换。

3. 防守球员 X1 将球滚到 1 号球员手上。1 号球员持球等待，然后开始运球。教练站在 1 号球员的后面，向防守球员 X1 发出信号并指示他将 1 号球员引导到哪一个方向；逼迫 1 号球员运球到外侧被称为发散防守；迫使 1 号球员运球到内侧被称为漏斗式防守。防守球员知道这个方向，但是持球球员不知道。在图中，防守球员正在迫使持球球员向外侧运球。每个防守球员先在球场一侧进行发散防守和漏斗式防守，然后换到球场另一侧进行训练。

4. 当球滚向 1 号球员时，防守球员 X1 冲刺到距离 1 号球员 1~2 米的位置。接着防守球员 X1 控制 1 号球员。防守球员 X1 待在一个球员与持球球员之间距离的 1/4 位置上，稍微向持球球员靠近。防守球员 X1 想要迫使 1 号球员快速运球。持球球员和防守球员之间的距离随着两个球员的相对速度而变化。但是在任何情况下，一旦 1 号球员越过了中场线，那么防守球员 X1 都不应该允许 1 号球员垂直运球。

5. 当 1 号球员带球越过中场线时，防守球员 X1 跑到 1 号球员前面，迫使 1 号球员改变方向。现在防守球员 X1 引导 1 号球员往内侧运球。防守球员需要使用快速滑步，这时就可以使用跃进防守或者包夹技巧（见训练 155~158）。

## 经验丰富的球员

1. 经过几天的训练后，教练可以让老球员开始使用单手体前变向运球或者变向运球过掉防守球员。

2. 在反向训练这两个动作几天之后，教练可以让老球员开始使用转身或者半转身过掉防守球员。

3. 当进行基本的人盯人防守时，教练可以让防守球员引导进攻球员的进攻方向。补防球员知道团队防守的方向，并且能为队友提供较大的帮助。

## ➡ 引导进攻方向

1. 引导进攻方向是一个术语，意思是防守球员逼迫持球球员朝某一个方向进攻。防守球员知道设置包夹的位置。所有防守球员都必须知道如何引导进攻球员。

2. 为了引导进攻方向，防守球员必须使用快速滑步，略微向前靠近持球球员。两者之间的距离取决于进攻球员和防守球员的相对速度和敏捷性。训练将有助于确定二者之间的距离。

## ➡ 教学要点

1. 确保防守球员使用滑步，这样防守球员就可以将持球球员控制住。

2. 确保防守球员知道自己和进攻球员之间的距离，这样进攻球员就不能转身朝引导方向以外的方向进攻了。

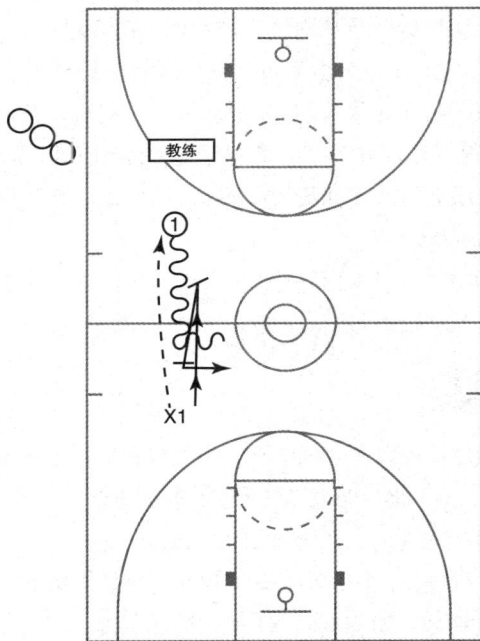

**相关训练：** *23~31、155~158、160*

# 增加包夹球员进行"之"字形训练

## 个人训练 /2 分钟

➡ **技巧训练要点** 运球策略（23~27）、行进间运球（28~31）、包夹（50）、跃进防守（155）、跃进包夹（156）、运球突破包夹（157、158）、引导进攻方向（159）

### 新手球员

1. 球员站位如下页图所示（也可以把球队分成两组。一组在球场的一侧训练，另一组在球场的另一侧训练）。

2. 新球员可以从简单的"之"字形训练开始。创建边界线并使用"之"字形训练。边界线是球场边线和从禁区边线到对面禁区边线的虚线。持球球员必须待在这些边界线内。

3. 在"之"字形训练中，1号球员控球，防守他的 X1 球员跟紧并进行有侵略性的防守，不让控球球员从内侧突破自己。防守球员 X1 将1号球员引导到边界线上（见下页图）。1号球员必须使用转身运球或者变向运球去改变运球方向。接着，防守球员 X1 将1号球员引导到另一条边界线上，然后迫使1号球员再次改变运球方向。半场进行3次变向即可。

4. 1号球员在球场上与防守球员 X1 对抗，然后返回。球员轮换，这样双方都可以进行攻防训练。

5. 当1号球员和防守球员 X1 到达球场中线时，队列中接下来的两名球员就开始他们的"之"字形训练。

### 有一定基础的球员

1. 有一定基础的球员可以在训练中增加一个包夹球员（图中的防守球员 X2）。

2. 1号球员运球，直到防守球员 X1 迫使其改变方向。

3. 当1号球员改变方向时，防守球员 X2 到达并进行包夹。两个防守球员对1号球员持续进行包夹，直到1号球员停止运球转而持球。

4. 一旦1号球员持球，防守球员 X1 就走到前场变成下一名包夹球员。1号球员等待防守球员 X1 就位，然后开始与防守球员 X2 对抗，进行运球。

5. 当防守球员 X2 迫使1号球员变向时，防守球员 X1 到达并进行包夹。

6. 这一训练持续进行，然后攻防轮换。

7. 攻防轮换顺序是1到 X1 到 X2 再到1。训练持续进行，直到所有球员在每一个位置都完成了训练。

**经验丰富的球员**

老球员被安排在罚球区这会使得边界线成为两条罚球线的全场延伸部分。这是一个非常狭窄的空间，非常适合教授高级运球和包夹技巧。

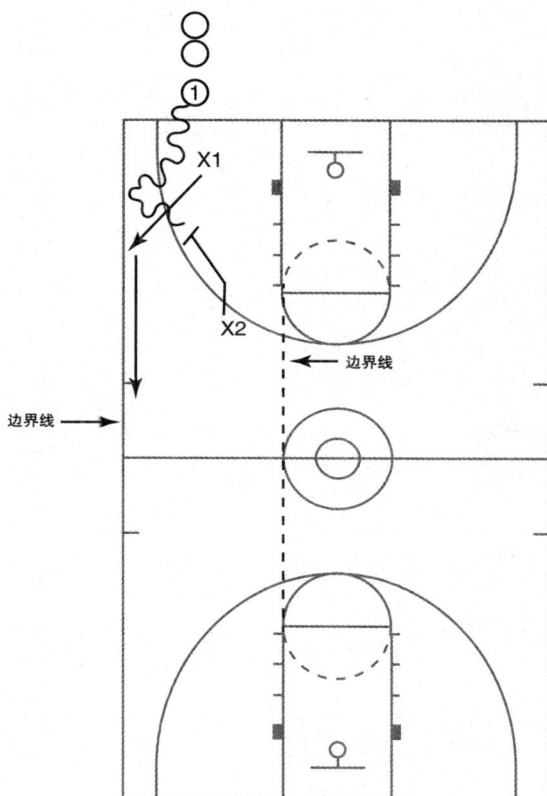

# 附 录
## 组织实际训练

在训练开始前，教练需要决定训练哪些进攻技巧。教练应该根据自己的球员来决定。他们多大了？他们有多少经验？他们都是什么类型的运动员？这些问题的答案将帮助教练制定进攻战术规则。最少制定两条规则，这样球员才能进行一对一对抗。然后教练可以添加空切动作。随着赛季的进展和球员取得的进步，教练可以在适当的时间增加掩护动作。

接下来教练必须决定，想教多少种人盯人防守技巧。教练可以简单地训练球员一对一的姿势、步法和滑步，然后就是系统性的训练了，或者教练可以增加弱侧防守技巧。随着训练的持续进行和球员取得的进步，教练甚至可以加入包夹训练。

一旦做出了这两个主要的决定，教练就可以考虑使用哪种训练方式了。教练还需要建立一定的训练规则，这样训练会组织得很好，并且球员会非常愿意进行训练。球员们不喜欢一直不动，持续运动和积极主动地学习是最好的训练方式。

使用本书中的训练将会提高球员进行学习、自我提升和训练的积极性。接下来，我们将讨论进行一场成功的比赛和组织训练最多需要多少时间。

### 如何进行成功的比赛

首先，在第1场比赛开始前，教练要坐下来仔细想想，并确定在第1场比赛之前还有多少训练时间。这将有助于教练确定哪些训练可以花多一些时间，哪些只能花很少的时间。

让这一点成为球队训练的第1条规则：每当听到哨声，停止正在做的事情，在预定的地点见面或停留。我们总是喜欢让球员待在原地，在开始一系列新的训练之前，可以在某个地方进行几次训练。但是如果他们听到两声口哨声一声接一声地传来，那么他们将在球场上一个预先确定的篮筐下集合，教练将在这里解释下一组训练。

第2条规则：绝对不能让球员交谈，只有教练才能说话。现在准备好开始训练了。很简单，制订一个书面的日常训练计划。如果你是一名青少年球员的教练，并且可以让几个球员的父母来帮助你，那么你在场上就会有很多"助理教练"。你可以解释所有训练内容，而让助理教练辅助监督球员。在此，教练需要给"教练团队"

中的每个成员一份日常训练计划。

如果你是一名初中或高中球员的教练，则可能需要招聘助理教练。如果某个业余教练知道哪里有一块空地，并且用本书来教学，我建议你最好把他们招进来。这样一来，你可以缓解压力，也可以更好地开展训练。

有一种方法可以保持周训练和月训练，那就是在家里放一块黑板，在黑板上列出每种基础技巧，然后去检查球员的训练情况。这样可以防止教练遗漏训练的任何部分。教练可以随时看到在一周或一个月内，是否遗漏了重要的训练项目，如果有遗漏，则可以在下一个日常训练计划中，加入一项训练来完成这个项目。本书目录中的 19 个不同的章节标题可以帮助教练制定训练课程表。

现在教练已经准备好开始训练那些渴望变强的年轻人了。此外，他们现在将从训练时间最大限度的去进行训练。教练需要有条理，因为他拥有知识，并且通过学习本书就会得到这些知识。教练要有激情，没错，就是非常热情。这种感觉就像普通感冒一样会传染，要把自己的激情"传染"给球员。

训练要保持简短。我们已经限制了每项训练不超过 10 分钟。教练教的大多数球员年龄都不大。如果一项训练持续太久，那么球员就会走神。这时可以转而进行另一项与之相关训练（教练应该已经注意到本书里的每一项训练中都列出了相关训练），并且在使球员不感到厌烦的情况下，训练相同的基础技巧。或者教练可以转换成一种完全不同的基础技巧，并在随后复习一下以前学过的基础技巧。

每次训练的球员越少越好。这样球员在监督下就可以进行更多的重复训练。重复次数越多，肌肉记忆就越深刻，球员就能越早开始准确快速地做出基础动作。球员们会喜欢这种训练方式的。这就是我们在前面说让球员的父母来做助理教练的原因。

教练也要让训练变得有趣且有竞争力。我们已经为每一项训练做了这种规划，所以教练只需要按照指示去做即可。但是请记住，有些训练需要多花时间，有些则更多的是为了激发球员的兴趣。教练可以根据自己球队的状态来判断是需要更多的训练，还是激发球员的兴趣就好。一个不错的经验法则是每两次训练后进行一次趣味性训练。然后当球队开始赢球，甚至连续赢得胜利时，教练就会发现赢球会给球员带来乐趣，也会让学习型训练更加愉快。

向球员详细解释每一项训练，只要遵循教学要点和训练顺序即可。每次训练时教练只需要强调一两个教学要点，球员会比很多人更容易记住这几个要点。

演示在该训练中教授的每一种技巧，并对一种技巧进行多次训练。如果教练无法演示，那么可以在解释训练的时候找助理教练来演示。此外，很多老球员也会很乐意来演示。

解释和演示后，将球队分成几个小组，让球员进行训练，教练主要负责监督。尽量少说话，多操练，通过实践来学习技巧是最好的方式。

---

如果比赛时间到了，教练必须喊停。球员必须参与比赛，他们的表现会告诉教练，下一次要训练什么动作。每一次训练和每一场比赛都要能进一步提高球员的水平，并改进他们的技巧动作，这才是真正的成功之源。

# 如何制订训练时间表

在制订训练时间表时，教练需要考虑许多问题。现在是赛前季、赛季中还是季后赛？我们有多少训练时间？我们对团队配合有什么计划？在上一次训练或最近的比赛中，球队哪一方面没有发挥好？这些都是需要回答的问题。

当然，还有无数个综合问题需要思考——多到写一本书都没问题。在很大程度上，球队的成功取决于精心设计的训练时间表。在接下来的内容中，我们将展示本赛季的 3 个主要阶段（前、中和后）的 30 分钟和 90 分钟训练时间表。从这些例子中，教练可以了解如何制订自己的训练时间表。第 1 列是训练编号，第 2 列是训练所需的时间，以及进行的某项训练。当制订训练时间表时，建议参考第 v ~ xii 页的训练计划查询表，表中列出了进行每项训练所需的时间。

## 30 分钟训练：赛季前

| 训练编号 | 时间（分钟） | 训练活动 |
|---|---|---|
| 训练 1 | 3 | 基本的步法和体能调节 |
| 训练 8 | 3 | 基本上篮 |
| 训练 9 | 2 | 三威胁姿势 |
| 训练 19 | 2 | 运球 |
| 训练 23 | 1 | 快速运球 |
| 训练 28 | 1 | 教授一种移动和运球方式 |
| 训练 29 | 1 | 教授另一种移动和运球方式 |
| 训练 30 | 1 | 持球、移动、敏捷性、体能调节 |
| 训练 35 | 2 | 前转身 |
| 训练 36 | 2 | 后转身 |
| 训练 37 | 1 | 跳步急停 |
| 训练 44 | 3 | 传球 |
| 训练 53 | 3 | 空切 |
| 训练 54 | 3 | 空切、三威胁姿势和移动 |

从这个训练时间表中，可以看到教练正计划使用空切和一对一对抗的打法，来执行他的进攻战术。

## 30 分钟训练：赛季中

| 训练编号 | 时间（分钟） | 训练活动 |
|---|---|---|
| 训练 11 | 1 | 前后移步假动作 |
| 训练 14 | 1 | 转身（反向）运球 |
| 训练 15 | 1 | 半转身运球 |
| 训练 30 | 1 | 强调转身和持球 |
| 训练 31 | 1 | 强调半转身和持球 |
| 训练 30 | 1 | 同时使用两个球进行演变训练 |
| 训练 31 | 1 | 同时使用两个球进行演变训练 |
| 训练 54 | 5 | 空切、上篮和移动 |
| 训练 55 | 3 | 背切 |
| 训练 64 | 4 | 团队进攻战术 |
| 训练 90 | 10 | 投篮 |

从这个训练时间表中，可以看到教练正在复习转身动作、前后移步假动作和一些空切动作，训练球员的投篮技巧，并训练团队进攻技巧。

## 30 分钟训练：季后赛

| 训练编号 | 时间（分钟） | 训练活动 |
|---|---|---|
| 训练 25 | 1 | 控球、热身和敏捷性 |
| 训练 32 | 2 | 控球、热身和敏捷性 |
| 训练 124 | 5 | 复习进攻动作 |
| 训练 91 | 6 | 投篮 |
| 训练 139 | 2 | 复习个人防守动作 |
| 训练 153 | 10 | 致力于训练团队防守技巧 |
| 训练 154 | 4 | 积极进攻与积极防守 |

从这个训练时间表中，可以看到教练正在复习进攻和防守动作，以提高球员的投篮和混战水平。

## 90 分钟训练：赛季前

| 训练编号 | 时间（分钟） | 训练活动 |
|---|---|---|
| 训练 1 | 3 | 基本的步法和体能调节 |
| 训练 11 | 1 | 前后移步假动作 |
| 训练 13 | 1 | 双手交叉变向运球 |
| 训练 15 | 1 | 半转身运球 |
| 训练 28 | 1 | 强调所选动作、敏捷性、控球 |
| 训练 29 | 1 | 强调所选动作、敏捷性、控球 |
| 训练 30 | 1 | 强调所选动作、敏捷性、控球 |
| 训练 31 | 1 | 强调所选动作、敏捷性、控球 |
| 训练 36 | 2 | 后转身 |
| 训练 38 | 1 | 跨步急停 |
| 训练 46 | 2 | 传球和体能调节 |
| 训练 53 | 3 | V 形空切 |
| 训练 54 | 3 | 中切 |
| 训练 55 | 3 | 背切 |
| 训练 58 | 3 | 识别何时空切 |
| 训练 71 | 10 | 传球、空切和挡拆 |
| 训练 88 | 1 | 复习正确的投篮技巧 |
| 训练 89 | 10 | 投篮 |
| 训练 138 | 2 | 复习个人防守动作 |
| 训练 139 | 2 | 复习个人防守动作 |
| 训练 104 | 4 | 一对一积极对抗 |
| 训练 109 | 6 | 合理冲撞、一对一积极对抗 |
| 训练 146 | 5 | 复习个人防守动作的一个阶段 |
| 训练 148 | 4 | 复习个人防守动作的另一个阶段 |
| 训练 150 | 6 | 复习协防后的一对一防守 |

从这个训练时间表中，可以看到教练之前已经进行了几次训练，但是现在还处于赛季前期。教练正在制订进攻战术计划，包括一对一对抗、空切和掩护。由于教练打算在场上让球员做好防守，所以在训练的时候教练会重点强调防守。

## 90 分钟训练：赛季中

| 训练编号 | 时间（分钟） | 训练活动 |
| --- | --- | --- |
| 训练 4 | 1 | 体能和防守步法 |
| 训练 9 | 2 | 三威胁姿势 |
| 训练 11 | 1 | 前后移步假动作 |
| 训练 28 | 1 | 体能调节、控球和步法 |
| 训练 29 | 1 | 体能调节、控球和步法 |
| 训练 30 | 1 | 体能调节、控球和步法 |
| 训练 31 | 1 | 体能调节、控球和步法 |
| 训练 39 | 1.5 | 保护球 |
| 训练 50 | 10 | 保护球和包夹 |
| 训练 57 | 10 | 进攻步法 |
| 训练 65 | 6 | 复习空切、步法、运球和防守动作 |
| 训练 151 | 10 | 个人 / 团队防守基础 |
| 训练 90 | 10 | 投篮 |
| 训练 123 | 10 | 复习进攻战术 |
| 训练 158 | 7 | 包夹传球球员 |
| 训练 153 | 10 | 复习团队防守战术 |
| 训练 154 | 7 | 混战 |

从这个训练时间表可以看出，教练在上一场比赛中出现了失误，所以球队必须努力改进战术。教练想训练球员的基本进攻和防守步法，也想复习添加到团队防守战术中的包夹动作。最后，教练想看看这种改进在混战中的效果是否明显。

## 90 分钟训练：季后赛

| 训练编号 | 时间（分钟） | 训练活动 |
|---|---|---|
| 训练 1 | 3 | 体能调节、敏捷性和步法 |
| 训练 16 | 3 | 所有的运球动作 |
| 训练 28 | 1 | 体能调节和运球移动 |
| 训练 29 | 1 | 体能调节和运球移动 |
| 训练 30 | 1 | 体能调节和运球移动 |
| 训练 31 | 1 | 体能调节和运球移动 |
| 训练 41 | 3 | 转身、急停和运球 |
| 训练 64 | 4 | 传球、空切和拉开空位：进攻战术 |
| 训练 90 | 10 | 投篮 |
| 训练 91 | 6 | 投篮 |
| 训练 108 | 5 | 体能调节和一对一对抗 |
| 训练 111 | 6 | 合理冲撞和一对一对抗 |
| 训练 126 | 9 | 复习进攻战术规则 |
| 训练 145 | 1 | 复习无球防守动作 |
| 训练 151 | 10 | 复习个人无球防守动作 |
| 训练 156 | 7 | 复习跃进包夹 |
| 训练 158 | 7 | 复习包夹传球球员 |
| 训练 154 | 12 | 混战 |

从上一场比赛结束到现在，球队已经一个多星期没有参加比赛了。教练需要让球队恢复比赛状态，并检查球员的进攻和防守动作是否熟练。离下一场比赛只有几天时间了，所以教练要更多地对球员进行综合训练，还要复习进攻和防守战术的不同部分的技巧。球员的投篮技巧也有点生疏了。因此，在接下来的训练中，教练会逐渐减少综合训练，使球员更多地学习基础知识。这将提高球员的身体素质，让其更渴望比赛。

平常训练的输赢次数要比比赛多。如果球员总是在进步，总是在学习，那么就是在朝正确的方向迈进。对他们来说，明天比今天更重要。

# 关于作者

　　伯劳尔·佩耶 30 多年来一直致力于提高年轻篮球球员的技术水平，他被认为是最好的篮球运动老师之一。

　　佩耶在他执教的 37 年中，有 36 年都享受着比赛的胜利。在他的职业生涯中，他执教的球队赢得了 64 个冠军，他两次被授予"年度最佳教练"的称号，并在 1985 年被美国全国校园教练联合会授予杰出教练奖。

　　自 1996 年退休后，佩耶开始通过演讲和写作分享他的篮球专业知识。他在美国、加拿大、墨西哥和一些欧洲国家的主要训练营都做过演讲。他已经为美国国家篮球杂志写了 12 本完整的篮球图书和数百篇文章。

　　佩耶于 1965 年在田纳西大学获得硕士学位。他是美国国家高中教练协会和弗吉尼亚州高中教练协会的成员。他和妻子南希住在弗吉尼亚州的罗阿诺克。

　　帕特里克·佩耶是伊丽莎白城州立大学的助理篮球教练，也是全美大学生体育协会（NCAA）第 2 分部大学间中央体育协会的成员。作为一名球员，帕特里克在比赛季和他 23 年的高中及大学教练生涯中没有败绩。他把两个历来以失败著称的球队变成了季后赛球队和地区冠军，并保持着东北高中获得最多胜利的教练的纪录。帕特里克和他的儿子赖兰居住在北卡罗来纳州的格兰迪。

# 关于译者

吴楠，清华大学经济管理学院管理学学士，清华大学体育学硕士研究生，国家一级运动员。其作为运动员期间曾担任清华大学男子篮球队队长，并带队荣获第十八届中国大学生篮球联赛冠军；曾参与编写《篮球运动与体育健身》一书。